自　民　党

政権党の38年

北 岡 伸 一

中央公論新社

目次

自民党

政権党の38年

はじめに

日本の政党史で、自民党に少しでも近い重みをもった政党を探せば、それは戦前の立憲政友会（以下、政友会と呼ぶ）だろう。政友会は、伊藤博文を総裁とし、自由民権運動以来の自由党系の政治家を中心に、伊藤に近い官僚なども参加して、一九〇〇年（明治33）に創立された。そして一九四〇年（昭和15）に解党するまで――より正確には第七代総裁鈴木喜三郎が退陣して内部分裂が激しくなる一九三七年ごろまで――戦前の政治の一方の主役であった。初代総裁の伊藤はもちろん、第二代総裁の西園寺公望、第三代総裁の原敬、第四代総裁の高橋是清、第五代総裁の田中義一、そして第六代総裁の犬養毅までは、すべての総裁が総理大臣になっている。これほど活躍した政党は、戦前にはない。

しかし、政友会の力には、大きな限界があった。政友会には、大正期に立憲同志会（一九一三〜一六年）、次いで憲政会（同志会の後身、一九一六〜二七年）、昭和に入ると立憲民政党（憲政会の後身、一九二七〜四〇年）という強力なライバルがあった。そしてこれらの政党との競争に勝ち、衆議院を支配しても、首相の地位は元老や重臣の推薦に基づいて天皇が任命することになっていたから、政権が取れる保障はなかった。そして衆議院の過半数をもち、政権をもっていても、まだ貴族院という難物があり、貴族院の政治家たちと妥協・取引しなければ、政治の運営は難しかった。その後にも、まだ枢密院という厄介な存在があり、さらに陸軍と海軍が強固な独立性をもつ大きな壁であった。軍人ほどではなくても、官僚も、また一筋縄ではいかない存在だった。

以上と比べれば、戦後の自民党がいかに圧倒的な力をもっていたか、分かるだろう。新憲法の議院内閣制の下で、衆議院の過半数を占める政党の総裁は、ほぼ自動的に総理大臣である。そして自民党は、成立以来最近まで、ごくわずかの時期を除いて、衆参両院で過半数を占め続けた。妙な言い方かもしれないが、自民党は、戦前の全盛期の政友会と貴族院と枢密院と陸軍と海軍とを合わせたほどの力をもち、三十八年にわたって、政権を独占したのである。これは、明治維新から日露戦争が終わるまでとほぼ同じ長さであり、日露戦争が終わってから日米戦争が始まるまで（三十六年）よりも長いのである。全体主義の国は別として、これほど長期に権力を独占した政党は、世界でもほとんど例がない。

しかし、それにしては、自民党が強力な支配をしたとか、強力な政治をしたという印象は乏しいのが実感ではないだろうか。時代も違うが、政友会総裁の伊藤博文、原敬、憲政会の加藤高明、民政党の浜口雄幸といった強力なリーダーがいたという印象はない。

　自民党は他の政党の挑戦を許さないほど強力であった。しかしその総裁が、盤石の力をもっていたわけではない。党内には、いくつかの派閥が存在し、派閥のリーダーたちは政権をめざして競争し、機会があれば総裁に取って代わろうとしていたからである。この競争で優位に立つ方法の一つは、国民の声に耳を傾け、これを取り込むことであり、総裁を含めた派閥指導者たちは、こうした国民の期待の発見と実現に力を入れた。その結果、国民自身がもつ本質的な現状維持感覚に根ざしながら、自民党は緩やかに国民の期待を吸収し、また時に国民に先んじて問題を提起し、国民の倦怠《けんたい》が爆発しない程度の政権交代を党内で行って、長期政権を維持したのである。言い換えれば、派閥間競争を媒介として、ソフトな支配によって長期政権を担当する、進歩的な保守党が成立したのである。

　このような仕組みは、意図して作られたものではないし、最初から存在していたわけではない。また、この仕組みは近年、機能しなくなってきた。要するに、こうした特質は歴史的に形成され、また変化していくものである。そうした変化が、本書のとくに注目する点である。

　もう一度政友会にふれると、政友会には『立憲政友会史』という本がある。立憲政友会の正史で、全十巻、六千ページを超える大著である。また、戦前の政党史研究の頂点としては、升味準之輔『日本政党史論』全七巻、合計三千ページがある。これらとの対比で言えば、自民党の歴史を書くには、全十巻、一万ページ程度が必要だろう。

この点で、本書は実にささやかな書物である。細部にわたる歴史を盛り込むことは不可能である。それに、仮にスペースの制約がなくても、現代の出来事を確定することは難しい。「あのとき、角さんは確かに……と言っていた」というようなことを言ったり、書いたりする人があるが、それだけでは十分ではない。それは、その人の嘘《うそ》か、誇張か、記憶違いかもしれないし、田中角栄の彼に対する言葉に、やはり嘘か誇張か記憶違いがあったかもしれない。また、その発言の直後に、田中は変心したかも知れない。やはり歴史的事実の確定には、ある程度の時間と資料の蓄積が必要なのである。この本では、誰と誰のどういう意思から、何が起こったというような説明には、あまり力を入れていない。むしろ、何が起こったかを簡潔に述べ、その意味を明らかにすることに力を入れている。

しかし、小さいながらも、この本はそれなりに新しい狙いをもっている。自民党政治の特質を、先に述べた通り、長期政権とソフトな支配の組み合わせ、そしてこれを媒介する派閥間競争といった観点から明らかにしようとすることが、それである。

こうしたアプローチから自民党の歴史を書いた本は、これまでなかったと思う。こうしたとらえ方による自民党論も、多くないだろう。それは、政党とは同じ考えをもった同志の集合であるという古典的な定義から、自民党を眺めることが多かったからではないだろうか。政見の一致は、たしかに政党の重要な一面である。しかし同時に、政党とは、議会民主制において、権力を追求するために職業政治家が作り上げる組織である。もちろん、いかなる政党にも、一定の主義主張はある。しかし、政党によって、主義主張の方がより重要な政党と、政権獲得の方がより重要な政党とがある。自民党は明らかに後者である。そして、その限りで見事に組織され、成果を上げてきた政党である。

そしてそれは、必ずしも悪いことではない。政治家が権力を維持獲得するためには、国民の要求にこたえなくてはならない。自民党は、それなりに国民の要求にこたえてきたからこそ、長期政権を実現できたのである。つまり、われわれ国民から見れば、政党政治とは、職業政治家の野心、権力欲を利用して、政治に国民の要求を反映させる仕組みなのである。このように、古典的な政党の定義からいったん離れて、違った視角に立つとき、自民党の姿はよりよく見えてくるのである。

自民党の功罪を評価することは、本書の直接の目的ではないけれども、全体として自民党は大きな成果を上げてきたと考える。事実として、自民党政治の三十八年間に、日本は大きく発展したわけであり、他の政党によって、こうした発展は不可能だっただろう。

自民党はまだ存在している。最大の政党であるし、連立政権の一翼（実は主役）を担っている。三十八年でその歴史が終わったわけではもちろんない。しかし、単独政権（ごく短期間のごく部分的な連立はあったが）当時の自民党と、現在の自民党とはすでに大きく違うし、将来はさらに違ったものになるだろう。かつてと同じ政党として存在することはあり得ない。その意味で、自民党を総括するには、適当なタイミングではないだろうか。

多くの人が言う通り、一九九三年の自民党政権崩壊以来、日本の政治は過渡期にある。将来の政治のあり方を展望するために、何よりも必要なのは、自民党政権を正確に理解することではないだろうか。政治改革をめぐる議論の中には、自民党政治に対する不正確な認識から発しているものが多かった。あまりに長く続いたがゆえに、自民党政治すなわち日本政治、あるいは自民党政治すなわち政治と見る人も少なくない。自民党政治とは、一定の歴史的条件の上に成立したものであって、日本政治そのものでも、政治そのものでもない。そのことを、本書では示したいと思う。

このような観点から、本書は、まず戦前の政党政治の歴史から筆を起こしている。そして占領下の政党政治の特色と、独立（一九五二年）以後、保守合同（一九五五年）に至る政党の歩みを述べて、自民党成立の直接間接の歴史的背景を明らかにしている。

次いで、第一章として、第一節で初代総裁・第二代総裁の鳩山一郎と石橋湛山の時代を取り上げ、第二節で岸内閣を取り上げる。いわば自民党政治の確立期である。

続く第二章は、自民党の黄金時代と言うべき、池田、佐藤の時代を取り上げる。そして第三章は、田中角栄（および田中と福田の対立）を軸として、一九七〇年代の自民党を取り上げる。これは、自民党に対する支持が、後退していった時期である。

第四章は、鈴木・中曽根の二代の内閣を取り上げる。ここでは、自民党の支持が上向きに転じ、自民党の再生が見られた。そして、続く竹下内閣から、冷戦終焉《しゅうえん》、湾岸戦争を背景に、自民党の解体が進行する。これが第五章である。

そしてそれぞれの時期について、自民党は国民から、どのような支持を、どのような方法で得てきたのか（選挙、支持率、個人後援会など）、党内におけるリーダーたちの競争は、どのように行われてきたか（総裁選挙、人事など）、そしてリーダーたちは何を自らの政治課題として選択し、解決してきたかを論じることとする。

このように、時代順に、また総裁の交代を軸に論を進めるのは、それが最も分かりやすい方法であるからであり、また自民党の党内リーダーの交代が、本書の基本的な着眼点であるからである。そして、自民党における基本的な特質とその変化については、折にふれて、論じていくこととする。

序章　自民党政治の歴史的背景

1　戦前の政党政治

政党の起源

日本における政党の起源としては、一八七四年（明治7）一月の愛国公党の結成を挙げるのが普通である。その前年の十月、朝鮮に対する特使派遣の是非をめぐる論争（いわゆる征韓論）から政府は分裂し、九人の参議のうち五人が辞職したが、そのうちの四参議（板垣退助、江藤新平、後藤象二郎、副島種臣）らが愛国公党を名乗り、民撰議院設立建白書を政府に提出したのである。しかし、これは、ごく少数の中央有力者の一時的な結集に過ぎず、その一員である江藤が二月、佐賀の乱を起こすとともに、消滅した。

その後、板垣が高知で立志社を組織するなど、各地で政治結社が生まれた。そして一八七五年（明治8）二月、立志社が中心となり、これらの地方政社を結集して、愛国社が結成された。これが日本で最初の全国政党ということになっている。といっても、創立大会には数十名の士族が集まっただけで、長くは続かず、すぐに解体に向かった。

しかし一八七八年（明治11）、愛国社は再興され、発展に向かった。前年の西南戦争で西郷軍が敗れたため、軍事力で政府を倒せないことは、もう明らかだった。ここに、反政府エネルギーは、一斉に自由民権運動に集まることになった。一八八〇年（明治13）、愛国社第四回大会は、国会開設を目的と定め、その名称も国会期成同盟会と改めて、全国的な運動を開始した。この会以外の運動を含めると、国会開設請願運動の参加者は二十四万人を超えた。その中には、豪農層の参加も少なくなかった。西南戦争までの政治対立は、士族同士の対立に過ぎず、それも薩長土肥の藩閥内部の権力闘争という面も否めなかったから、これは、身分を超えた政治参加が始まったということでも、画期的なことだった。

これに対し、政府は弾圧を加えながらも譲歩して、一八八一年（明治14）十月、九年後の憲法制定と議会開設を約束することとなった。国会開設という当面の目標は実現されることになった。その直後に結成されたのが自由党である。これが本格的な政党の始まりとされている。しかし、これもまた、今日の政党と非常に違うものである。

自由党が成立したとき、党員は百名程度だった。そして一八八四年（明治17）に解党したときは、二千二百名程度だったといわれている。現在の四十七都道府県に、仮に均等に分けてしまえば、五十三人程度である。当時の人口は現在の三分の一程度だったから、これを三倍しても百六十人程度で、やはりきわめて少数の有志の集まりだったのである。

それに交通の不便な当時のこと、全体の統一を維持することは容易ではなかった。一八八二年（明治15）、板垣退助が岐阜で刺され、「板垣死すとも自由は死せず」と叫んだという有名な逸話がある。そのとき板垣は、結党まもない自由党の総理として全国遊説を試み、東海道を西に向かっていたが、三月十日に静岡、四月五日に岐阜というスローペースだった。そして板垣が刺されたとき、治療に赴いたのは、若き日の後藤新平（のちの満鉄総裁、内務大臣）で、名古屋から二人曳《び》きの人力車で駆けつけるという有様だった。もっとも演説会参会者は三百人ということで、政治に対する熱意はきわめて高かったと言えるだろう（板垣退助『自由党史』、中、鶴見祐輔『後藤新平』第一巻）。

板垣退助

自由党の中の思想も、また様々だった。一八八四〜八五年（明治17〜18）のいわゆる自由党激化事件は、武力蜂起《ほうき》を含む激しい反体制運動だった。力によるアジアへの進出を唱える者もあった。他方、権力参加への強い動きもあって、板垣退助は自由民権運動が大事な時期に、藩閥の資金で外遊しているし、他のリーダーの一人、後藤象二郎は、八九年、大同団結運動が盛り上がって政府を脅かしていたとき、突如逓信大臣として入閣してしまった。

自由党に続いて、一八八一年（明治14）に明治政府から追放された大隈重信とその周辺は、八二年に立憲改進党を結成した。その名の通り、比較的穏健で改良主義的な政党だった。改進党も大同団結運動の一翼を担っていたのであるが、そのさなか、大隈も外務大臣として入閣し、運動の同志を落胆させている。本格的な政党の結成は、やはり議会の開設を待たなければならなかった。

政党の発展

日本で最初の議会は、一八九〇年（明治23）十一月に開かれた。政府は藩閥政府で、富国強兵をめざしており、議会は政府に反対する自由党や改進党（民党と呼ばれた）が多数を占め、民力休養、すなわち地租の減税をめざしていた。藩閥政府は民党の勢力を打破しようと、最初の八年間のうちに五回（一八九一年に一度、九三年に一度、九四年に一度、九八年に二度）も衆議院を解散し、しばしば選挙干渉を行ったが、民党は多数を維持した。

この間、藩閥と政党との妥協・取引も始まっていた。藩閥は政党の協力なしに予算を通すことができなかったし、政党も選挙は辛《つら》かったから、藩閥がポストや予算で誘えば、これに応じることも多かった。そして日清戦争（一八九四〜九五年）における挙国一致を経て、戦後には、民党の指導者である板垣や大隈が、内務大臣や外務大臣という要職についた。そして一八九八年には、大隈を首相兼外務大臣、板垣を内務大臣とする憲政党内閣が出来ている。これが日本最初の政党内閣ということになっている。

大日本帝国憲法（明治憲法）は、天皇の大権が強大で、民権は弱く、衆議院は無力だったと言われているが、それは事実に反する。こうした政党の発展を可能とするだけ、衆議院は強かったのである。お手本と言われるドイツでは、君主の権限ははるかに強く、第一次世界大戦でドイツ帝国が崩壊するまで、政党は権力の座につけなかったのである。

さて、戦前の政党の歴史で画期的な事件は、はじめにもふれた立憲政友会の結成である。一九〇〇年（明治33）、伊藤博文が新党の結成を宣言し、旧自由党系の衆議院議員を中心とする多数のメンバーが参加して、成立したものである。

このとき、幸徳秋水は、自由党は死んだと嘆いた。たしかに権力に抵抗する政党として

伊藤博文

の自由党は消滅した。しかし、権力への抵抗だけが自由党の目標だったわけではない。権力への参加も、同様に重要な目標だったことは、これまでも述べた通りである。政友会の結成は、形の上では政党が伊藤に降《くだ》ったように見えるが、実際には政党が伊藤を虜《とりこ》にし、権力への有力な足掛かりを得たのであった。

政友会の成立直後、伊藤が四度目の内閣を組織した。これが日本で二度目の政党内閣と言ってもよい。しかし、元勲の伊藤だから組閣できたという面もあった。

その後、政友会は日露戦争中、政府に協力し、講和の際にもこれを貫いた。ポーツマス講和会議の結果、国民はこれを不満として講和反対を唱え、東京は騒乱状態となったが、政友会はこの運動に加わらなかった。その結果、政友会は信頼できる政党だというイメージが強まり、講和から数か月後、一九〇六年（明治39）一月、第二代総裁の西園寺公望を首相とする内閣が成立した。そして、第二次桂太郎内閣をはさんで、一九一一年には、西園寺は二度目の内閣を組織した。政友会は政界の一角を確実に抑える勢力となったのである。

こうした政友会の発展に対し、改進党の系統は低迷していた。かつての改進党は、何度か名称を変えて憲政本党となり（一八九八年）、また立憲国民党となって（一九一〇年）政友会と対峙《たいじ》したが、政権はもちろん与党の地位にもつけず、議員数も減少の傾向にあった。

それでも構わない、藩閥とあくまで戦うのが政党の使命だと言う者もあった。しかし、政権に接近して自らの主張を実行したいという声も強かった。選挙では彼らは政友会と戦っていたので、藩閥を敵とするよりも、政友会を敵とする方が自然であった。彼ら――国民党改革派は、徐々に非改革派よりも強くなっていった。

一方、明治後期に藩閥を代表する政治家であり、すでに二度内閣を組織していた桂太郎は、これまでのように政友会と提携するのではなく、自前の政党によって政治を行いたいと徐々に考えるようになっていた。こうして桂と国民党改革派は結びつき、さらに桂系の官僚も加わって、一九一三年（大正2）、立憲同志会が結成された。それは、一九〇〇年の伊藤の政友会結成と似ていた。こうして、政友会と同志会（のち憲政会、次いで民政党となる）という、戦前の二大政党が成立した。ただ、桂がまもなく病死したので、同志会の総裁には、元外交官の加藤高明が就任した。

選挙制度の推移

さて、議会開設以前の政党と、それ以後の政党の決定的な違いは、当然のことながら、議員というものが存在し、それが徐々に政党の中心となるということである。自由民権運動の卓越した理論家よりも、運動のために奔走する活動家よりも、多くの資金を出す人よりも、全体として見れば、議員が政党の中心となる明らかな傾向がある。

そして議員になるためには、選挙というゲームで勝たねばならない。そのゲームのルールが、選挙制度である。これが、今日とどれほど違っていたか、見ておきたい。

(1) 一八九〇年（明治23）の第一回衆議院議員総選挙の際、有権者は直接国税十五円以上を納める者に限られ、その数は四五万人（一万人未満切り捨て、以下同じ）、当時の人口三九九〇万人の一・一パーセントに過ぎず、投票は特権だった。有権者はエリートで、誇らしく住所氏名を書き、実印を押して投票した。珍しさもあって、投票率は九三・九パーセントにのぼった。

なお、当時の選挙区は、原則的に小選挙区（二一四選挙区が定員一、四三選挙区が定員二、ただし一人二票だったので、小選挙区と同じ）で、議員定数は三〇〇だった。

(2) 一八九九年（明治32）、新しい選挙法が制定され、選挙権の条件は、直接国税十円となった。この制度による最初の選挙は、一九〇二年に行われたが、そのときの有権者は九八万人、総人口（四四九六万人）の二・一パーセントだった。

またこのときの選挙法改正で、新しく、府県（当時、東京は都ではなく東京府だった）単位の大選挙区が導入された。たとえば東京府は市部と郡部の二つの選挙区に分かれ、市部の定員が一一、郡部の定員が五であった。京都だと、市部定員が三、郡部定員が五、大阪だと、大阪市が定員六、堺市が定員一、郡部が定員六という具合で、議員定数は三七六だった。これは、大きな選挙区だと小政党の当選が可能だと考えた藩閥が、二大政党以外に政府寄りの第三党を育成しようとして作った制度だといわれている。

ただし、これは政党にとっても有利な制度改革だった。小選挙区に比べ、当選確率は高まり、定員が増えたことで、議員になれる人の数が増え、さらに、歳費も八百円から二千円へと大幅に増額されたからである。

(3) 次に、日露戦争（一九〇四〜〇五年）の後、大幅に有権者が増えている。戦争遂行のため様々な増税が行われた結果、選挙権の条件は変わらなかったが、十円の税金を納める人が増え、有権者が増えたわけである。日露戦後最初の選挙である一九〇八年（明治41）総選挙の時点で、有権者は一五八万人、総人口（四七九六万人）の三・二パーセントとなった。初期の有権者の三倍となったわけである。選挙区制度には、もちろん変更はない。

(4) 一九一九年（大正8）には、原内閣は新しい選挙法を成立させ、選挙資格を直接国税三円に引き下げ、新制度による最初の選挙を、その翌年に実施した。そのときの有権者は三〇八万人、総人口（五五四七万人）の五・五パーセントであった。

また原は、このとき、同時に小選挙区を原則とする新選挙区制度を導入した（六七選挙区が定員二、一一選挙区が定員三、残り二九七選挙区が定員一）。原は、大政党に有利な小選挙区制度を導入し、衆議院で圧倒的多数を取ることが、非政党勢力と有利に交渉して政党政治を確立していくために必要だと考えたのである。元老の山県有朋は、それゆえに小選挙区に反対だったが、原は、大選挙区では小党の当選が容易だという藩閥の論理を逆用し、大選挙区では社会主義者の当選の可能性があると述べ、ロシア革命以来社会主義を恐怖していた山県を脅し、その同意を取り付けた。

(5)　一九二五年（大正14）には普通選挙法が成立し、納税資格は撤廃され、二十五歳以上の成年男子に選挙権が与えられた。新制度における最初の選挙は一九二八年（昭和3）に行われ、有権者は一二四〇万人、総人口（六一六五万人）の二〇・一パーセントに達した。これが明治憲法下の選挙権拡大の到達点だった。

なお、これを戦後の選挙と比べると、戦後には、女性が選挙権を獲得し、選挙権は二十五歳ではなく二十歳以上となり、寿命も伸びたため、有権者数は激増した。たとえば、女性が最初に選挙権を得た一九四六年（昭和21）の総選挙では、有権者は三六八七万人、総人口（七五八〇万人）の四八・六パーセント、また最近の一九九三年総選挙では、有権者は九四四七万人、総人口（一億二三九五万人）の七六・二パーセントとなっている。今日の選挙が、いかに巨大なものとなっているかが分かる。

そして普通選挙権とともに導入されたのが、われわれになじみの深い中選挙区制度である。定員五の選挙区が三一、定員四の選挙区が三八、定員三の選挙区が五三で、議員定数は四六六となった。ちなみにこの制度は日本で長く維持され、沖縄の本土復帰や何度かの定数不均衡是正によって定員が増えただけで、一九九四年（平成6）の小選挙区比例代表並立制の導入まで、基本的には維持されたのである。

ところで、このような選挙の仕組みは、当然に政治のあり方を大きく規定していた。初期議会の議員には、一国一城の主という気風が強く、党中央からの統制は難しかった。有権者も一握りの富裕層であって、独立性に富んでいた。皮肉なことに、初期議会で民党が藩閥の選挙干渉に屈しなかった理由の一つは、有権者が裕福で、意識が高く、簡単に誘惑や脅しに屈しなかったからである。選挙干渉で悪名高い一八九二年（明治25）の第二回選挙においては、竹槍《たけやり》を持ち、隊列を組んで投票する有権者すらあったのである。また、小選挙区制度では、有権者と政治家との関係が深く、選挙干渉をはねのける効果があったと見ることができる。

ところが明治後期には、有権者が初期のそれの三倍となり、選挙区も大きくなって、政治資金がかさむようになった。初期には、有権者は少なく、しかも裕福だったので、まだ楽だった。やむなく議員は、資金を党の幹部に仰ぐようになった。その結果、政党は幹部によって整然と統制される組織へと変化していった。ヒラの代議士を指す「陣笠《じんがさ》」という言葉は、初期議会には侮蔑《ぶべつ》の用語であったが、明治末期にはそうでもなくなったという(三谷太一郎『日本政党政治の形成』)。政友会がその力を確立し、同志会がこれに続いたのは、そういうころだったのである。

戦前の政治資金

大政党の時代には、それだけ、資金が必要となっていた。そのための最も有利な方法は、与党の地位にいて、予算を有利に利用することであった。道路や鉄道や学校を誘致することによって、地盤の培養が可能となる。原敬はこの達人であり、日露戦後、多くの鉄道を建設し、これを政友会の地盤培養に役立てた。我田引水をもじって、我田引鉄という言葉も生まれた。また原内閣においては、中等・高等教育の充実の名の下に多くの学校を新設したが(それ自体は意義ある政策だが)、それも地盤培養に役立った。

政治資金について、今日との大きな違いは、党首個人の役割が大きかったことである。三菱の女婿で、豊富な資金を調達しえた加藤高明は、同志会―憲政会の総裁として(一九一三～二六）、党資金の大部分をまかなったと言われる。憲政会当時、長く政権を取れないことを不満とし、何度か加藤総裁を更迭しようとする運動が起こった。それが成功しなかったのは、何よりも資金源としての加藤が必要不可欠だったからである。

加藤にはこんなエピソードもある。大正の半ば、普通選挙は危険思想だと考える者があった。その一人で、船成金といわれた内田信也という政友会の代議士が、一九二〇年（大正9）四月、憲政会が普通選挙に賛成しないことを望み、それを条件に加藤高明に五万円を贈り、加藤は「珍品五個」を受け取ったという謝礼の手紙を内田に送った。翌年、憲政会は普通選挙法案を党の方針として採用し、これに怒った内田が加藤の書簡を公開した。「珍品五個事件」として知られるものである。当時こうした献金は違法ではなく、また本当に条件つきの献金だったかどうかは分からないが、ともかく加藤といえども資金には苦労していたのである。

加藤高明

他方で、今日のように、複数の派閥のリーダーが資金を調達するということは少なかった。憲政会の有力者で資産家であった片岡直温《なおはる》が、他の党員の政治資金の面倒を一部見てやったところ、加藤の不興を買ったという（片岡直温『大正昭和政治史の一断面』）。

原　敬

浜口雄幸

一方の政友会でも、原総裁時代（一九一四～二一）には、資金はだいたい原が調達していた。原はよく金を集め、これを使った。大みそかには、金がなくて年を越せない党員が駆け込んでくるのに備えて、自宅にいるのを常とした。原自身は清潔な政治家で、理想も学問もある人物だったが、こうした原の方針ゆえか、政友会にはしばしば疑獄事件が起こるようになった。

資金の必要は、普選が近づくとますます高まった。加藤の没後に憲政会総裁となった若槻礼次郎は、一九二六年（大正15）、政局に行き詰まったとき、野党との妥協によって解散・総選挙を回避し、強い批判を浴びたが、それは金がなかったからだと述べている。そして民政党が結成されたとき、浜口雄幸を総裁に推したのは、浜口には資金調達能力があったからだと言っている（若槻『古風庵回顧録』）。他方で若槻や浜口と対抗した政友会の田中義一総裁には、陸軍の機密費を政治資金に流用したという疑惑がかけられていた。

もう一つ、今と違うのは、政治資金の供給者が比較的少数だったことである。政友会は三井、民政党は三菱とよく言われたが、それほど明確な結びつきがあったかどうかは疑問である。しかし、少数の財閥が有力な資金源だったことは確かである。それが、今日のような派閥がなかった理由でもある。昭和の派閥は、新興財閥の発展によって、政治資金供給源が多様化したことから起こったのである。

政治評論家の馬場恒吾は、政治家が有権者に金を配るのではなく、有権者が金を出して政党を支えることはできないだろうか、と述べている（「民政党の人々」『現代人物評論』）。たしかに、資金面の自立なしに、政党がその主義主張を貫くことは難しい。戦前のもう一つの大口の資金供給者は軍だった。陸軍機密費がいかに政治家にばらまかれたかについては、若干の研究もある（伊藤隆『昭和期の政治』）。これでは、政党は軍には到底太刀打ちできなかったであろう。

戦前の派閥

次に、戦前の派閥について、簡単にふれておきたい。

戦前の政党にももちろん派閥はあった。その基礎の一つは、地縁であった。自由党―政友会の流れを見ると、自由党土佐派、関東派などが有名である。西園寺総裁時代の政友会では、九州派を率いた松田正久と、関東派と東北派を率いた原敬が、二大勢力であった。

政友会などの最高意思決定は、形式的には、関東代議士会、東北代議士会などのブロック別の会合の意思を基礎とし、これを持ち寄る形で行われた。

そもそも、明治大正期における同県人の結合の強さは、今日からは想像もできないほどであった。たとえば山口県選出の衆議院議員には、初期議会において、政府支持派が多かった。伊藤や山県が内閣を組織していたからである。しかし、伊藤が政友会を結成すると、彼らの多くは政友会に入った。桂が同志会を作ると、やはり多くが同志会に入った。さらに寺内正毅が一九一六年（大正５）に超然内閣を組織すると、数人の代議士は中立に移った。

大正後期の政友会に、鹿児島県選出の床次《とこなみ》竹二郎という有力な政治家がいた。一九二四年（大正13）、床次は政友会から離れ、政友本党を組織してその総裁となった。しかし、一九二七年、政友本党は憲政会と合体して、民政党を作り、床次も民政党に入った。ところが一九二八年、床次は民政党を脱党して新政倶楽部を組織し、翌一九二九年には政友会に復帰した。この間、鹿児島県選出代議士のほぼ全員が、床次と行動をともにして出たり入ったりしたのである。

憲政会の安達謙蔵は、選挙の神様と言われた政治家だった。当時の選挙は、たとえばある選挙区から三人の候補者を出したとすれば、できるだけ均等に票を割り振り、全員当選させるのが理想だった。もし、得票の見込みが悪ければ、一人は断念させ、残りの二人に票を回し、二人の当選を図るのである。一人が突出して、無駄な票を出してはならないのである。しかし、これは言うは易く、行うのは容易ではない。安達はその名人だったと言われている（馬場『現代人物評論』）が、そういうことが可能だったのも、地域の結合、一体感が強いからであった。

もう一つのタイプの派閥は、総裁派と反総裁派というものである。どの集団にもリーダーに重用される人があり、これに反発する人がいる。憲政会の加藤総裁の場合、若槻、浜口、江《え》木《ぎ》翼《たすく》などの官僚出身者と安達をとくに重用した。これに反発する者も当然あった。しかし、こうした場合には、大部分は中立であった。

また昭和に入ると、もう少し色々な派閥が出来てくる。それは、昭和になって新興財閥が誕生し、政治資金源が多様化したことと関係していた。政友会が一九三九年（昭和14）に久原（房之助）派と中島（知久平）派に分裂したのも、資金源の問題と関係していた。しかし、いずれにしても、派閥に所属する者は少数で、大多数は中立だった。戦後の自民党の派閥について、派閥は日本の特色だとして、伝統的なもののように言う人があるが、それはまったくの誤りである。ほぼ全員が入っている自民党の派閥のようなものは、戦前には存在しなかったのである。

戦後との比較

政党の本質の一つは、集票マシーンということである。どんな立派な政策をもっていても、選挙で勝てなくては話にならない。その点で、戦前の政党と戦後の政党が直面した状況を、最後に比較しておきたい。

戦前の政党の全盛時代というと、たとえば、原敬の政友会、昭和では浜口雄幸総裁時代の民政党を挙げることができる。そのころの選挙を見てみると、原敬の政友会が勝利した一九二〇年（大正9）の総選挙では、有権者は三〇六万人、投票率は八六・七パーセント、政友会は一四七万票（得票率五五・八パーセント）を獲得し、四六四議席中二七八議席を得た。浜口の民政党が勝利した一九三〇年（昭和5）の総選挙では、有権者一二六五万人、投票率八三・三パーセント、民政党は五四六万票（得票率五二・三パーセント）を獲得して、四六六議席中二七三議席を得た。

この二つの選挙の間には、大きなギャップがあった。言うまでもなく、普通選挙の導入がそれである。普通選挙法案が成立したころ、加藤高明は、選挙の神様と言われた安達謙蔵の手腕が、普通選挙でも通用するかどうか、不安をもっていたという（岡義武・林茂校訂『大正デモクラシー期の政治—松本剛吉政治日誌』）。しかし、結果的には、普選導入後も、選挙は変わらなかった。当時の日本はまだ圧倒的に農業国で、地方には伝統的な名望家秩序が生きていた。それに依拠して、政党は票を集めたのである。

しかし、戦後の自民党が直面した環境は、はるかに異なっている。

戦後、自民党が最初に戦った衆議院総選挙は、一九五八年（昭和33）のことで、有権者は五二〇一万人だった。このとき、投票率は七七・〇パーセントで、自民党は二三四八万票を獲得し、四六七議席中選挙時で二八七、国会召集時に二九八議席を獲得した。また、自民党が勝利した最後の衆議院総選挙である一九九〇年（平成2）の選挙では、有権者が九〇三二万人、投票率は七三・三パーセントで、自民党は三〇三一万票を獲得した。今日の選挙が、戦前に比べ、はるかに巨大なものとなっているのである。要するに、戦後の政党は、戦前に数倍する有権者に対し、アプローチしなければならないのである。ところが、日本は戦後、急速に農業国でなくなっていき、それに伴って、地方の伝統的な秩序も崩壊していったのである。これに代わる新しい集票の仕組みを、自民党は作り上げることになるのである。

2　占領下の政党政治

政党の再出発

一九四五年（昭和20）の敗戦は、政党政治の新しい出発点となった。大規模な政治体制の変革がまもなく起こることは、誰の目にも明らかだった。戦争は軍国主義の敗北、民主主義の勝利とされていたから、軍および軍に近い勢力が後退し、政党が新しい政治の主役になることは、ほぼ明らかだった。

そうした予想の下に、政党政治家は再結集を始め、また新たに政治に参加しようとする人々も、この動きに加わっていった。しかし、既成政党が軍の被害者だったのか、あるいは協力者だったのか、どの時点を取るかにもよるが、難しいところだった。そして、アメリカの進めた政治体制の変革は、大多数の予想をはるかに超えた大規模なものだった。戦後初期の政党政治は、こうした状況の下で、混乱した出発をすることとなった。

ここで、終戦当時の政党の状況を、少し振り返っておこう。

戦前、通常の衆議院議員総選挙が行われたのは、一九三七年（昭和12）の第二十回総選挙が最後だった。一九四〇年（昭和15）になると政党は次々と解党し、大政翼賛会に流れ込んだ。民政党も政友会（当時、中島派、久原派、中立派に分かれていた）も社会大衆党も、消滅した。非常時という理由で議員の任期も一年延長された。一九四二年（昭和17）に行われた第二十一回総選挙は、翼賛選挙と呼ばれるが、大政翼賛会につながる翼賛政治体制協議会が定員一杯の四六六名の候補を推薦し、政府がこれを援助する一方、非推薦候補とくに自由主義者については激しい圧迫を加えるという異常な選挙だった。その結果、推薦候補の三八一名が当選したが、非推薦候補も八五名が当選した。しかし、議会が召集されると、両者は合体し、総員四六六名のうち四五八名が参加して、翼賛政治会が作られた。

しかし、以上の経緯からも分かるように、翼賛政治会にもいくつかの流れがあり、その主流は、一九四五年三月に大日本政治会を作った。戦争中最後の議会である第八十七帝国議会が閉会した時点で見ると、大日本政治会三四九名、護国同志会三〇名、翼壮議員同志会二二名、無所属二七名（欠員三八名）であった。

敗戦から一か月のうちに、以上の三つの党派はすべて解散し、議員は全員が無所属となった。従来の党派でやっていけると思った議員は誰もいなかったわけである。そして、新

第88回臨時帝国議会で、戦後初の施政方針演説をする東久邇首相（1945年9月5日）

しい政党作りに動き始めた。

最初に集まったのは、旧無産政党の政治家であった。九月二十二日、共産党を除く戦前の無産政党各派が集まり、新党結成のための懇談会を開いた。しかし、その発想は新しいものではなく、懇談会は「天皇陛下万歳」の三唱で締めくくられるという有様だった。これを基礎として、十一月二日、日本社会党が結成された。委員長は空席、書記長が片山哲、所属議員は十五名だった。

続いて、鳩山一郎を中心として日本自由党が結成された。鳩山は昭和の初め、すでに政友会の若手のホープであり、田中義一内閣で内閣書記官長（現在の内閣官房長官）、犬養毅・斎藤実両内閣で文部大臣を務め、政友会総裁候補に推されたこともあった。一九四二年の翼賛選挙では非推薦候補として戦い、ほぼ無所属を貫いた鳩山は、反翼賛政治の確かな実績をもっていた。新党創立事務所は九月六日に設置され、十一月九日に結党大会が行われた。総裁が鳩山一郎、幹事長が河野一郎、参加した議員は全部で四十三名だった。

これに対し、戦時の主流であった翼賛政治会の系統の政治家の再結集は簡単ではなかったが、十一月十六日、日本進歩党が結成された。所属議員は多く、二百七十三名であったが、中心がなく、総裁選びは結党後に持ち越され、十二月になってから、当時八十二歳の元民政党総裁の町田忠治が選ばれた。幹事長は鶴見祐輔であった。

もう一つ、保守の最左派からは、協同組合主義、労資協調を唱える日本協同党が設立された。結党は十二月十八日、議会解散の日だったので、正確な数の把握は難しいが、二十数名の元議員が参加し、その中には、元護国同志会の船田中《なか》（のち自民党副総裁）、赤城宗《むね》徳《のり》（のち防衛庁長官など）などがいた。

これに加え、十二月初頭、日本共産党が再建された。十月釈放された徳田球一、志賀義雄などが中心になり、もちろん所属議員はいなかった。

戦後の最初の議会は一九四五年九月四日に開かれ、五日に終了していた。そして二度目の議会は十一月二十六日に召集され、十二月十八日に解散された。選挙戦には異例の長い時間がかけられ、投票は四六年四月十日に行われた。これは帝国憲法による最後の選挙であったが、婦人参政権が行使された最初の選挙であり、大選挙区連記制という特殊な制度によって行われた興味深い選挙であるが、その特色は省略しよう。

ともかく、一九四五年末には、長い選挙戦に向けて、自由党、進歩党、協同党の三保守党、それに社会党と共産党の五つの政党が名乗りをあげたのである。ところが、その選挙戦のさなかに、様々な大きな変化が起こることになる。

追放と第一回総選挙

議会が解散されてまもなく、一九四六年（昭和21）一月四日、占領軍は「好ましくない人物の公職からの除去に関する覚書」を発表した。その該当者は、A戦争犯罪人、B職業軍人、C国家主義団体関係者、D大政翼賛会・翼賛政治会の有力人物、E植民地・占領地関係企業の役員、F植民地・占領地高官、Gその他の軍国主義者・極端な国家主義者、であった。

これがいわゆる第一次公職追放であり、該当者は約千人で、翌年の第二次追放の二十万人よりは少なかったが、政界への影響は大きかった。時の幣原喜重郎内閣は、ある程度こうした事態を予測して、追放の可能性の少ない人物を閣僚に起用していたはずだったが、それでも無事だったのは幣原首相、吉田茂外相、芦田均厚相の三人だけだった。

戦後の新選挙法による衆院選で、初めて女性が選挙権を行使した（1946年4月10日）

これによって、各政党は大打撃を受けた。D項によって、翼賛選挙の推薦議員は自動的に追放となり、非推薦議員も、G項の範囲が広いため、安全ではなかった。進歩党は前代議士二七四名のうち、町田総裁、鶴見幹事長を始め、二六〇名が該当し、幹部で残ったのは粛軍演説などで軍と戦ったことで有名な、総務の斎藤隆夫ただ一名という有様だった。自由党もまた、四五名のうち三〇名、協同党は二三名中二一名、社会党も一七名中一〇名が追放ということになった。ほとんど既成政党は壊滅したのである。

こうした中で選挙が行われた結果、自由党一四〇名、進歩党九四名、社会党九三名、協同党一四名、共産党五名、諸派三八名、無所属八〇名が当選した。すでに述べたような事情から、大部分は新人議員であった。

この選挙から、次の内閣の成立まで、四十日かかった。どの党も過半数を取れず、議員は大多数が新人で未経験、しかも経済情勢はひどく、GHQの干渉もあるという状況だったので、やむを得ないことだったかもしれない。

まず、町田総裁を追放で失った進歩党では、幣原を総裁とする新党の結成を構想し、幣原も進歩党を基礎として政権の継続を狙った。この構想が行き詰まったため、第一党の自由党の鳩山が組閣することが決定的だと思われた。ところが、五月四日、GHQは鳩山追放の決定を明らかにした。

その理由は、一九二八年（昭和3）、田中内閣のとき、治安維持法改悪に内閣書記官長として責任があった、などであった。その他、鳩山が文部大臣時代に実施した政策とか、戦前に出した本の内容などに、自由を抑圧したり日本の膨張を支持したりした点がなかったわけではない。それが、先に、どの時点を取るかによると述べた点でもある。しかし鳩山は全体としてはクロではなかった（伊藤隆『自由主義者』鳩山一郎」）。鳩山追放の背景には、それによって社会党政権を実現しようとしたGS（GHQの民政部で、ニューディールに共感する人々が多かった）の意向があった。また鳩山が敗戦後まもなく原爆批判をして、GHQに警戒されていたという事実があった。ともあれ、選挙で選ばれた第一党の党首を追放するとは、かなり強引な措置であった。

その結果、社会党内閣の可能性も生まれたが、結局、自由党が鳩山の代わりに吉田茂を党首に招くこととなり、自由党と進歩党との連立による第一次吉田内閣が成立することとなった。吉田に組閣命令が下ったのが五月十六日、組閣完了が二十二日だった。

吉田茂の登場

ここで吉田登場の時代的背景を見ておきたい。

敗戦直後に成立した東久邇宮内閣が一九四五年（昭和20）十月に辞職したあと、今後の首相は、米英との関係が良好で、外交に強く、かつ戦犯となる恐れのない者でなければならないと考えられた。そこでまず考えられたのが幣原喜重郎だった。一九二〇年代の日本の穏健な外交路線を代表し、世界に知られた幣原は、満州事変以後、引退同様となっていた。彼の復活は、ポツダム宣言が「日本における自由主義的傾向の復活強化」をうたい、侵略に乗り出す前の日本に、立ち返るべき原点があると示唆していたこととも合致していた。

しかし幣原は高齢でもあり（敗戦当時七十三歳）、またあまりに長く政界から遠ざかっていた。復活した幣原を見て、幣原さんはまだ生きていたのかと言った新聞記者があったというが、当時の日本人にとって、それほど幣原は遠い人だった。

幣原喜重郎

一方、吉田は一九二〇年代には幣原としばしば対立し、より強硬な外交で満蒙権益を守るよう主張した。幣原が民政党に近かったのに対し、吉田は政友会に近く、田中内閣で外務次官となっていた。しかし吉田は合法権益以上のものを力で獲得することや、英米との協調から逸脱することには反対だった。その意味で、満州事変以後、吉田の立場は幣原と近づいていた（北岡「吉田茂における戦前と戦後」）。

また吉田は幣原よりは若く（敗戦時六十六歳）、重臣の牧野伸顕《のぶあき》の女婿であり、また学習院の卒業で、近衛文麿や木戸幸一とも親しかったため、反陸軍ではあっても、宮中を始めとする政界とは接触を保っていた。三〇年代の政治の主流は、近衛であって、近衛と吉田は、交流は密であった。それに、前述のように、吉田は政友会内閣に関係し、自由主義者として鳩山一郎とも親しかった。こうして吉田は、幣原の代理として、近衛の代理として、そして鳩山の代理として、組閣することとなったのである（三谷太一郎『二つの戦後』）。

吉田は鳩山から自由党を引き受けるとき、⑴党資金は作らない、⑵内閣人事に鳩山は口を出さない、⑶いやになったらいつでも辞める、という条件を付けたという。これ以外に、⑷鳩山復帰の場合には総裁の座は引き渡す、という約束があったとも言われている。たしかに、三条件だけでは、あまりに吉田に有利で一方的である。しかし⑷もあまりに政党を私物化した話で、少し変である。松尾尊兊《たかよし》教授は、⑷は、出処進退については古島一雄の判断に従う、という趣旨だったのではないか、と推測される。かつて犬養毅の側近であった古い政党人で、各方面から信頼されていた古島をいわば保証人にするという方法は、政党に経験の浅い吉田にも利益があったわけで、説得力のある説である（松尾尊兊『国際国家への出発』）。

第一次吉田内閣

吉田は政党政治に経験をもたなかったが、鳩山との交渉は、かなり巧妙なものであった。吉田はまた、GHQとの関係でもしたたかなところを見せている。未曾有《みぞう》の食糧危機を前に、このままではかなりの餓死者が出ると訴え、マッカーサーの食糧援助の約束を取り付けてから組閣したことである。あとで日本の食糧危機が誇張されていたと感じたマッカーサーが、日本の統計は不正確だと吉田に言ったところ、吉田は、日本の統計が正確ならアメリカと戦争などしないと答えてマッカーサーを煙に巻いた。ともかく、当時のGHQは、日本は日本が侵略した国以上の生活水準を許されるべきではないという方針だったため、こうした協力の約束を取り付けておくことは絶対に必要だった。

吉田の組閣で注目されるのは、学者と若手官僚の起用にこだわったことである。たとえば農林大臣には、東畑精一東大教授に就任を懇請し、執拗《しつよう》に追い回した。そして断られると、結局、農林省農政局長であった和田博雄（のち、社会党副委員長）を起用した。和田は戦時中企画院事件で治安維持法違反の容疑に問われたことがあり、鳩山の方からは、アカを入閣させるなという申し入れがあったが、吉田は先の人事不介入の約束を持ち出して、これを拒んだ。ともあれ、組閣難とくに農林大臣の問題は、全国に報道され、GHQにそ

吉田茂

の難しさを知らせる効果をもった。実は吉田はそれを狙っていたという解釈もある。マッカーサーの協力を引き出すための意図的な組閣難であったというのである（猪木正道『評伝吉田茂』下）。

このほか、この内閣には、知識人として、東大教授の田中耕太郎文相、石橋湛山蔵相があった。吉田の学者好きは、要するに、先例にとらわれない大きなアプローチをする人物を求めたと見ることができる。多数の政党人が追放されていたから可能であったことではあるが、吉田は意図的に古いタイプの政党人からの断絶をめざしていたのである。

第一次吉田内閣が取り組んだ問題は、新憲法制定を始めとして数多いが、ここではふれないで、政党の基本問題だけにふれる。

吉田内閣の最大の危機は、一九四七年（昭和22）の二・一ゼネストであった。労働攻勢の高まりに対し、吉田は社会党右派の抱き込みを試みた。穏健労働勢力は、当然提携しうる相手だった。しかし、左派との提携については、一切否定的だった。共産主義に近い勢力とは手を組まないという原則は、はっきりしていた。その結果、社会党との提携は実現しなかったが、マッカーサーの介入で、二・一ストは回避され、辛うじて内閣は危機を乗り切った。

しかし、マッカーサーはその代わりに、議会終了後に選挙で民意を問うことを勧告し、議会は三月三十一日、解散されることとなった。その直前に、選挙法は改正され、選挙区制度は戦前のそれに近い中選挙区制に戻ったのである。選挙は、新憲法が施行されるまでにということで、四月二十五日に実施されることとなった。

議会解散の日の三月三十一日、進歩党は解体し、無所属や他党からの参加者を含め、新しく民主党を結成した。所属議員は百四十五名で、自由党を上回った。その綱領には、新憲法の擁護、民主改革などの革新的な政策が列挙されている。かつて大日本政治会の系統だった進歩党は、より革新的な位置に、中道路線に変わろうとしていた。かつてのイメージを引きずっては勝てないと見た若手が、党改革を要求した結果であった。党首は当面置かないで、幣原は最高顧問に祭り上げられた。そして選挙後の五月十八日、芦田均を総裁に迎えている。芦田は外交官出身で戦前以来の自由主義者であり、戦後にあって活躍を期待されるホープであった。アメリカの占領下にあった当時、外交官出身は、政治家にとって有利な条件であった。幣原、吉田、芦田、のちの改進党の重光葵《まもる》、皆そうである。政党というものは、有利な風の吹いている方向になびき、変わるものなのである。

なお、それより少し前、三月八日には日本協同党と国民党が合体して、国民協同党が成立している。参加議員は七十八名であった。

中道政権の時代

ところが、四月二十五日の選挙の結果は、社会党一四三、自由党一三一、民主党一二六、国民協同党三一、共産党四、諸派一八、無所属一三というものであった。当の社会党の西尾末広《すえひろ》書記長が、「そりゃ、えらいこっちゃ」と口走ったほど、意外な結果であった。

このとき、自由党にしてみれば、民主党との連立によって政権を維持することは、可能だった。しかし、吉田はそれをせず、憲政の常道に従って、第一党が政権を担当すべきだと考えた。戦前の政党が無原則な権力追求を行って、政党政治の基礎を掘り崩してしまったことを、吉田はよく知っていた。

その結果、社会党の片山委員長を首相とする連立内閣の計画が進んだ。当初は、社会、自由、民主、国協の四党連立の予定だった。しかし、吉田は社会党に左派の粛清を要求し、社会党がこれを拒否したため、連立に不参加となった。民主党でも、幣原は吉田と同様の主張をしたが、芦田ら主流派は連立参加論で、結局、社会、民主、国民協同の三党連立内閣が成立した。片山の首班指名は五月二十三日だったが、民主党内部の調整などで、組閣が完了したのは六月一日だった。この内閣は、GHQ左派のGSの意向にも沿うものであった。彼らにとって、吉田の自由党は保守的すぎ、共産党や社会党左派は過激すぎた。片山内閣に見られたような中道が望ましいと考えたのである。

しかし、片山内閣が行き詰まるのは早かった。炭鉱国家管理などの社会主義的政策には、民主党から反発が強かった。幣原最高顧問や、のちに総理大臣となる田中角栄など二十名余りは、この政策に反対して、十一月、脱党している。しかし、こうした社会党本来の政策をトーン・ダウンすると、社会党左派は強く反対した。結局、社会党左派の反乱で、一九四八年（昭和23）二月、片山内閣は倒れた。

片山哲

芦田均

一年前には第一党が政権を担当すべきだとして退いた吉田自由党は、今度は、同じく憲政常道論に立って、野党第一党に政権を渡すべきだと主張した。そして首班指名を争い、衆議院では芦田が指名されたが、参議院では吉田が指名され、憲法六七条（衆院の優越の規定）によって、ようやく芦田と決まったのである。組閣は三月十日のことだった。

しかし芦田内閣も短命であった。芦田自身は戦前以来の優れたリベラルだったが、政権基盤が弱体だった上に、おりから起こった昭和電工事件が内閣を直撃した。これは、復興金融公庫から昭和電工への融資に疑惑があるとされたもので、大蔵省主計局長福田赳夫《たけお》（のち首相）、民自党（後述）の幹部の大野伴睦《ばんぼく》らに続き、安本《あんぽん》（経済安定本部）長官栗栖《くるす》赳夫が逮捕され、前副総理で社会党書記長の西尾末広が収監されるに及んで総辞職した。十月七日のことである。なお、芦田も辞職後に逮捕されたが、結局、昭和電工の日野原節三社長と栗栖赳夫安本長官が有罪となっただけで、芦田その他は大部分無罪となった。この事件は、ＧＳと対立していたＧ２（参謀第二部）の謀略であった可能性がある。

このころ、吉田の自由党は、民主党から離れた幣原の勢力など、小会派を結集して民主自由党（民自党、四八年三月結成、百五十二名）となっていた。十月の芦田の辞職で、この民自党に政権が移動することは不可避となっていた。

このとき起こったのが、山崎首班問題である。中道政権を支援していたＧＳは、吉田の再登場を阻止しようとして、民自党幹事長の山崎猛《たけし》を首相とすることを計画した。これに民主党の多数はなびき、民自党からも同調者があった。しかし吉田支持勢力は、この陰謀を察知して、十月十四日、山崎に議員を辞職させ、この陰謀を防いだ。同日、吉田は首班に指名され、十九日、組閣を完了した。

吉田茂の復活

第二次吉田内閣の成立の背景には、世界的な冷戦の進行があった。冷戦の開始を告げたとされるチャーチルの「鉄のカーテン」演説（一九四六年三月）から、すでに二年半が経過していた。一九四七年には、三月に地中海方面での共産主義の封じ込めに関するトルーマン・ドクトリンの発表、六月にヨーロッパ復興のためのマーシャル・プランの発表が行われた。そして一九四八年六月には、ソ連のベルリン封鎖という事件が起こっていた。

アジアでもまた冷戦は進行しつつあった。中国における国共内戦では、共産党の優位が一九四八年後半に向けて固まりつつあった。朝鮮半島でも、戦後初期の統一独立案は放棄され、一九四八年八月には、大韓民国が樹立された。こうした情勢に、アメリカでも、日本再建に力を入れるべきだとする主張が高まっていた。ここに、アメリカの国家安全保障会議は、NSC13—2と呼ばれる文書において、日本を友好国として育成する方針を提案し、大統領の裁可を得た。一九四八年十月、第二次吉田内閣成立のころのことである。

この内閣は、少数内閣であったため、吉田はできるだけ早く解散しようとした。しかし、中道勢力の敗北を望まぬGSは、憲法六九条の内閣不信任による解散以外はありえないという説をとり、解散を遅らせようとした。吉田は七条によって内閣は解散権をもつとして反論し、結局、マッカーサーの調停によって、与野党話し合いによる不信任案提出による六九条解散となった。アメリカには議会解散がないが、ともかく、勢力を失いつつあるGSは強引な方法で、なおその影響力を維持しようとしたのである。

一九四九年一月の総選挙の結果は、民自党二六四、民主党六九、社会党四八、共産党三五、国民協同党一四などであった。戦後三度目の選挙にして、初めて単独過半数を占める政党が登場したのである。

この選挙で、吉田は大量の元官僚を立候補させた。池田勇人（大蔵次官）、佐藤栄作（運輸次官）、岡崎勝男（外務次官）、吉武恵市《えいち》（労働次官）、大橋武夫（戦災復興院次長）らが立候補し、当選した。その他、当選者二六四名のうち、一二一名が新人であった。

吉田はまた、単独過半数をもっていたにもかかわらず、民主党との連立をめざした。芦田の後に総裁となっていた犬養健《たける》は、これに応じて閣僚二名を送り、民主党は事実上分裂状態となった。この連立の目的は、参議院における不足を補うこと、党内の鳩山派を封じ込めること、などであった。

第三次吉田内閣――吉田政治の頂点

第三次吉田内閣は、一九四九年（昭和24）二月十六日から五二年十月三十日まで続いた。これが吉田政治の絶頂期であった。

この間、吉田内閣が実施した重要政策は数多い。一九四九年にはドッジ・ラインと呼ばれる緊縮財政を強行して、経済の建て直しを図ったこと、一九五〇年に勃発《ぼっぱつ》した朝鮮戦争に際し、アメリカから再軍備を迫られたが、経済重視の立場からこれを拒み、警察予備隊の設立で切り抜けたこと、アメリカを中心とする西側諸国との講和に踏み切って、一九五一年九月、サンフランシスコ講和条約を締結したこと、これと同時に、米軍の駐留を認める日米安全保障条約（旧条約）を締結したこと、その間、占領政策の行き過ぎと思われるものには、修正を加えたこと、共産党を中心とする労働攻勢に対しては厳しくこれを取り締まったこと等々、まことにきりがない。

論者によって評価は分かれるであろうが、マッカーサーの後ろ盾と冷戦の進行という有利な国際情勢はあったにしても、いずれも重要な決定を、次々と断行していったことにはあらためて驚かされる。ここで、その政策を論議する余裕はないが、これを実施していった際の吉田の方法、とくに政党に対する態度、考え方について述べておきたい。

池田蔵相（1950年、第３次吉田内閣）

佐藤建設相（1952年、第３次吉田内閣）

吉田において際立っているのは、大胆な人材登用を行い、使えると見ると徹底して重用したことである。その最も顕著な例は池田勇人であった。吉田は第三次内閣で、当選したばかりの池田を蔵相に起用し、第三次内閣の最後まで、三年八か月その地位から動かさなかった。頻繁に内閣改造を行った吉田としては、異例のことである。また、講和会議には全権の一人に加えるほど、信頼を寄せた。当然、党内の反発は強く、ドッジ・ラインを実施したころは、こんな緊縮予算では政治はできないと、池田は猛烈な不評を買った。

また佐藤栄作は、まだ議員になる前に、第二次内閣の官房長官に起用されている。そして当選後には、民自党の政務調査会長に起用された。その次には、自由党の幹事長に任命され、二か月ほど空白があっただけで、その後も郵政大臣兼電気通信大臣、建設大臣と、要職を占めた。当然、党内の反発は強かった。官房長官時代は官僚的だと不評だったし、政調会長時代には、あんな新入りの下につけるかと、そっぽを向かれたという（山田栄三『正伝佐藤栄作』上）。

その他にも、増田甲子七《かねしち》（内務官僚出身、元北海道長官）は、第一次内閣で運輸大臣、第二次内閣で労働大臣、第三次内閣で官房長官、建設大臣、岡崎勝男（元外務次官）は第三次内閣で官房長官、その他、内務省出身の福永健司、新聞記者出身で民主党出身の保利茂、のちに反吉田に転ずるが、党人出身の広川弘禅《こうぜん》などは、少なくとも第三次内閣の間、破格の優遇をされた人々である。

一方、長老格では、自由党御三家と言われた林讓治、益谷秀次、大野伴睦のうち、林と益谷は吉田を完全に支持し、とくに吉田に注文もしなかったので、常に優遇されたが、鳩山に近い大野は遠ざけられた。他に古い政治家で、吉田が耳を傾けたのは、松野鶴平くらいだったと言われている。

こうした人事は、批判する側から見れば、側近政治、茶坊主政治の弊害の最たるものであった。吉田が思いつきで人事をして、失敗することはあった。娘の麻生和子の意見が不当に重視されることもあった。

しかし、良く言えば、能力主義ということになるだろう。少なくとも、のちの自民党を特徴づける、当選回数、派閥均衡などの観念は、吉田にはまったくなかった。たしかにワンマンで、わがままであったが、こうしたスタイルによって、吉田は党内に並ぶ者のない権力者として、絶対的な存在として、君臨した。そのことに弊害もあるが、独立をめざして次々に大きな課題をこなすには、ふさわしいスタイルだったと言ってもよいだろう。

こうしたスタイルにおいて、何よりも重要なのは、吉田が自らの路線について確固たる自信をもっていたことである。吉田によれば、日本は明治以来、貿易を中心として、英米との協調の中で発展した国であり、満州事変以来の歴史は、軍部によって引き起こされた逸脱に過ぎなかった。こうした本来のコースに復帰することが日本の課題なのであり、アメリカとの関係を深め、外資を導入し、自由な経済活動を活発にすることこそ、日本の取るべき道であった。吉田から見れば、共産主義も、自由な経済活動を抑圧する点で、ほとんど同じであった。そしてアメリカの言うなりに軍備を増強することも、今の段階では避けなければならなかった。そして対米従属を批判する者に対しては、いまや国際的相互依存の時代であって、形式的な「自主」や「独立」にこだわるのは愚かだというのだった。吉田の信念は、彼の歴史観に基づき、また彼の家業（吉田の養家は貿易商）の伝統にもつらなっており、長いイギリス経験に裏付けられて確固としたものであった。こうした信念から、吉田は、彼に従う勢力こそ新しい時代を担う「新進勢力」であり、これを批判するものこそ反動勢力だとしたのである（北岡「吉田茂における戦前と戦後」）。

吉田はまた、日本の政党について、「功利的」「自己本位」に過ぎ、権力権勢の所在を見つけては、これに擦り寄ることが多いとして、さらに次のように述べている。

こゝで権勢というのは、必ずしも占領軍とか、大臣の地位とか、あるいは武力とかいったものだけではない。いわゆる世論とか、労働組合とか、また時代の風潮とかが目に見えぬ圧力となる場合がある。そうしたものを自己の背景とし、あるいは手段として、地歩の向上を図ろうとするなどは、政治家として最も唾棄《だき》すべきものである。いわんや何等《なんら》主義主張なく、たゞ金力をもって人を集め、集めてもって勢力とし、また金を集めるそのボス的な存在は、市井浮浪の輩《やから》の類であって、政界に共に処すべからざるものである。かゝる存在のある限り、政界の浄化は望み難く、これは明らかに政党政治、民主政治の癌《がん》といわねばならない。（吉田『回想十年』第一巻）

吉田にとってまことに勝手な自己正当化と言えないこともない。しかし、吉田の信念の適否を問題にすることは可能であるが、吉田がこうした信念を持っていたことは確かだろう。吉田がのちに河野一郎を極端に嫌ったのは、ここに批判した古いタイプの政治家だと信じたからである。なお、この間、吉田の民自党はさらに他の保守党を吸収しようとして、一九五〇年二月には、民主党の約三分の一である二十三名を加えて、三月から自由党を名乗ることとなる。その勢力は二百八十五名となった。他方、民主党の残りと、国民協同党は合併して、同年四月、国民民主党を結成した。六十七名であった。保守党はようやく三党から二党へと整理されたのである。

3　保守合同への道

講和以後の政治情勢

吉田内閣は、講和条約締結直後が、その絶頂だった。一九五一年（昭和26）九月の世論調査では、内閣支持率は五八パーセントにのぼった。しかし、講和条約発効の前月、五二年三月には、三三パーセントまで下がった（松尾、前掲書）。多くの場合がそうであるように、課題の達成は支持の終わりを意味する。ワンマンと呼ばれる独自のスタイルは、占領権力によって支えられ、講和・独立という巨大で自明の課題ゆえに可能だったわけであり、以後、吉田の政治は様々な壁に突き当たることになる。

その最大のものは、多くの有力な戦前派政治家が、公職追放を解除され、政治活動を再開したことであった。一九五一年九月の講和条約調印を前に、六月に石橋湛山（四七年五月追放、元蔵相）、三木武吉《ぶきち》（四六年一月追放、元自由党総務）、八月に鳩山一郎（四六年五月追放、元自由党総裁)、河野一郎(四六年一月追放、元自由党幹事長)などの元自由党の幹部が復帰し、五二年三月にはA級戦犯として有罪判決を受けていた重光葵(元外相、五一年十一月刑期満了)、四月にはA級戦犯容疑者だった岸信介(元商工相、四八年出所)も公職追放から解除された。

彼らはいずれも、追放によって苦い思いをさせられたため、アメリカに対しては複雑な感情をもっていた。とくに鳩山や石橋の場合、追放理由に説得力が欠けていたから、その不満は強かっただろう。鳩山についてはすでに述べたが、石橋は、日本の膨張政策に対する最も一貫した批判者だったわけであり、軍国主義者という定義はまったく不適当な人物だった。石橋は鳩山以上に自己の信念に忠実で、しばしばGHQの意向を無視したので、おそらくそれが追放の本当の理由だった。

また戦前派政治家の中には、戦前の日本が本来の姿であって、そこに復帰すべきだと考える者が多かった。彼らは吉田がアメリカの占領政策に媚《こ》びていると考え、こうした「向米一辺倒」は是正しなければならないと考えていた。なお石橋は、政界入りは戦後であって、戦前派政治家とは言えず、戦後改革について比較的好意的だったが、それでも非武装などは行き過ぎだと考えていた。

しかも鳩山などは、吉田に短期間政権を預けたつもりであり、追放解除後には政権を返してもらうつもりでいた。その吉田が、予想外に長引いた占領を利用し、権力を固めるのは許しがたいと考えた。吉田が故意に追放解除を遅らせているのではないかという疑惑も、かなり強く抱かれていた。

最初に述べたとおり、世間の吉田に対する感情は、講和をピークに急速に倦怠の色を強めていた。追放から復帰した政治家たちは、こうして、吉田路線の転換、占領政策の是正を旗印とすることとなった。

しかし、吉田の下には、すでに戦後派の政治家が育っていた。六年間の占領はやはり長かった。その中核が、四九年一月の総選挙で初当選した元官僚たちであった。ある有力者の背景には、必ず彼を支持する多くの人々がいる。その人物が政権を手放すことを、彼らが喜ぶはずがないのである。

そして吉田には、困難な時代を切り抜けて、戦後日本の再建を軌道に乗せてきたのは自分であるという自負があった。これを否定しようとする勢力に容易に政権を渡せないと考えたとしても無理はない。

また、吉田と鳩山との政権の授受の約束にしても、必ずしも拘束力があるわけではなかった。政権は国家の必要、国民の支持によって決めるべきものであり、私的な約束で決めるべきものではないからである。のちにも、岸とその後継者候補たち、また福田と大平正《まさ》芳《よし》などの間にこうした政権授受の密約があり、破られたと言われているが、それは必ずしも不当とは言えないのである。

反吉田勢力の動き

まとまった力をもっていたのは、何と言っても鳩山の勢力であった。鳩山、三木武吉、河野らは、自由党に復帰することから始めるか、新党結成かで意見が分かれていた。しかし、鳩山が一九五一年（昭和26）六月、政治活動再開を前に病に倒れたため、とりあえず自由党に復帰することにした。そして自由党に残っている大野伴睦ら鳩山系勢力と力を合わせ、次期総裁に鳩山を擁立する方針を決めている。

彼らがその力を示したのは、五二年七月の福永健司幹事長問題であった。吉田が一年生議員の福永を幹事長に起用しようとしたとき、鳩山系の議員が反対し、ついに吉田はこれを撤回し、長老の林譲治を起用することにした。占領期なら、党や内閣の人事で、吉田の意向が通らないことなどあり得なかった。鳩山も三木も河野も、まだ議員ではなかったが、彼らの自由党復帰は確実で、その影が早くも自由党の中に及びつつあったのである。当時のある調査によると、自由党内部の吉田派は百四十、鳩山派は百十九という内訳だったという（松尾、前掲書）。

一方、追放解除は、国民民主党にも及んでいた。松村謙三ら旧民政党系政治家の復帰とともに、五二年二月、改進党が結成された。その総裁には、翌月に復帰する重光葵が選ばれた。重光は大東亜会議を主催した外交官であり、アジア主義の系統に属する人物であった。党の綱領にも「我党は、日本民族の独立と自衛を完《まっと》うし、アジアの振興と世界平和の実現を期す」とうたわれている。これは、重光の思想とも一致しているし、反吉田色が明白でもある。そして、当時にあっては、アジアとの連帯という言葉は、かなり親しみのある言葉だった。つい最近まで、何しろ大東亜共栄圏をうたっていたのであるから。そしてこれが「進歩的国民勢力」とされていたのが、興味深い。

三木武吉

河野一郎

もうすぐ政界の主役の一人として復帰する岸信介も、政治活動を再開した。かつて護国同志会と関係していた岸は、この人脈を基礎にして、日本再建連盟を五二年四月に結成した。岸は当初、社会党勢力までを視野に入れた広範な勢力の結集をめざし、河上丈太郎、浅沼稲次郎、三輪寿壮《じゅそう》、西尾末広など、社会党幹部と何度も会合を重ねたが、結局うまくいかず、この日本再建連盟の設立となった。それは、「共産主義の侵略の排除と自由外交の堅持」「日米経済の提携とアジアとの通商」「憲法改正と独立国家体制の整備」を綱領に掲げている。これは、岸ののちの路線を早くも示しているものであるし、当時の反吉田の雰囲気にも合致するものであった（原彬久『岸信介—権勢の政治家』）。

抜き打ち解散とバカヤロー解散

こうした反吉田の動きの高まりに対し、とくに党内の反吉田勢力の動きを封じるため、吉田は先手を打って、一九五二年（昭和27）八月、衆議院を解散した。いわゆる「抜き打ち解散」である。十月の選挙の結果は、自由党二四〇、改進党八五、左派社会党五四、右派社会党五七、諸派一一、無所属一九であった。自由党は過半数を制したが、前回より二四を減らし、少数の離反で過半数を割りかねない事態となっていた。また、社会党とくに左派社会党の進出が注目された。なお、四六六名のうち、追放解除者で当選した者は一三九名、元代議士はその中で九五名だった。古い地盤はやはり強かったのである。

このとき、自由党の選挙は、事実上、吉田派と鳩山派との分裂選挙となり、吉田が選挙戦のさなかに石橋や河野を除名するなど、両者は激しく争った。鳩山派は六九議席しか取れなかったが、吉田派も七三、中間派が九八だったという（ただし、この数には諸説がある）。

両者は人事をめぐって再び対立し、吉田が党・閣僚人事で鳩山派を排除したので、鳩山支持の強硬派は民主化同盟（民同派）をつくって、公然たる党内反主流派を構成した。そして十一月、吉田の腹心の池田通産相が失言し（違法な取引を行った中小企業に、倒産や自殺が出てもやむを得ない）、不信任案が提出されると、民同派は欠席して、池田を辞職に追い込んだ。また、一九五三年（昭和28）二月末に吉田が失言し（答弁の際、「バカヤロー」と叫んだ――というより、つぶやいた程度だったらしい）、不信任案が提出されると、今度は民同派は賛成に回り、不信任案を可決してしまった。

これで吉田も辞めると、三木武吉は考えたらしい。二度の解散はないというのが政界の常識だった。しかし吉田はそうした「常識」にはとらわれない人間であり、三月十四日、衆議院を解散した。解散とともに、民同派は自由党から脱党し、今度は本当に分裂選挙となった。

この間の吉田派対鳩山派の争いは、実に激しいものだった。鳩山派であった大野伴睦は、自由党統一維持の大義のためとして、吉田派に移った。これを民同派の三木武吉は、大野の大義は、大臣の大と議長の議だと、厳しく批判した（大野は、五二年衆院議長となっている）。また、かつて吉田の側近だった広川弘禅は鳩山派に転じ、不信任案のときには賛成した。吉田の後を狙っていた広川は、一月に佐藤栄作が幹事長に任命され、また追放から

大野伴睦

広川弘禅

復活した緒方竹虎《たけとら》が一九五二年十一月に副総理に任命されたのを見て、不満を募らせていたところを、三木が説得したものであった。しかし次の選挙では、自由党の攻撃を浴びて広川は落選してしまう始末だった。

選挙戦では、自由党が憲法維持、自衛力漸増を主張したのに対し、鳩山自由党と改進党が、再軍備・憲法改正を唱えた。左社と右社は、いずれも再軍備反対だった。一九五三年（昭和28）四月十九日に行われた選挙の結果は、自由党一九九、鳩山派自由党三五、改進党七六、左派社会党七二、右派社会党六六、諸派七、無所属一一であった。自由党も鳩山自由党も微減であったが、とくにこの選挙に賭《か》けていた鳩山派には痛手だった。単独過半数を失った自由党にも痛手だった。この間隙《かんげき》をぬって、伸びたのが社会党だった。

選挙後、首班指名で辛うじて吉田は首相となり、少数政権を率いることになる。これを支えたのが佐藤幹事長で、少数政権を支えるために多くの政党に働きかけた。

ところで、この選挙で政界に復帰した一人が岸であった。その前の抜き打ち解散選挙では、岸の日本再建連盟は大敗を喫していた（岸は同連盟が選挙に候補者を出すことに反対で、自身は出馬しなかった）。そしてこのバカヤロー解散の後の選挙において、自由党から出馬して当選したのである。それからわずか半年後の十一月、岸は四十名の議員を集めた会合を開いた。実質的な岸派の発足であった。当時の第五次吉田内閣は、少数党内閣であり、多数の形成に苦慮していたので、岸の勢力は大いに目を引いた。

吉田の多数派工作は、やがて鳩山復党問題となり、その条件として、鳩山の改憲論を受け入れる姿勢を示すため、党内に憲法問題調査会（および外交調査会）が設置されることとなった。その会長に岸が就任することが決定された。十二月のことである。鳩山は復党したが、三木武吉、河野一郎らの強硬派八人は復帰せず、日本自由党を結成し、当時ヒットしていた映画「七人の侍」をもじって「八人の侍」と言われた。

鳩山復帰にもかかわらず、自由党は過半数に満たず、さらに多数派工作を続けていた。改進党内部には、松村謙三・三木武夫らの左派と、そうでないグループがあった。佐藤幹事長などは、左派を排除しての合同をめざしていた。それより前、九月には、吉田・重光会談が行われ、軍備漸増などで意見の一致を見ていた。

吉田派と鳩山派との激しい対立があり、少数党内閣であったにもかかわらず、吉田内閣が何とか存続したのは、吉田よりいわば右に改進党と日本自由党があったからである。かつての中道政権の時代には、吉田より左に民主党、国協党、そして社会党があり、三者は連立したのであるが、いまや改進党、日本自由党と社会党の間には大きな政策的差異があった。吉田の路線が比較的まっすぐだったのに対し、改進党などの第二保守党は、かつて世論が中道にあると見ると吉田より左に寄り、今度は世論は反吉田・占領の行き過ぎ是正にあると見て、吉田より右に寄って行った。そして、自衛隊設置等を定めた防衛二法などの法律は、比較的スムーズに成立したのである（富森叡児《とみのもりえいじ》『戦後保守党史』）。

吉田政治の終わり

ところが、一九五四年（昭和29）一月、造船疑獄が政界を直撃した。朝鮮戦争後の不況で苦しむ造船・海運業界を救済するため、五三年一月、政府は造船融資のための利子補給などを内容とする立法を行ったが、業界はなおこれを不十分とし、運輸省や保守三党に働きかけ、五三年八月、その修正案を成立させた。この間、業界は約五千万円を集め、運輸省と保守党三党の政治家に献金したと言われる。関係者の検挙は五四年一月に始まり、業界六十二人、政界四議員、官界五人の計七十一人が逮捕（起訴三十四名）されることとなった。

捜査はやがて自由党佐藤幹事長に及び、四月二十日、検察は衆議院に佐藤の逮捕許諾を求めた。しかし犬養健法務大臣は、検事総長に対する指揮権を発動し、佐藤逮捕を阻止した。佐藤は二千二百万円という最大の献金を受けていた。もっとも、それは佐藤個人に対するものではなく、自由党に対する献金であって、しかも五三年十一月に鳩山派が復党するとき、同派の借金の肩代わりをした費用と言われている。こうした事情もあって、吉田は側近の佐藤を断固守ろうとしたのだと言われている。

これに対し左右両派の社会党は、四月二十二日、内閣不信任案を提出したが、二十四日、賛成二〇八票、反対二二八票で否決された。改進党は三木武夫が賛成討論をしたが、二十名が反発して欠席した。

造船疑獄のさなかの三月二十八日、副総理の緒方竹虎は、保守合同構想を発表し、四月十三日には、保守合同は爛頭《らんとう》の急務（爛頭とは、頭が焼けただれることで、それほど非常時だということ）という有名な声明を発表した。保守三党を解党して新党を作り、総裁は公選で決めるという内容である。五月二十八日、保守三党は交渉委員会設置を決定し、六月十二日には、「1、議会政治の擁護と政界の刷新浄化、2、国民外交の推進とくにアジア外交の打開、3、計画的自立経済政策による産業の復興と民生の安定、4、自主的防衛体制の整備、5、憲法改正を含む占領政策に基づく諸制度の再検討」の五項目の政策大綱の基本構想まで合意をみた。しかし、誰を総裁にするかで合意はできなかった。吉田派は公選で吉田、しばらくして緒方と考えていたが、改進党は吉田の引退が合同の前提だと主張した。結局、六月二十三日に自由党は交渉打ち切りを宣言した。

この緒方が始めた構想は、造船疑獄の切り抜けとも関連していたし、終盤の国会乗り切りとも関連していた。しかし、政策合意において、反吉田路線を内容とするものが合意されているのが、注目される。緒方の方でも、吉田路線の修正を受け入れるしかなかった。そういう時代風潮だったのである。

これとは別に、岸、石橋、芦田を中心とする計画が進んでいた。岸は四月十九日、新党結成促進協議会を発足させ、二十八日には衆参両院議員百八十名以上を集めた。その中には改進党や無所属の議員もあった。緒方の構想が打ち切りとなったところで、この動きは一層活発となった。そのころ、吉田に近い議員の反発を避けるため、岸はまだ新党で吉田が総裁となる可能性を否定しなかった。しかし、夏には反吉田の方向をはっきりさせ、九月二十一日、新党結成促進協議会を新党結成準備会に切り換えた。これをみた吉田派は、全員この準備会になだれこんで、会の乗っ取りを図った。かまわず計画を進めた反吉田派は、十月二十日の大会で、鳩山、岸、石橋、芦田ら五人を代表委員に選び、そこから互選で鳩山が委員長となった。鳩山派の勝利だった。

十一月八日、岸は自由党から除名されるが、逆に自由党内の岸派・鳩山派、それに改進党と日本自由党から議員が集まって、十一月二十四日、新党準備会は日本民主党を結成した。総裁が鳩山、副総裁が重光、幹事長が岸、総務会長三木武吉、政調会長松村謙三という顔ぶれで、所属議員は衆議院百二十名（自由党三十七、改進党六十七、日本自由党八、無所属八）、参議院十八名（自由党三、改進党十三、無所属二）であった。

この数は、左右社会党の百三十余りと提携すれば、吉田内閣を倒すのに十分な数であった。十二月六日、民主党は左右両派社会党とともに内閣不信任案を提出した。吉田はなお解散しようとしたが、緒方副総裁、池田勇人幹事長のような側近まで反対するようになり、ついに翌日、総辞職した。

保守合同への道

一九五四年（昭和29）十二月九日、国会で首班指名投票が行われ、鳩山二五七、緒方竹虎（吉田の辞職で自由党新総裁となった）一九一票で、鳩山が総理大臣となった。

首班指名を受けた鳩山が、そのまま官邸に入り、不自由な左足をかばいながら広間に入ると、新聞記者の間から拍手が起こった。かつて片山哲首相のとき、そして鳩山の次の石橋湛山首相のときに、やはり同じような拍手が起こったが、鳩山のとき、最も拍手は大きかったという（山田栄三『正伝佐藤栄作』上）。もう少しのところで政権を逃し、長い追放

首班指名を受け、岸幹事長と握手する車イスの鳩山総裁（1955年３月18日）

に耐え、不自由な体で戦ってきた鳩山に対する同情があっただけでなく、吉田の秘密主義・側近政治・ワンマン政治に比べて鳩山には明るく、開放的で庶民的な雰囲気があった。

政治路線で言うと、これはやはり反吉田路線であった。内閣には、鳩山首相以外に、石橋湛山（通産大臣）、河野一郎（農林大臣）、重光葵（外務大臣、副総理）、それに改進党左派では三木武夫（運輸大臣）など、反吉田勢力の有力者がそろって入閣した。政策でも、当然、占領政策の是正、自主防衛、憲法改正などが中心であった。岸は入閣しなかったが、岸派から三名（武知勇記郵政大臣、三好英之北海道開発庁長官、大村清一防衛庁長官）を内閣に送り込み、その力を示した。

一九五五年（昭和30年）一月二十四日、鳩山は議会を解散した。早期解散は、首班指名で協力した社会党との約束でもあった。民主党は、自主憲法制定の準備を含む独立の完成や日ソ国交回復などをあげて選挙戦を戦い、二月二十七日の選挙では、一八五議席を獲得した。解散前の一・五倍、六〇議席の増加という勝利であった。躍進したのは社会党で、左派社会党八九、右派社会党六七などであった。これに比べ、自由党は一九九議席から一一二議席へと、大幅に議席を減らし、社会党を一つと考えれば、事実上の第三党となってしまった。

民主党は大勝したが、それでも単独過半数には程遠かったから、あらためて保守合同をめざした。三木武吉は四月十二日、保守合同実現のためには鳩山内閣総辞職を辞さずと述べ、五月七日、岸は「独立完成に必要な諸施策を強力に推進するためには解党を辞さない」と述べ、二十三日から民主党、自由党の交渉が始まった。旧改進党の左派の松村・三木武夫の勢力は乗り気ではなかったが、大勢を動かすほどではなかった。一方、自由党としても、勢力挽回《ばんかい》の望みは他になく、合同をめざすこととなった。それに、病身の鳩山がいつまでも続けられるとは思えず、その後を狙うことが可能だった。

保守合同を促進したものは、社会党の発展と統一への動きであった。社会党は、五二年の抜き打ち解散、五三年のバカヤロー解散、五五年の話し合い解散において、左右を合計すれば、一一一、一三八、一五六と著しく発展してきた。しかも左派の方が優勢であった。これを危惧《きぐ》した財界も、保守合同を強く希望した。社会党が統一したのは、五五年十月十三日、百五十五名が参加した。

合同の交渉は、民主党から三木武吉、岸信介、自由党から大野伴睦（総務会長）、石井

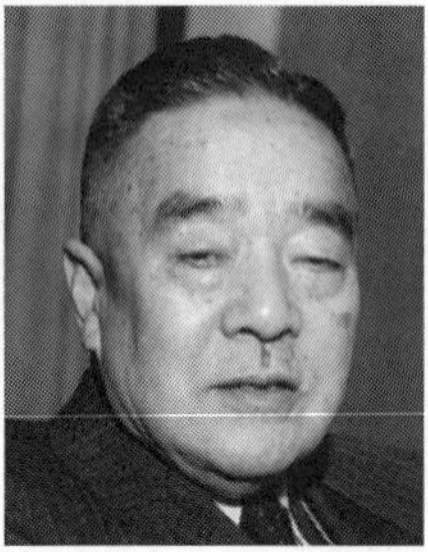
緒方竹虎

光次郎（幹事長）が集まって、時間をかけて行われた。そして、十一月十五日、保守合同による単一保守党、すなわち自由民主党が、成立した。参加するもの衆院二百九十九名、参院百十八名という巨大な勢力であった。最大の難点は総裁人事であったが、総裁は置かずに代行委員制とし（代行委員＝鳩山・緒方・三木・大野）、次期総理は鳩山とし、党務は緒方という総理・総裁分離方式が、内部では合意されていたという。幹事長は岸、総務会長は石井光次郎、政調会長は水田三喜男という布陣であった。

こうした経緯から明らかなように、統一保守党は、吉田路線の是正をその出発点としていた。党則に自主憲法制定がうたわれているのは、こうした事情によるものである。自民党は、こうした内部の人的対立、路線対立、そして急速に成長する野党の社会党、という様々な壁に取り囲まれていた。さらに、もう一つの大きな壁は外交であり、アメリカであった。吉田という占領期以来のパートナーを失って、アメリカは日本の政治の行方を警戒し、憂慮していた。こうした問題を、自民党がいかに解決したか、あるいは、こうした問題が自民党のあり方をいかに規定したか、次の章で改めて述べることとしたい。

第一章　自民党政治の確立

1　鳩山内閣と石橋内閣

鳩山と日ソ

先に述べたとおり、一九五五年（昭和30）十一月、自民党は党首未定のまま成立した。党首は五六年四月の党大会で選ばれることになっていた。ところが、五六年一月二十八日、最有力総裁候補であった緒方竹虎が急死する。鳩山が、したがって、すっきりと初代の総裁に選ばれた。

しかし、それ以上のことは、まだ分からなかった。自民党がどのような政党になり、どのような政治を行うことになるのか、混沌《こんとん》としていたと言ってよい。しかし、それは、最初の一年ほどのうちに、かなり明確な形を取ることになる。

いかなる場合にもそうであるが、リーダーが打ち出す政策は、そのリーダーをめぐる権力闘争の軸となる。そして本人が思っている以上に、その人の立場を決定する。そのような政策が、鳩山の場合、憲法、再軍備、小選挙区、そして日ソ国交回復だった。これらは自民党成立以前、鳩山内閣の成立以来のことであるが、ここでは、そこまでさかのぼって論じることとする。

鳩山は政界復帰のころから、中国およびソ連との国交回復に強い熱意をもっていた。また、政権獲得と同時に、改めてその意欲を表明している。ソ連は早速これに反応し、五五年一月、交渉を申し入れて来た。両国は、六月からロンドンで交渉を開始することとなった。

日本にとって、ソ連との国交回復を急ぐ理由は、次のようなところにあった。第一に、終戦後ソ連に抑留されている日本人がまだ少なくなかった。日ソ国交回復は、この復員を早めるものと考えられた。第二に、北方漁業の問題があった。今日に比べ、漁業資源は重要であり、その安定操業を確保することのメリットは大きかった。第三に、日本はソ連の反対で国連に加盟できなかった。ソ連との国交を回復すれば、国連加盟は容易であった。第四に、全体として、ソ連との関係改善は、何よりも日本の安全の確保につながるはずであった。

ソ連との交渉は、もちろん容易でないと考えられていた。ところが、八月九日、ソ連のマリク代表は、日本の松本俊一《しゅんいち》全権に対し、歯舞・色丹の返還を示唆してきたのである。松本はこれで交渉をまとめることを考えたが、重光外相は、さらに南千島（国後・択捉）を取り上げることを指示し、ソ連はこれに反発して、交渉は中断となった。

こうしたソ連との交渉は、アメリカの不信を招いていた。鳩山内閣が、成立早々、防衛分担金（アメリカ軍駐留費用の一部を日本が分担してきたもの）削減の方針を決めたことについて、アメリカは態度を硬化させてきた。四月に重光が訪米したいと打診してきたとき、アメリカはスケジュールを都合に断ったことがあった。

八月、アメリカを訪問した重光は、安保条約の改定を申し入れる。旧安保条約の問題点は、次の岸政権のところで述べるが、重光の安保対等化の申し入れに対し、ダレス国務長官は、日本にそんな実力があるのかと、「木で鼻をくったような」厳しい対応で峻拒《しゅんきょ》した。同行してこれを目撃した岸幹事長と河野農林大臣は、強い衝撃を受けたという（伊藤隆ほか『岸信介の回想』）。

さて、日ソ交渉は、九月に中断となったのち、一九五六年（昭和31）一月、再びロンドンで再開された。しかし領土問題には発展がなく、交渉はまたもや三月に中断となった。それと同時にソ連は、北洋漁業の制限を発表し、日本にショックを与えた。これを打開するため、四月末、河野農相が訪ソし、再度の交渉がモスクワで開かれることになり、七月末、重光外相が自ら訪ソすることとなった。

吉田茂が公開書簡を発表して、日ソ交渉を批判したのは、この七月のことであった。吉田によれば、抑留問題は、ソ連の不当な政策であって、日本が懇願するようなものではない、国連問題も同様である、そして、領土について、日本は領土を放棄したのであって、国後・択捉についても、その帰属は国際会議で決めるべきものであり、日本にソ連の領有を認める権利はないと批判した。漁業交渉についても、国際会議で決めるべきだと吉田は論じた。また吉田は、交渉がソ連のペースで進むようなら、吉田系勢力は脱党すべきだと考え、腹心の池田や佐藤に盛んに申し入れていた。

七月訪ソした重光は、八月十二日、ソ連がこれ以上譲歩する可能性はないと判断し、歯舞・色丹だけで合意するよう、政府に指示を仰いだ。政府は驚いてこれを却下した。

アメリカからの発言も厳しくなってきた。八月十九日、ダレス国務長官は重光と会談し、もし日本が北方領土を放棄すれば、アメリカの方でも沖縄返還は困難となるかもしれないと威嚇を加えた。この時期になってなぜ威嚇的に出たか明らかではないが、ともかく、アメリカの鳩山に対する態度は厳しかった。

鳩山は、日ソを花道に引退する覚悟を固めており、自ら十月モスクワを訪問し、領土問題を棚上げにする形で、国交正常化を実現した。この間、吉田は厳しい批判を崩さず、他方で社会党はこれを歓迎していた。

吉田の政策の特色は、日本はアメリカを中心とする反共陣営の一角を占めるべきだという点にある。日本がたんに反共であるとか、アメリカと親しいだけでは駄目で、アメリカが世界でソ連と対峙しているのに、積極的な協力が必要だとするものであった。同盟国同士が遠慮なく注文をつけあうという関係を理想としていた吉田は、アメリカの介入を歓迎したことであろう（北岡「吉田茂における戦前と戦後」）。

日ソ国交回復交渉のため出発する鳩山首相（1956年10月7日）

鳩山から石橋へ

鳩山の路線は、要するに反吉田路線であった。日ソとともに鳩山が力を入れたのは、言うまでもなく憲法の問題であった。

しかし、一九五五年の総選挙で、社会党はすでに三分の一の勢力を占め、憲法改正の国会発議を困難ならしめていた。また五六年の参議院選挙では、社会党はさらに勢力を伸ばし、自民党の六一に対し四九議席を占め、非改選と合わせて八一、共産党その他と合わせれば、ここでも三分の一を突破した。

自民党は憲法調査会の設置問題で、一九五五年に一度つまずき、五六年にようやくこれを成立させた。それでも数は足りないので、鳩山が考えたのは、小選挙区制度の導入である。これによって議会で圧倒的な数を得て、憲法改正に進もうとしたのである。しかし選挙区制度の改定は、いつの時代にも大問題であって、このときも、選挙区が鳩山に有利なものだとして批判が高まり、結局見送られることとなった。

その他、鳩山の発言は、しばしば慎重さを欠いており、議会を混乱させた。日ソの花道がなくとも、そろそろ限界だったに違いない。

鳩山の後の総裁に、最も有力と考えられたのは岸だった。これに対抗したのが、石井光次郎と石橋湛山《たんざん》だった。岸は、民主党幹事長以来、党の要《かなめ》として行動し、力を蓄えていた。河野派の支持もあった。他方で石井は、緒方派つまり旧吉田派を継承していた。また石橋派は、直系の政治家こそ十名程度であったが、改進党系の三木・松村、自由党系の大野、その他の支持を得ていた。

戦後政治史の中に有名な一九五六年（昭和31）十二月の第二回（事実上は最初）の総裁公選は、優位を伝えられた岸派に対し、石橋、石井の両派が二、三位連合を組んで戦った。最初の選挙では、岸二二三、石橋一五一、石井一三七であった。ただちに上位二者による決選投票が行われ、石橋二五八、岸二五一で石橋が七票差の劇的な逆転勝利を収めたのである。

石橋新総裁決定（岸、大野と握手　1956年12月14日）

ここにも興味深い派閥対立のダイナミクスが見られる。吉田直系の池田は、反鳩山であった。鳩山から岸へという継承を策する河野が、その敵であった。池田は、また第一次吉田内閣当時において、石橋蔵相の下で次官を務めたことがあった。他方で岸の弟である佐藤は岸を推したから、吉田直系は池田系と佐藤系とに二分されることとなった。ただし佐藤はまだ自民党に入党していなかったが。

失われた可能性——石橋内閣

激しい総裁選挙のあと、石橋の組閣は難しかった。二、三位連合の条件として、三位になった方は副総理という約束があった。それによれば、石井は副総理のはずだった。しかし、総裁になってみると、石橋は他の考慮もしなければならなかった。党内融和のために岸に入閣を依頼すると、岸は外相の地位を欲し、党内融和のためなら協力するが、論功行賞的な組閣には協力できないとして、石井を副総理とすることに反対した。石橋はこれを理解し、石井副総理は見送られた。その他、池田の蔵相、官房長官が石橋直系の石田博英《ひろひで》、党の方では三木武夫を幹事長に起用したのが目についた。

政策面で言うと、石橋は、対米自主、軽武装という路線を打ち出していた。これは、石橋の元来の思想からしても、また派閥力学の中からも自然に出てきたものである。政治の軸が吉田対反吉田であったときは、石橋もその一翼を担っており、対米自主・再軍備の路線にあった。しかるに鳩山の後を元鳩山陣営同士で争う場合には、両者は当然に差異を強調することになりやすい。そして池田など自由党系の勢力の支援を受けた石橋が、対米自

図1　石橋対岸　吉田対鳩山

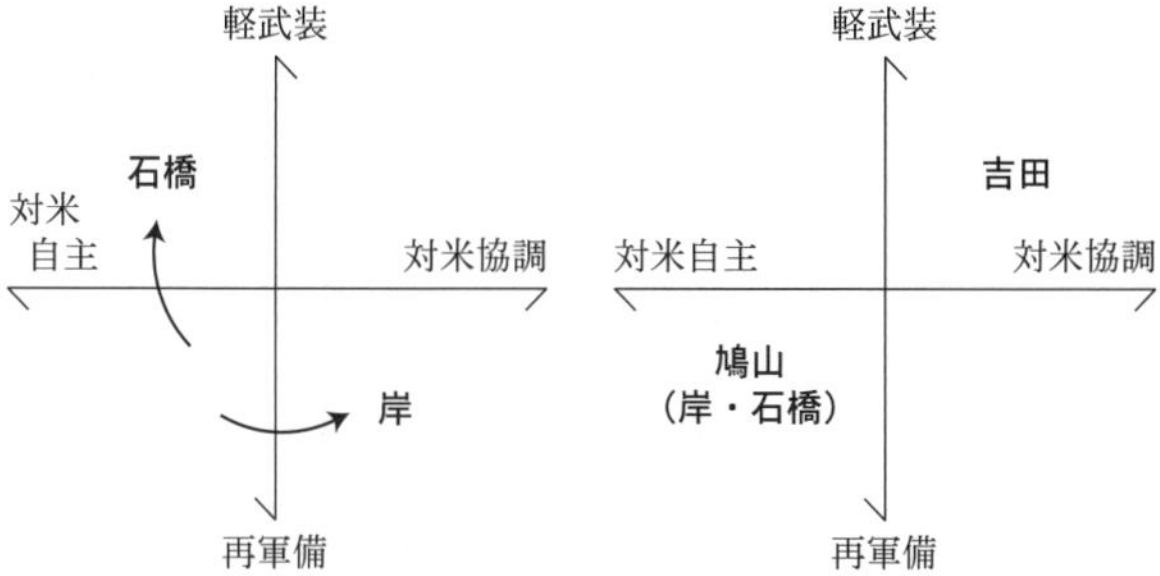

主・軽武装を強調することになったのは、自然な推移であった。

　もう一つ注目すべきは予算である。石橋は福祉国家の建設のため、一千億減税、一千億施策を打ち出した。プラス・マイナス二千億は、当時の予算が一兆円規模だったことから考えると、巨大なものだった。減税はほとんどが所得税、そして施策の重点は、道路・住宅などの社会資本の充実にあてられ、とくに輸送能力隘《あい》路《ろ》の打開が図られていた。当時の景気上昇に拍車をかけ、生産能力の増強と、それを個人に還元する仕組みを打ち出したもので、石橋の戦前以来のケインズ的な主張に基づき、高度成長期の財政の原型を打ち出したもので、画期的な予算であったと言われる（香西《こうさい》泰《ゆたか》『高度成長の時代』、樋渡由美『戦後政治と日米関係』）。

　石橋はもちろん早期解散のつもりであった。そのため、真冬にもかかわらず、全国遊説を行い、風邪をこじらせ、ついに辞職することとなった。その潔さを讃《たた》える人は多い。石橋が健在だったら、日中関係を打開しただろうという人も多い。それがどうなったかは、何とも言えない。石橋が近代日本でまれに見る優れた言論人であることに疑問の余地はない。しかし、内政はともかく、外交においてその政策を実施しうる条件（とくにアメリカおよび中国の国内事情）があったかどうかは、難しいところである。

この一九五六年総裁選挙は、成立間もない自民党に画期的な大きな影響を及ぼした。派閥の確立がそれである。

自民党成立当初、党内には十一のグループがあると言われていた。自由党系に、吉田、緒方、そして大野伴睦につらなる三グループ、民主党系に鳩山、三木武吉、岸のグループ、民主党の元改進党系には、三木武夫、松村、大麻唯男《おおあさただお》、芦田、北村徳太郎にそれぞれつながるグループがあった。しかし、このうち小さなものは数名の規模であり、何よりもどこにも所属しない者が八十名以上あった。その中には、石橋湛山を中心とする数名の緩やかな結合もあった。そして、二つ以上のグループに所属する者も多かった（福井治弘『自由民主党と政策決定』）。

それが総裁選挙の結果、くっきりとしたグルーピングが進んだ。自由党系では、吉田派は分裂して池田派と佐藤派となり、緒方派は石井派となり、大野派は残った。民主党系では、鳩山の引退と三木武吉の死があって、鳩山派の一部が石橋派に行ったほか、残りは河野派となった。岸派は拡大した。旧改進党系では、三木と松村が合体して、三木・松村派となった。こうして、岸、佐藤、池田、大野、石井、河野、三木・松村、そして石橋の八派閥となった。これらの派閥は、五六年総裁選で明らかになったように、旧自由党、旧民主党といった枠を超えて合従連衡を行った。言い換えれば、前の党派以上に、派閥は重要な基本単位となったのである。

しかもこのうち、石橋、石井、大野の派閥が消えていった以外は、実に五派閥が、宮沢政権誕生の時点で、岸↓三塚、佐藤↓竹下、池田↓宮沢、河野↓中曽根、三木・松村↓河本という形で生き延びているのである。言い換えれば、派閥という、自民党の最大の特色である組織が、その輪郭を明確にし、新しいスタートを切ったのが、一九五六年総裁公選だったのである。

2　岸信介と安保改定

石橋湛山が一九五七年（昭和32）一月二十五日、肺炎で倒れると、三十一日、岸は首相臨時代理に指名され、施政方針演説も、二月四日、これを代読した。二月二十二日、石橋は岸と三木（幹事長）に書簡を送り、総理・総裁の辞職を申し出た。二月二十五日、岸は国会で首班に指名され、石井光次郎を副総理として入閣させただけで内閣を引き継ぎ、三月二十一日になって自民党総裁に選ばれた。

岸の首相就任には、様々な偶然が作用した。一九五六年一月の緒方の死去、五六年末の石橋内閣の成立にあたって、副総理格の外相として入閣したこと、そして石橋の病気である。

岸は、自民党総裁としては三代目であったが、初代の鳩山はいわば暫定総裁であり、二代目の石橋はごく短命だったので、事実上、岸が最初の総裁だったと言っても過言ではない。保守合同に果たした岸の役割も、また大きなものだった。そして岸が総裁であった三年半の間に、自民党のあり方のかなりの部分が決定されることになるのである。

岸の経歴

歴代自民党総裁の中でも、岸はきわめて興味深い経歴の持ち主である。首相時代の岸を理解するために重要なことなので、簡単にその要点をまとめておきたい。

岸は一八九六年（明治29）、山口県に生まれた。三人兄弟で、兄は海軍中将、弟（佐藤栄作）は総理大臣となった。藩閥全盛の時代に、郷党の栄光を身近に感じつつ、育ったのである。

東京帝国大学法科大学で学んだ岸は、一九二〇年（大正9）に首席、それも史上まれな成績で卒業した。そのころ、吉野作造や美濃部達吉の全盛時代であったが、長州のナショナリズムの中で育った岸は、彼らの自由主義になじめず、国家主義的な憲法解釈で知られた上杉慎吉と親しんだ。ただ、岸は実際的な人間であって、上杉の天皇親政論を本当に受容したわけではなく、上杉に後継者となるよう誘われたときも、これを断っている。

卒業後、岸は農商務省に入った。当時、官僚志望者は、内務省に入って知事をめざすのが普通だった。一方、農商務省は、日本の産業を指導し、発展させることが仕事だった。岸にはこちらの方が興味深かったのであろう。当時、第一次世界大戦中に生まれた日本の重化学工業は、不振に陥っており、これが農商務省の大きな仕事となっていた。

農商務省の分離によって、商工省（現在の通産省）に移った岸は、一九二六年（大正15）、復興に苦しむドイツを視察し、その産業合理化運動に強い印象を受けた。限られた資源を合理的に配分し、国家の戦略的な発展を図ること、そこに官僚の新しい役割があると、岸は感じた。かつて長州の先輩が指導した富国強兵、殖産興業の新たな方向が見え始めてきた。

商工省において、岸は先輩の吉野信次《しんじ》と組んで、産業合理化政策を押し進め、重要産業統制法、工業組合法、商業組合法などを制定した。軍が台頭すると、岸は軍の熱い期待を浴びるが、他方で財界や自由主義者からは警戒された。

一九三六年（昭和11）、いったん商工省から出た岸は、満州国の総務司長となり、さらに翌三七年、産業部次長兼総務庁次長となって、関東軍の支持の下、満州国の産業建設の事実上の最高責任者として辣腕《らつわん》を振るった。その最大のものは満州国産業開発五か年計画の実行であり、そのための日産コンツェルンの満州移駐であった。この大事業は、岸の卓抜な計画と、関東軍の強力な支援によって、可能となった。

一九三九年、岸は商工次官となり、四一年、四十四歳で東条（英機）内閣の商工大臣となった。また、四三年軍需省が出来ると、東条首相兼軍需大臣の下で、国務大臣兼任の次官となった。岸がいかに有能な官僚であって、軍から必要とされたか、理解できる。

岸の総動員体制は、官による完全な統制をめざすものではなかった。日産の移駐も、民間の経営技術の重要性を認識していたからの構想だった。民間が生産の主体である、しかし、官の強力な指導があって、初めてその力は無駄なく発揮されると、岸は考えた。

しかし、岸はただのテクノクラートではなかった。一九四四年、岸は危険を冒して東条と対立し、閣内不統一で東条を内閣総辞職に追い込んだ。また議会でも、翼賛政治会と対抗して護国同志会を結成するなど、その行動は大胆であった。まだ四十七歳のことである。

敗戦後、東条内閣の一員だった岸は、A級戦犯容疑者として逮捕され、収監された。一九四八年末に釈放されたが、人生の最も充実したはずの時期を奪われたわけである。

商工大臣時代の岸（1941年）

一九五二年四月、追放解除以後の日本再建連盟の発足、五三年四月の衆議院議員当選と自由党入り、そして保守合同に向けての活動についても、すでに述べた。

戦後の岸の急速な台頭の理由は、一つには、商工省以来の人脈と金脈であろう。岸の統制は、民間の協力を得て行うものだったから、幅広く密接な経済界との関係があったのである。

そして岸は、かなり大きな目標を、早くから持っていたように思われる。それは、保守合同に関して彼自身述べているとおり、日本再建のための根本的な施策と、そのための強力な体制の確立だったと見てよいように思われる。岸の予測能力が卓抜だったのは、このように目標がはっきりしていたからだと筆者は考える。

こうした目標をもっていた岸は、閣僚の地位には興味はなかった。戦後、岸は石橋内閣の外相と首相以外に、内閣に列したことはないのである。政策的な知識・経験と資金源などは、すでに十分だった。岸が狙ったのは、幹事長のような組織の要《かなめ》であり、政界再編成の要の地位であった。憲法調査会会長も、イデオロギー的な結節点の一つだった。

こういう地位にあって、岸は「両岸」と言われたように、自身の態度を曖昧《あいまい》にしたまま情勢を観望し、事態の推移を見守った。そして状況の読みは抜群だった。また岸の豊富な資金力は、こうした要の地位において最も有効に発揮された。こうした方法によって、岸は政界復帰からわずか五年で総理大臣となったのである。

総理の課題

岸は組閣当初の心境を、「満を持してというわけではないが、淡々と始めた」と述べている。要するに、責任の重さに対する不安や、課題についての迷いはなかったわけで、実際は「満を持して」というのに近かったように思われる（前掲『岸信介の回想』）。

総理大臣となったとき、岸はかなり大きな野心をもっていたと、筆者は推測する。岸は東条内閣の一員として、日米開戦の決定に参加した。その結果は惨憺《さんたん》たる敗戦であった。明治以来の発展は失われ、産業は疲弊し、不本意な憲法を押しつけられ、真の独立の回復からは程遠いと、岸は考えた。自らの実力に満々たる自信をもち、長州人として明治日本の建設に誇りを感じていた岸は、できることなら、自らの手で敗戦日本を根本的に建て直したいと考えたであろう。それによって、自らの汚名も雪《そそ》がれることになる。

日本再建のためには、独立回復と経済復興の両方が必要だった。独立回復のためには、憲法を改正し、再軍備を行い、不平等な日米関係を是正し、アジアその他の諸国に対する自主外交を展開しなければならない。他方、経済復興はアメリカの協力なしにはありえない。岸から見れば、吉田は対米協調に偏し、鳩山は独立に偏していた。この二つ、独立回復と対米協調は両立可能だと岸は考え、そこに彼の政治的将来を賭《か》けたのである（北岡「岸信介―野心と挫折」）。

政治家として最も難しいのは、課題の発見である。時代の要請と、社会の要請をいかに見抜いて、それを自分の政治的未来といかに結びつけるか。この点で、岸に迷いはなかった。

以上の推測に、決定的な証拠はない。そもそも政治家の意図について、確実な証拠を探すのは不可能に近い。しかし、政界復帰以後の岸のあらゆる言動が、そういう方向を指し示している。岸は日々の課題は悠々とこなし、それ以上の大きな目標に深い興味をもっていた。女婿の安倍晋太郎が、得意の経済で勝負するよう進言したとき、首相というものはそういうものに力を注ぐものではないと答えたのは有名である。

岸の主要な努力は、周知の通り、日米安全保障条約の改定に向けられた。岸は首相時代の七割のエネルギーを安保に注いだと述べている。それは、最初からの計画ではなかっただろうし、事後的な合理化も入っているだろう。しかし、岸の熱意は事実であった。

この節では、安保改定問題に関する叙述を軸として、岸総裁時代の自民党を分析する。前にも述べたとおり、リーダーが全力を投入した問題というのは、結果として権力構造の断面をよく示すことになるからである。野党との関係にせよ、国民との関係（選挙、世論）にせよ、外国との関係にせよ、党内の他派閥との関係にせよ、そこにはリーダーの成功を期待する勢力と失敗を期待する勢力のせめぎあいがある。リーダーは自らの課題のためにこうした権力関係を処理し、また権力関係の処理のために、政策を修正することもある。政治には、政策のプロセスと権力のプロセスがあるが、その両者は、リーダーの重点政策において、折り重なった形で姿を現す。こうした観点から、岸の安保への取り組みを、見ていくこととする。

安保と国防

岸が安保問題に力を入れ始めたきっかけの一つは、首相臨時代理となる前日、一九五七年（昭和32）一月三十日に起こったジラード事件だった。薬莢《やっきょう》拾いの農婦を射殺した米兵ジラードに対し、日本の世論は激昂《げっこう》した。この問題を放置できないと感じた岸は、二月、マッカーサー大使（マッカーサー元帥の甥《おい》）が着任すると、頻繁に大使と会って、信頼関係を築いていった。

四月十日には、岸は日米関係に関するメモを手渡し、大胆な政策転換なしには、日本における反米感情はさらに高まって、日米関係を弱体化させる恐れがあると論じた。そして十三日、新たに二つのメモを準備し、具体的な提案を行った。メモの一つは安全保障関係のもので、次のような趣旨が述べられていた。

(1)　明白な侵略が無い限り、アメリカは在日米軍を使わないことを確認する。
(2)　安保条約を次のように改正する。
　a　米軍の配備と使用は日米の合意によるものとする。

b　安保条約と国連憲章との関係を明確にする。
c　条約を期限五年とする。
(3)　日本は防衛力増強を継続し、アメリカはこれとともに兵力を引き揚げる（陸軍は完全引き揚げ）。

また、もう一つのメモでは、沖縄・小笠原の返還を要請していた。きわめて大胆率直な提案であった（*Foreign Relations of the United States : 1955-57, Vol.23, Part 1*）。

従来、旧安保条約の欠点としては、アメリカの対日防衛義務が明記されていない、米軍の治安出動が認められている、期限の定めがない、基地の使用方法について日本に発言権がない、国連との関係がはっきりしない、などが言われており、その結果、知らないうちに日本が戦争に巻き込まれるという批判があった。岸のこの提案は、その多くに関する率直で大胆な提案だった。

さらに岸は、これに関連する政策を次々と打ち出した。五月二十日には、「国防の基本方針」が閣議決定されている。短いものなので、全文を掲げてみよう。

国防の目的は、直接及び間接の侵略を未然に防止し、万一侵略が行われるときはこれを排除し、もって民主主義を基調とするわが国の独立と平和を守ることである。
この目的を達成するための基本方針を次のとおり定める。
1、国際連合の活動を支持し、国際間の協調をはかり、世界平和の実現を期する。
2、民生を安定し、愛国心を高揚し、国家の安全を保障するに必要な基盤を確立する。
3、国力国情に応じ自衛のために必要な限度において、効率的な防衛力を漸進的に整備する。
4、外部からの侵略に対しては、将来国際連合が有効にこれを阻止する機能を果たし得るに至るまでは、米国との安全保障体制を基調としてこれに対処する。

この決定は、現在でも防衛白書に掲げられている。それは、民主主義、国際連合、国際協調を重視し、愛国心の高揚、漸進的な防衛力の向上を掲げ、日米安保体制への依拠を明言するなど、今日でも通用する内容だからである。ともあれ、鳩山時代の軍備は、その方向性が明確でなかった。岸は日米基軸路線を明白に打ち出したのである。

すでに述べたとおり、一九五五年八月、重光葵外相が渡米してダレス国務長官と会い、安保条約の対等化を申し入れたとき、ダレスは、これを一蹴した。このことに、同席した岸（幹事長）も、強い衝撃を受けた。日本の決意を明らかにした基本政策がなければ、ダレスを納得させることは難しいことを、岸は知っていた。

三度の外遊

この閣議決定を済ませたその日、岸は最初の外遊に出た。訪問先はビルマ（ミャンマー）、インド、パキスタン、セイロン（スリランカ）、タイ、台湾であった。

これらはいずれも、賠償問題がないか、一応解決済みの国々だった。とくに南アジア三か国は、ネルーなど、日露戦争によってナショナリズムを喚起されたリーダーに率いられ、親日的だった。このような友好関係が確実な国々を、岸はまず外遊先に選んだ。

訪問の意図は明らかであった。これら諸国との関係の強化は、それ自体、重要な意義があったのみならず、同時に、アメリカに対する日本の地位を強化することであった。また岸は、アメリカの資本を、この地域に吸収し、この地域を発展させたいと考えていた。それが実現すれば、この地域は日本の有望な市場となるはずだった（樋渡由美「岸外交と東南アジア」）。

五七年六月、この外遊から帰国した岸は、休む間もなく、アメリカを訪問した。そして「日米新時代」のスローガンの下に、日米関係の対等化をめざし、安保条約の見直しと沖縄・小笠原の返還を申し入れた。これに対し、アイゼンハワー大統領は好意的に対応し、共同声明において、安保条約の問題点を検討するための委員会の設置などが合意された。
九月、藤山愛一郎外相とマッカーサー大使の間で、安保条約と国連との関係に関する公文が交換され、在日米軍の行動は、国連憲章に合致するものであることが確認された。四月十三日の岸のメモの一部が、早くも実現されたわけであった。

さて、十一月になると、岸は三度目の外遊に出発した。訪問国は、東南アジア七か国とオーストラリア、ニュージーランドを加えた九か国であり、六月よりも難しい国々であった。フィリピン、オーストラリアの反日感情はとくに強く、インドネシアとの賠償は未解決だった。しかし、岸は率直に謝罪し、未来に向けての協力を呼びかけた。オーストラリアなどでは、事前の冷やかな感情が一変し、諸外国でも岸の率直さと勇気を讃える新聞が多かった。インドネシアに対する賠償問題が原則的に解決されたのも、このときであった。

まだ飛行機が珍しい時代だったため、こうした外遊は、それだけで人目を引くものであった。岸の前の総理大臣は、吉田、鳩山、石橋と、いずれも高齢か病弱か、その両方であった。それに比べ、岸は首相就任時六十歳、その若さと活力を誇示して、ダレスなどと並ぶ空飛ぶ政治家という評判を得たほどである。アイゼンハワー大統領と会って、ゴルフをしたのも、話題となった。大統領はその印象を聞かれて、嫌いな男とゴルフなどしないと答えて、岸に花をもたせた。まだ豊かさには程遠かった日本国民から見て、アメリカの大

アイゼンハワー大統領とゴルフを楽しむ岸首相（1957年6月。AP Images）

統領とのゴルフのイメージは強烈だった。

政権基盤と派閥

さて、次に、岸の政治的基盤を考えてみよう。まず、党内派閥関係におけるそれを、党役員・閣僚人事について見てみたい。

岸内閣は、当初、石橋内閣を踏襲し、訪米後の五七年（昭和32）七月の内閣改造で、初めて実質的な岸内閣が出来た。そこでまず、新しく大野伴睦を副総裁に任命し、幹事長は三木武夫から岸派の川島正次郎に代えた。総務会長には河野派の砂田重政を再任し、政調会長は石井派の塚田十一郎を外し、幹事長だった三木を回した。

閣僚の方では、注目されたのは、国会議員でない藤山愛一郎の外相就任であった。藤山は岸の古い盟友で、スポンサーでもあった。その藤山の後援にこたえ、さらにその協力を得て、また岸自身が自由に外交問題に取り組めるよう、考えられた人事だった。

大きな狙いの一つは、実力者の取り込みだった。次の首相候補と目される実力者には、池田と河野、さらに実弟の佐藤がいた。岸は池田に蔵相から他のポストへの横滑り入閣を求めたが、池田はこれを拒んだ。その結果、佐藤派が佐藤系を含めゼロから三、河野派が河野系を含め二から五へと、それぞれ三ポスト増えた。

岸にとって、次に必要なのは、党内基盤確立のための総選挙だった。反主流派の抵抗によって、解散は少し遅れ、一九五八年（昭和33）四月解散となった。五月二十二日に行われた総選挙では、自民党は二八七議席（追加公認を含め二九八、解散前は二九〇）を獲得して、大勝した。

このとき、社会党も一六六議席（解散前一五八）を得て、議席を増やしたが、勝利感はなかった。社会党はより多くの議席増を期待し、議席の過半数の候補者を擁立し、積極的な姿勢で選挙に臨んだのであった（以後、過半数の候補者を擁立したことは一度もない）。ともあれ、この選挙は、五五年体制下の最初の衆院選であり、自民党が社会党の伸びを抑えて長期政権の基礎を固めた、きわめて重要な選挙だったのである。

自民党の派閥別に見ると、一九五八年五月二十四日付の『読売新聞』では、岸派が約七十名から減少して五十四名、大野派が三十名弱から増加して三十七名、佐藤派が三十名弱から増加して三十六名、三木・松村派が四十名から減少して三十四名、池田派が三十名弱から増加して三十三名、河野派が約四十名から減少して三十三名、石井派が二十二名でほぼ現状維持、石橋派が十七名前後から減少して十四名、それ以外に、中立またはいずれとも決しかねるもの二十四名、保守系無所属・諸派が十一名と述べている。

以上、勝利したのが旧自由党系の佐藤、池田、大野の各派、敗北したのが旧民主党系の岸、河野、三木・松村、石橋であった。前回の選挙では、民主党が鳩山ブームで大勝、自由党が大敗したときだったから、自由党の本来の力が発揮されたということであろう。

この記事で興味深いのは、第一に、派閥の範囲がまだ不明確であることである。当時の池田の秘書によれば（伊藤昌哉『池田勇人とその時代』）、池田派は五十名とあるから、かなり違う。第二に、のちの自民党の派閥では、大体において総裁派閥、幹事長派閥が選挙で増えるのであるが、この原則はここでは当てはまっていない。派閥はまだ移行期にあったのである。

選挙後の改造で、岸は、副総裁の大野伴睦と幹事長の川島を留任させた上、岸派から福田赳夫を政調会長に起用し、河野一郎を総務会長とした。閣僚では、佐藤（五七年十二月、砂田重政総務会長の死去によって、総務会長となっていた）を蔵相に起用し、池田を無任所の国務大臣に、また三木を経済企画庁長官に取り込んだ。閣僚ポスト十八の内訳は、岸派が五、佐藤派が四、他に石井派二、池田派一、三木派一があるほか、残り五人（大野派二、河野派二、その他一）はいずれも岸に近い人々だった。後の自民党を特徴づける派閥均衡人事ではなく、主流派に強いウエイトがあったのである。また、議会でも、圧倒的な信任を理由に、正副議長と常任委員長を自民党が独占するという高姿勢で臨んだ。

安保の政治化

そのころ、安保問題も煮詰まりつつあった。安保見直しには、条約の全面改定と、条約は改定せず、交換公文等で補足するという、二つの方法があった。このうち新条約は、効果は大きいが、アメリカ上院の批准など、手続き面の困難は大きいと考えられた。また、アメリカ側にはバンデンバーグ決議があって、相互性のない一方的な同盟条約を禁じているのに、日本では憲法上、海外派兵が難しいということが、大きな問題だった。

ところが、マッカーサー大使は五八年二月という早い段階で、新条約案を国務省に示している。とくに難しいと考えられた条約の相互性の問題については、マッカーサーは、アメリカは日本を守り、日本は在日米軍を守るという形で、切り抜けようとしたのである。

マッカーサーがこの案を日本側に示唆したのは、七月のことだった。条約改定を考えていなかった外務省は戸惑った。そして岸は八月二十五日、困難を乗り越えてこそ本格的な日米新時代が定着するとして、条約改定方式を明言し、外務省首脳部を驚かせた（東郷文彦『日本外交三十年』）。

しかし、岸はかなり前からそのつもりだったのであろう。総選挙における勝利、組閣の成功、そしてマッカーサー大使の対応から、正攻法による決着をめざしたのである。実益を確保して長期政権をめざすには、岸はあまりに野心的だった。

しかし、これが岸内閣の絶頂期だった。同年秋の臨時国会で、岸が突然導入を図った警察官職務執行法改正案は、戦前の警察国家への回帰を図るものだとして、野党の強い反対を引き起こした。反主流派も岸の強引さを批判し、岸は法案断念に追い込まれた。十二月末、池田・灘尾弘吉《なだおひろきち》・三木の三閣僚は辞任して、内閣は大きな危機に遭遇することとなった。

国外では、中ソの安保改定反対が明らかになっていた。中国は五八年五月の長崎国旗事件以来、岸内閣批判を強めていたが、十一月、日本の中立を期待するとして安保改定を批判し、十二月、ソ連も同様の声明を発表した。

こうした情勢で、党内の態勢建て直しのため、岸が打った手は、一九五九年（昭和34）三月予定の総裁選挙の繰り上げ実施だった。池田も三木も、準備不足で立候補して惨敗することは、避けるはずだった。選挙は一月に行われ、反主流派からは松村謙三が立候補し、岸の三二〇票に対し、一六六票を集めた。岸を脅かすような数ではなかったが、元首相の吉田、鳩山、石橋らがそろって松村を推すなど、岸の強引さに対する批判はかなり強まっていた。

しかも、この時、岸は際どい手段を用いている。大野派の協力を確保するために、河野の要請により大野伴睦に次期政権を約束したのである。岸が書いた数枚の怪しげな念書の一つだった。

一月人事のもう一つの問題は、党役員人事であった。国会の混乱の責任ということで、五七年七月以来の川島幹事長を更迭し、福田赳夫政務調査会長を幹事長に起用したのである。岸は福田を深く信任していたが、何といっても派内では新参であった。川島、椎名悦三郎その他、古くからの岸の仲間には、不満が残った。これは、その後の岸派内部の不安定化をもたらす原因となった。

ともあれ、何とか混乱を乗り切った岸は、条約早期調印をめざした。自民党に対する支持は高かった。六月の参議院選挙では、三年前の五六年と比べ、自民党は六一議席から七一議席に増加し、社会党は四九議席から三八議席に減少するという自民党の大勝利だった。

しかし、党内の反対は収まらなかった。二月ごろから、条約と密接な関連をもつ行政協定を大幅に改定せよと、池田・三木・河野が主張し始めたのである。日本側がこれを受け入れて交渉を申し入れると、マッカーサー大使は激怒した。行政協定を現状のまま維持することが、暗黙の了解だったからである。しかし大使は交渉に応じ、交渉は六月末にかけてまとまった。岸の側にも、これを利用してなるべく有利な改定をめざす意図があったのかもしれない。

とくに目立ったのは、河野の揺さぶりだった。岸―大野密約を演出したのは河野だったし、以下に述べるような六月人事の際の態度から見て、河野に岸内閣を倒す意図があったとは思えない。しかし、一月の人事で総務会長を離れ、自由になっていた河野は、岸の河野に対する依存をさらに深めるため、揺さぶりをかけたということであろう。

保守本流の確立

さて、一九五九年（昭和34）六月、参院選後の内閣改造で、河野は幹事長のポストを要求した。河野と池田の二人が反岸になれば政権は維持できない、そして池田は反岸の姿勢を変えないだろう、したがって岸は譲歩してこの提案を受け入れる、というのが河野の計算だった。河野の要求を拒んだ岸に対し、河野は、もし池田が駄目だったらもう一度相談してほしいと言ったといわれている（『岸信介の回想』）。

ところが池田は、周辺の反対を押し切って、通産大臣として入閣することを決断した。これを聞いた河野陣営では声がなかったという。戦後政治史上のきわめて重要な瞬間の一つだった。岸・佐藤・池田の三派が、安保改定で結束することになったのである。

保守本流という言葉がかつてよく使われた。その定義は明確ではないが、党人派に対する官僚派、とくに吉田茂につながる官僚系勢力を漠然と指すことが多かった。しかし筆者は、保守本流とは、第一に外交で定義すべきものだと考える。吉田茂によって敷かれた日米協調路線が保守本流の本質で、官僚出身であるかどうか、吉田茂との関係などは、二次的だと考える。また、経済重視型の対米協調か、安保重視型の対米協調かという違いも、どちらかと言えば二次的なもののように思われる。それはアメリカの政権の性格や、国際環境にもよることだからである。

要するに、保守本流とは、日米協調路線の維持強化をはかる勢力であると定義すると、最も一貫した説明が可能だと考える。そして、その確立が、五九年六月だった。吉田路線と岸路線が融合して、自民党の中枢は日米協調＝保守本流で貫かれることとなったのである。

なお、吉田は当初、岸の条約改定構想に冷淡だった。対等とか自主とかいうのは国際的相互依存の時代にふさわしくないことだとし、アメリカの日本防衛義務など、形式論に過ぎないと考えていた。しかし、アメリカが条約改定に応じた以上、吉田も反対するわけにはいかなかった。吉田は岸の次に池田の内閣を望んでいたが、池田が日米協調を批判する形で組閣することは避けたかった。安保改定を支持する形で政権を取ることが必要だった。

したがって、六月人事で岸が河野と決裂したことは、絶好のチャンスだった。池田の入閣決断には、吉田の影響もあったかもしれない。実際、吉田の岸に対する対応は、これ以後、目に見えて協力的になるのである（北岡「吉田茂における自主と独立」）。

その逆に、河野は安保条約批判を続けた。三木ほどではないにせよ、事前協議における日本の拒否権を明確にせよ、条約の範囲から沖縄・小笠原は除外せよ、などの難問を岸に突きつけた。警職法がなければ、条約調印は五八年末には可能だったし、行政協定問題がなければ、五九年の二、三月には可能だった。そして行政協定問題も、六月末にはまとまっていたが、党内の事情で、さらに交渉は遅れた。

五九年十月になってようやく党内調整を終えた岸は、六〇年（昭和35）一月、渡米して条約に調印した。帰国後、岸は解散・総選挙を考えたが、川島幹事長を含め、党内の反対が強く、解散は断念した。もし総選挙が行われていたら、自民党は勝利し、新条約は比較的簡単に国会を通過し、アイゼンハワー大統領は来日し、岸内閣はさらに続いただろう。それゆえに、反岸勢力は解散には絶対反対であり、岸派内部も微妙であったわけである。

その後の混乱はよく知られている。条約審議は、社会党の抵抗によって遅れに遅れ、院外の反対運動は高まる一方だった。追い込まれた岸は、五月十九日、警察官を導入して、二十日未明に会期延長と安保条約批准を強行採決した。川島幹事長ですら、会期延長採決しか知らなかったほど、少数の側近による極秘の決定であった。

周知の通り、強行採決は院外の反対運動を空前のものとした。以後、国会は完全に麻《ま》痺《ひ》し、岸は一か月間、条約の自然承認だけを待ち続けた。一か月後、条約は批准されたが、六月十五日の東大生死亡事件によって、さらに学生運動は高まり、アイゼンハワー大統領の訪日が難しくなった。十六日、訪日中止要請を決定して、岸は辞職を決意した。

安保改定反対デモ（国会前で激突する全学連と機動隊　1960年6月15日）

岸の遺産

岸がきわめて有能な政治家だったことは間違いない。吉田は安保改定は不要と考えたが、ジラード事件等を見ると、旧条約のままでは、日米関係は危機に瀕《ひん》したかもしれない。

ここに岸は着目し、自らの政治的成功を賭けた。その行動は大胆かつ迅速だった。マッカーサー大使に対し、早期に根本的な問題を提起したのも、全面改定を決断したのも、岸だった。日米関係を念頭に置いた対アジア・オセアニア外交も、鮮やかだった。

本論ではふれなかったが、中小企業の育成や、国民年金法の実現も、大きな功績だったし、所得倍増計画に着手したのも、岸だった。国会における答弁も、鳩山が頻繁に失言を繰り返したのに、岸はまことに手堅かった。岸の権力基盤も強かった。財界からの支持も厚かったし、党内の半数近い支持を集めるのは岸にとってそれほど難事ではなかった。

しかし、このような力と完璧《かんぺき》さゆえに、岸は多くの反対を招いた。外では中国であり、国内では社会党であり、院外の大衆運動であった。そして同程度に難しかったのが、党内反主流派の動きであり、派内の不統一であった。

岸は、日本の政治文化の中にあっては、あまりに完璧主義、あまりに直截《ちょくせつ》的でありすぎたのだろう。もし、条約全面改定をめざさなければ、もっと内閣は続き、他にも多くの仕事ができただろう。人事を岸派・佐藤派で固めたり、派内で福田を重用したりしすぎなければ、より多くの協力を確保できただろう。もし、条約批准直後のアイク訪日で日米新時代を祝おうとしなければ、総選挙も可能だったし、議会での強引な戦術も避けられたかもしれない。あまりにも完璧な構想が、多くの点で躓《つまず》きの石となったのである。

佐藤という実力者を弟にもったことも、難しい問題をはらんでいた。自民党では、自派以外に協力的な派閥が二つ以上あって、初めて安定多数が得られる。そのためには、他の派閥が、総裁に対して忠誠競争をしてくれることが望ましい。ところが、岸の場合、佐藤との関係が密接すぎて、他の派閥は接近しにくかった。河野にしても池田にしても、岸に密着しても、岸との距離において、しょせん第三派閥にしかなれないのである。

仮に河野が泥をかぶって岸に協力したとしよう。それは岸の延命を助け、河野が不要になったとたん、岸は河野を捨てて池田に乗り換えるかもしれなかった。実際、岸にはそうした酷薄なイメージがあった。河野が五九年になってから、岸に揺さぶりをかけ、執拗《しつよう》に幹事長の地位を求めたのは、そうした運命を予感したからであった。

もし、佐藤がいなければ、岸はいったん他のリーダーに政権を託し、また復帰するということを考えることも可能だった。しかし岸としては、佐藤をおいて二度総理をやるわけにはいかなかった。岸が政権を去るときは、政界の表舞台から去るときだった。

外交問題を政争の具にしてはならない、といわれるが、当時、まだそれは自明ではなかった。しかもそれは、強者の論理である。弱者は外交問題も使って権力者に揺さぶりをかける。行き過ぎると、それは彼の権力掌握にマイナスに作用する。岸は、吉田外交の転換への期待と、親米外交の継続とを巧みに結びつけることに成功した。河野はそれに失敗した。しかし、そうした河野の猪突《ちょとつ》猛進が、岸の致命傷となった。

岸は、その後、二度と政界の表舞台に復帰できなかった。政界に復帰してから、わずか七年余りであった。しかし、岸の遺産と教訓は、自民党政権の中に深く受け継がれた。岸の最大の遺産は、日米協調の基礎を再確立したことであり、国内的には、保守本流を確立したことであった。日米協調路線は、事実上、自民党総裁の条件となったのである。

他方、岸の直截的手法が失敗したことから、後の自民党総裁たちは、党内外におけるコンセンサスを重視するようになった。党内においては、派閥均衡人事を中心とする派閥政治が発展し、野党に対しては、憲法や安保といった対決的争点や対決的姿勢を避けるようになった。一九五〇年代後半にしばしば起こった与野党の激突に代わって、国対政治が登場することになる。

岸はじっくり時間をかけてものごとを進めていくには、先が見えすぎたのであろう。その失敗を教訓に、池田と佐藤は自民党の黄金時代を築いた。五五年体制は、岸の後に、新たなものに変質する。それを私はかつて六〇年体制と呼んだ（北岡「包括政党の合理化」）。安保改定における岸の遺産と教訓が、自民党長期政権を可能とした。保守合同において果たした役割を合わせ考えれば、岸は自民党長期政権の生みの親と言っても過言ではない。しかしその長期政権は、憲法改正を含む日本の根本的な再建という岸の目標に、決して取り組もうとはしなかったのである。

第二章　自民党の黄金時代

1　池田勇人と所得倍増政策

池田政権の誕生

一九六〇年（昭和35）六月二十三日、岸が引退を表明したあと、後継総裁をめざす競争が公然のものとなった。当初、川島正次郎幹事長が調整にあたったが、有力候補である石井光次郎と池田勇人が公選を主張し、一本化は不調に終わり、七月十三日に公選が行われることとなった。

石井光次郎

藤山愛一郎

選挙には、大野・石井・池田の三人のほか、反主流派の松村謙三、外相の藤山愛一郎が立候補を表明した。藤山は岸と行動をともにし、将来は後継者の含みであったため、岸の支援を当てにしつつ、派閥の領袖《りょうしゅう》としての地位を確認するための立候補だった（岸によれば、藤山がこのとき自重していれば、その後に推す機会もあっただろうという。『岸信介の回想』）。

最も有力と考えられたのは池田であった。古くからの友人である佐藤は池田を推した。これを後押ししたのが吉田茂であった。財界の支持も池田だった。岸派は中立と称していたが、安保の最後の段階で池田が支えてくれたことを、岸は多としていた。

これに対し、誕生したばかりの藤山派を除き、石井、大野、河野、三木・松村、石橋のいわゆる党人五派が結束して対抗しようとした。彼らは、池田では岸亜流の官僚政権になると批判して、党人派の総結集をうたった。結局、その中から立候補するのは石井と大野ということになり、二人は反池田連合を約した。

しかし、公選の直前になってみると、石井派の結束が弱く、仮に大野が決選投票に残った場合にも、石井支持者がそろって大野に投票するかどうかは疑問と思われた。両派の連合を成功させるためには、党人派の候補を最初から石井に一本化することが必要だという考えから、十三日の総裁公選の日の朝、突然大野が立候補辞退を表明した。

大会は混乱し、一日繰り延べられた。この間に事態は変化し、党人派連合の一角と考えられていた川島が、池田陣営に転じてしまった。川島によれば、大野には義理があるが、石井にはないということであった。また、勝ち馬に乗るということでもあっただろう。勝ち馬に乗ると言うと、悪い響きがあるが、大局を見て安定勢力を作るということでもあって、川島の行動は常にこういう傾向があった。

川島正次郎

翌十四日行われた投票では、第一回で池田が二四六票、石井が一九六票、藤山が四九票であり、過半数を制する者がなかったので、決選投票が行われ、池田三〇二票、石井一九四票で池田が総裁に選ばれた。

もし話し合い路線で行けば、副総裁の大野が暫定的に総裁となる可能性があった。岸も念書の一件で、大野には借りがあった。それゆえに池田は話し合いを拒んだのである。

一方、党人派の結集は、諸刃《もろは》の剣であった。それは支持の範囲を広げる効果をもったものの、主力は河野となり、また三木も入ることになる。しかし、河野や三木は安保の採決の本会議を欠席していた。それは、安保に政治生命をかけた岸にとって、許しがたい行為であった。実際、大野に対する総裁譲り渡しの「約束」も、安保への協力が条件だった。当時の岸派は、藤山派が分離し、残りは川島系と福田を中心とする勢力とが混在していた。しかし、党人派連合ができた時点で岸ははっきり池田支持となったし、党人派が石井擁立を決めた時点で、川島も池田支持となった。決選投票では藤山も池田に投じた。

要するに、これは安保改定推進派が主流派として確立したものであった。その後の人事でも、党の方は、幹事長に池田派の長老の益谷秀次、総務会長に佐藤派の保利茂、政務調査会長に岸派の椎名悦三郎と、主流三派が占め、内閣の方は、池田派五、岸派三、佐藤派三、石井派二、大野派二、それ以外は藤山派一、石橋系一、無派閥一で、岸派が少ない（その分、池田派が多い）けれども、全体に安保に協力的だった派閥が優遇された陣容で、とくに河野派が外されたことが目につく。河野が自民党を脱党して河野新党を作ることを真剣に考えたのは、この夏のことであった。

所得倍増政策

池田は一八九九年（明治32）、広島の酒造家に生まれ、第五高等学校、京都帝国大学を経て、一九二五年（大正14）、大蔵省に入った。しかし、まもなく難病に取りつかれ、出世競争から取り残されるどころか、生死の境をさまよい、妻を亡くし、惨憺たる苦労を経験した。しかし、その後、病気を克服して大蔵省に復帰し、主税局長として敗戦を迎えた。そして第一次吉田内閣当時、石橋蔵相に抜擢《ばってき》されて次官となり、一九四九年（昭和24）、吉田のもとで選挙に当選し、第三次吉田内閣でいきなり大蔵大臣に起用されたことは、すでに述べた。

池田が早速取り組んだのは、ドッジ・ラインであった。日本の経済力の強化のため、いったん収縮を図らなければならないと、超均衡予算を組み、忠実に吉田に仕えて、その信頼を得た。その他、講和会議に列し、一九五三年には吉田の特使として渡米し、ロバートソン国務次官補との会談でアメリカの軍備増強要求に抵抗するなど、吉田の腹心として活躍し、吉田引退後は、佐藤栄作とともに吉田直系グループを二分して率いた。そして岸政権をめぐっては、兄の岸を支持する佐藤としばしば対立したが、最後にその協力を得て組閣したわけであった。

池田は政権の出発にあたって、満々たる自信をもっていたという。一部に、岸の不人気のあとを受けてやるのは不利だから、一時石井あたりに任せて、次の次を待てという声も派内にあったが、池田はまっすぐに政権をめざした。

池田の抱負は経済であった。総理になったら何をするのかと秘書の伊藤昌哉に聞かれた池田は、「それは経済政策しかないじゃないか。所得倍増でいくんだ」と答えたという。政治対立の連続で荒廃した人心を、経済的な目標で建て直すことであった（伊藤昌哉、前掲書）。

所得倍増計画は、一九五九年一月三日の『読売新聞』で、中山伊知郎・一橋大学教授が「賃金倍加」を提案し、池田も二月、「月給二倍論」を遊説で打ち出した。これは六月の参院選でも受けたので、岸内閣はこれを政策に取り入れることとした。池田が通産大臣として入閣した理由の一部もそこにあった。岸内閣のときに策定が始まった「国民所得倍増計画」は、六〇年末にまとまり、閣議決定となった。

高度成長は、すでに五五～五七年に始まっており、五九年から再び実質一〇パーセントを超える成長となっていた。日本経済の成長力は強く、これを公共投資、金利引き下げ、減税などの適切な政策でリードすれば、国民所得は平均七・二パーセント成長を続け、十年間で倍増することは確実で、とくに人口構成から最初の三年は九パーセント成長は間違いないと思われた。宏池会（池田派）では、これに基づいて政策を練り、六〇年（昭和35）九月五日に発表した。新内閣の新政策の発表であったが、その中心はこの所得倍増計画であった。

そこでは、所得倍増のための具体的な施策として、毎年一千億以上の減税、公社債市場の整備、道路の整備や鉄道のディーゼル化・複線化などによる輸送力の強化、高等工業専門学校の新設などによる科学技術振興など、多くの大胆で新鮮な政策が用意された。

これに対し野党は、九月十三日、四年間で国民所得を一・五倍にするという政策を発表した。秘書の伊藤は、これで、勝ったと思ったと言っている。似たような政策をぶつけてきたことは、すなわち池田の勝利であった。

低姿勢の演出

これと同時に、池田の側近たちは、岸の高姿勢が反発を招いたことを教訓として、「寛容と忍耐」をうたい、「低姿勢」を演出した。庶民感情を考えて、ゴルフはしない、待合へは行かないと公約して、これを貫いた。池田はかつて、岸の弱点は、ソツのないことだと言ったことがあるという。たしかに、池田は率直で開放的な性格で、難病の経験もあって、岸のように上から大衆を見下ろすタイプではなく、庶民性に訴えかけることのできる能力をもっていたと言ってよい。

それでも、かつて、貧乏人は麦飯を食え（池田の家は麦飯だった）とか、ヤミ取引を行った中小企業に少々倒産や自殺が出てもやむを得ないなどという「放言」で知られていた池田（それも率直さのゆえであり、吉田の放言や、岸の放言のなさとは対照的なのだが）のイメージからすると、驚くべき変身だった。その背景には、池田の盟友だった前尾繁三郎、後輩の大平正芳、宮沢喜一、また秘書官の伊藤昌哉などの優れたブレーン集団による意図された演出があった。

浅沼社会党委員長刺殺（1960年10月12日、日本テレビから）

その後、十月十二日、日比谷公会堂で行われた自民、社会、民社の三党首討論会において、浅沼稲次郎社会党委員長が右翼の青年に刺殺されるという事件が起こった。これは池田政権を揺るがす可能性のある大事件であった。ただちに国家公安委員長兼自治相の辞職などで対応したのち、池田は自ら買って出て、国会で次のような追悼演説を行った。やや長くなるが、池田の政治姿勢の演出として、最高の例なので、そのまま引用したい。

日本社会党中央執行委員長、議員浅沼稲次郎君は、去る十二日、日比谷公会堂での演説のさなか、暴漢の凶刃に倒れられました。私はここにお許しを得て、議員一同を代表し、全国民の前に、つつしんで追悼の言葉を申し述べたいと存じます。

ただいまこの壇上に立ちまして、皆様と相対するとき、私はこの議場の一つの空席を、はっきりと認めるのであります。私が心ひそかに本会議のこの壇上で、その人を相手に政策の論争をおこない、またきたるべき総選挙では、全国各地の街頭で、その人を相手に政策の論議をおこなおうと誓った好敵手の席であります。

かつて、ここから発せられる一つの声を、私は、社会党の党大会に、またあるときは大衆の先頭に聞いたのであります。いまその人は亡く、その声もやみました。私は誰にむかって論争をいどめばよいのでありましょうか。しかし心を澄まして、耳をかたむければ、私にはそこから、一つの叫び声があがるように思われてなりません。「わが身におこったことを、他の人におこさせてはならない」「暴力は民主政治家にとって共通な敵である」と、この声は叫んでいるのであります。

私は、目的のために手段を選ばぬ風潮を、今後絶対に許さぬことを、みなさんとともにはっきり誓いたいと存じます。これこそ故浅沼稲次郎君のみたまにそなうる、唯一の玉ぐしであることを信ずるからであります。

（以下、浅沼の経歴などを述べた部分は省略）

君は、大衆のために奉仕することを、その政治的信条としておられました。文字どおり東奔西走、比類なき雄弁と情熱をもって、直接国民大衆に訴えつづけられたのであります。

沼は演説百姓よ／よごれた服にボロカバン
きょうは本所の公会堂／あすは京都の辻《つじ》の寺

これは大正末期、日労党結成当時、浅沼君の友人がうたったものであります。委員長となってからも、この演説百姓の精神は、いささかも衰えをみせませんでした。全国各地で演説をおこなう君の姿は、いまなおわれわれの眼底にほうふつたるものがあります。

「演説こそは、大衆運動三十年の私の唯一の武器だ。これが私の党につくす道である」と生前君が語られたのを思い、五日前の日比谷のできごとを思うとき、君が素志のなみなみならぬをおぼえて、暗澹《あんたん》たる気持ちにならざるをえません。

君は日ごろ、清貧に甘んじ、三十年来、東京下町のアパートに質素な生活をつづけられました。愛犬をつれて近所を散歩され、これを日常の楽しみとされたのであります。

国民は、君が雄弁に耳をかたむけると同時に、かかる君の庶民的な姿にかぎりない親しみを感じたのであります。君が凶手に倒れたとの報がつたわるや、全国の人びとが、ひとしく驚きと悲しみの声をあげたのは、君に対する国民の信頼と親近感が、いかに深かったかを物語るものと考えます。

私どもはこの国会において、各党がたがいにその政策を披瀝し、国民の批判を仰ぐ覚悟でありました。君もまたその決意であったと存じます。しかるに、暴力による君が不慮の死は、この機会を永久に奪ったのであります。ひとり社会党にとどまらず、国家国民にとって最大の不幸であり、惜しみてもなおあまりあるものと言わなければなりません。

ここに浅沼君の生前の功績をたたえ、その風格をしのび、かかる不祥事のふたたびおこることなきを相戒め、相誓い、もって追悼の言葉にかえたいと存じます。

この演説は、池田に「議場がシーンとしてしまうような追悼文を書いてくれ」と言われて、秘書官の伊藤昌哉が書いたものである。詩の部分などは型破りで、議院運営委員会では省くよう言われたため、二度読む予定を一度にしたという。ともあれ、伊藤の渾身《こんしん》の作だった。議場は静まり返り、社会党議員には目をふくものもあった。心からの悲しみの表明で始まり、民主主義を育てようという決意で結ぶ演説は、素晴らしい効果があった。池田は即物的な人間で、あの演説はよかった、「五億円か十億円の価値があった」と言ったというが、それが池田であった。池田自身に、この演説を書くような表現能力はなかった。しかし、こういう文章を書ける秘書をもつことは、やはり池田の能力だった。

党内抗争の始まり

一九六〇年（昭和35）十月の第三十六臨時国会は、解散を予定された国会だった。冒頭に追悼演説が行われたのち、池田は二十一日、最初の施政方針演説を行い、二十四日、衆議院は解散となった。そして十一月二十日の選挙において、自民党は二九六議席（追加公認を含め三〇〇）を獲得した。前回の二八七（追加公認を含め二九八）と比べても、文句のない勝利だった。

なお、このとき、社会党では改革派の江田三郎が書記長としてソフトなイメージで活躍し、一四五議席に達した（解散時一二二）。逆に議席を減らしたのが民社党であって、結党時四〇議席がわずか一七議席になってしまった。

選挙後に行われた人事のうち、党四役では、政調会長が岸派の椎名から福田に代わっただけで、大野・池田・佐藤・岸の四派で変更なし。閣僚は、池田派が四（マイナス一）、岸派が四（プラス一）、石井派が一（マイナス一）、大野派が一（マイナス一）、河野派が一（プラス一）、三木派が一（プラス一）。佐藤派三、石橋系一、無派閥一は変化なしで、やはり大きな変化はなかった。政策と低姿勢で世論の支持を受けた池田は、とくに党内基盤を変えなくとも、その所信を貫いていけるように思われた。

しかし、それから党内に様々な池田批判の動きが出ることになる。七月の総裁選挙で池田を支持した派閥の期待と、池田の路線とは、同じでなかった。また低姿勢とは、自民党本来の姿を出さないことでもあった。

たとえば吉田茂は初の総選挙の直前、十一月一日に池田に書簡を送り、「今回の改組（改造）には是非共人物本位政策本位にて内閣強化せられ度《たく》、此際の低姿勢は国民をして内閣弱体なるか故かと思はしめ却而《かえって》人気に障はり内閣之将来に影響せしむへく、寧《むし》ろ飽迄《あくまで》も政策本位、国家本位にて勇往邁進相成度《まいしんあいなりたく》、既に佐藤君も協力を誓へる以上岸及《および》佐藤派も同調すへく右顧左眄《うこさべん》は事を為す所以《ゆえん》に非らすと奉存候《ぞんじたてまつりそろ》」と述べている（『吉田茂書翰』）。

そして二十七日、池田が大磯の吉田茂を訪ねたところ、佐藤が来ており、池田に向かって次の政権を譲ってくれと直接言った。そして池田は譲ると答えた。約束というほどのことはなかったのであろうが、総選挙の大勝のあとに冷水を浴びせられたわけである（伊藤昌哉、前掲書)。

とくに岸・佐藤派の方からは、池田は本来の課題に取り組まないで人気取りに堕しており、無責任だと言う批判があった。実際、岸内閣からの懸案の法案が残っていたから、国会では低姿勢ばかりで通すわけにもいかなかった。

一九六一年(昭和36)の国会の後半は、与野党の間でかなりの衝突が起こった。防衛二法、ILO関係諸法案、農業基本法がいずれも難物であり、なかでも、政治的暴力行為防止法案は、野党の反発を招きやすいものであった。ところが、岸派の福田政調会長、佐藤派の保利総務会長には、池田にこれを強行させ、国会を混乱させ、あわよくば辞職に追い込もうという意図があったという。佐藤自身にその意思があったかどうかはともかく、佐藤を推す勢力には、一刻も早く池田を退陣に追い込むべきだとする者があったのである。

池田は党務は必ずしも得意ではなかった。吉田時代も、佐藤は党に長く、池田は内閣に長かった。しかし、これを切り抜けたのも、池田の政策が成功しており、経済が好調で、国民の人気も高かったからである。つまり党外の状況、党外の支持で、池田は支えられていたわけである。

一九六一年六月、訪米を終えた池田は、党と内閣の人事を行った。幹事長には腹心の前尾繁三郎を起用し、これを支える副幹事長として鈴木善幸を据えた。そして、佐藤派内で最も池田に近い路線の田中角栄を政調会長に起用した。総務会長に起用した赤城宗徳は岸派で最も池田に近い人物だった。池田、佐藤、岸という三派体制に変化はなかったが、よりやりやすい執行部だった。また内閣では、派閥間均衡には大きな変化はないが、河野（農林）と佐藤（通産）と藤山（経企）という実力者を入閣させたのが、実力者内閣として話題となった。

この内閣が発足してみると、やはり河野は有能であった。これに比べて、佐藤は鈍重で見劣りがした。池田も河野に好意をもつようになっていった。実力者内閣も、やはり派閥抗争から無縁ではありえなかった。

この間、本格的な池田批判が起こっている。その急先鋒《きゅうせんぽう》は岸派の幹部の一人、福田赳夫であった。福田は内閣改造前の六月二十四日、まだ政調会長の地位にありながら、京都で記者会見をして、高度成長よりも安定の方が重要だと述べた。党の政調会長が内閣の最も重要な政策を真っ向から批判したわけで、池田は激怒したと言われる。

まもなく政調会長を辞した福田は、一九六二年（昭和37）一月、党風刷新懇話会を結成し（のち、党風刷新連盟）、各派の中堅百名を集めたという。そして、池田を批判して、派閥の解消を要求することとなる。

そのころの焦点は、池田総裁再選問題となっていった。藤山愛一郎が福田の主張に関心を示し、また佐藤派内部でも主戦論と、田中角栄を中心とする立候補見送り論があったが、結局、佐藤も藤山も立候補を見送った。六二年七月十四日の党大会では、池田の三九一票に対し、池田批判の白票と無効票が七二票出ただけだった。その直前の七月一日の参院選でも勝利し、国民的人気も悪くない池田に挑戦するのは時期尚早と佐藤は考えたのであろう。

こうした動きは、池田をさらに河野寄りにした。最大の挑戦者が佐藤だったからである。これに吉田は不満だった。六二年七月三日、吉田は池田に書簡を送り、参議院選挙の勝利を祝いつつ、「此上は総裁公選後の内閣改造、政策確立に力を集中すへきに有之《これあり》、何卒遠慮会釈なく堂々と池田主義に徹底相成度、改造も人物本位政策本位にて猛進相成度、特に希望するは河野の如き人物は断然排斥相成度、之を近けるは折角の名声を維《つな》く所以に無之、此点に於て岸氏と同見に有之、仝氏とも充分御相談願申候」と述べている。

経済主義の限界

池田が総裁に再選されてから三か月余りたった六二年十月、キューバ・ミサイル危機が勃発した。このとき、条約上、日本は必ずしもアメリカと完全に一致した行動を取る必要はなかった。外務省高官の判断も、また側近の宮沢経済企画庁長官も同じ意見であった。しかし、しばらく沈思黙考した池田は、これは条約や慣例の通用しない状況ではないか、ケネディ大統領の要請を全面受諾するしかないのではないかと判断した。

これは、あたかもフランスのドゴール大統領と同じ判断だった。ドゴールは、安全保障政策における国家主権を一歩も譲らない指導者であったが、このときはケネディを断固支持した。時には我々は断固としてアメリカを支持しなくてはならない、たとえアメリカが間違っていても、とドゴールは言ったと言われる。経済主義の池田も、国家の最高責任者として、すべてを経済主義で切り抜けるわけにはいかず、またそのことを理解するようになっていた。

これ以後、池田はしばしば従来と違った発言をするようになる。キューバ危機の後、池田は十一月にヨーロッパを訪問する。ロンドンでマクミラン首相と会談した夜、「日本に軍事力があったらなあ、俺の発言権はおそらくきょうのそれに十倍したろう」と語ったという。また六三年の五月ごろ、池田は西ドイツの軍備に関する新聞記事を読みながら、「日本も核武装しなければならん」と言い、驚いた伊藤は、広島選出の政治家が決して口にしてはならない言葉だとして、厳重に口止めしたことがあった（伊藤昌哉、前掲書）。さらに池田は、六二年十二月、「人づくり懇談会」を作り、期待される人間像の答申を求めるようになる。経済発展のさらに根本にある教育の問題に、池田は真剣な目を向け始めて

駒沢オリンピック公園完工式であいさつする池田首相（1964年7月25日）

いた。

経済主義は、国会においても、壁にぶつかりつつあった。高度成長政策も、一定の段階で多くの立法を必要とするようになっていた。職安法、失業対策法が難航し、ＩＬＯ関連法案が廃案となるなど、六三年、六四年の国会では、重要法案で不成立となるものが少なくなかった。六一年の国会の停滞は、まだ政権初期の勢いで乗り切れたが、このころになるとそうはいかなかった。とくにＩＬＯは痛手だった。

一九六四年（昭和39）の七月には、三たび総裁選挙がめぐって来ることになっていた。今度は佐藤は出馬して挑戦するはずであった。

池田を支持するのは、池田派以外に、大野派、河野派、川島派であった。かつての岸派は、六二年十一月、党風刷新連盟の福田と、川島とに分裂していた。一方、佐藤の方は、佐藤派と岸（福田）派であった。そして中間に藤山、石井、三木などがあった。なお、六四年五月、佐藤嫌いで有名だった大野が死去したことは、池田にとって痛手だった。

七月十日の党大会では、河野・旧大野・川島・三木の支持を受けた池田と、福田・石井の支持を受けた佐藤、それに藤山が争った。佐藤と藤山の間には、二、三位連合の約束が出来ていた。結果は、池田が二四二、佐藤が一六〇、藤山が七二で、池田は三選された。過半数を上回ること五票、差し引き一〇票の差であった。佐藤派はこのとき猛烈な運動を試みたが、それは池田も同じだったろう。また佐藤陣営では、藤山が大敗して士気をそがれないように、かなりの票を回したと言われる。

池田は辛勝の結果にショックを受けていたという。ともあれ、内閣を改造し、三度目のスタートを切った池田だったが、八月末、喉《のど》に異常が発見され、九月、入院、十月十日の東京オリンピックの開会式には出席したが、オリンピック閉会式の翌日の二十五日、辞職を発表した。病気で辞めた自民党総裁は、石橋と池田だけである。

派閥と近代化

さて、福田が派閥政治の解消を唱えたことについては、すでに述べた。そこには、政略的意図もあったが、派閥の除去と政党近代化という問題は、池田時代に盛んに議論された問題であった。実際、以上に見られるように、全体として人気の高かった池田が党内調整に苦慮するのは、派閥抜きには説明できなかった。そしてその地位を守るために、池田が頼りにしたのも、結局は派閥だった。

池田自身、派閥の問題に関心はもっており、六一年一月に党組織調査会を設置して、近代化に取り組む姿勢は示していた。そして、福田の挑戦を封じる目的もあって、三木武夫を六二年十月、第三次組織調査会の会長に任命し、検討させた。調査会は約一年間の検討ののちに、六三年十月、党近代化に関する答申を取りまとめた。

答申には、(1)一切の派閥の無条件解消、(2)派閥均衡人事の廃止、適材適所、(3)政治資金の党への一本化と個人後援会への資金受け入れ額の制限、(4)政党本位の選挙をめざす選挙制度改革、(5)党総裁については、総裁・議長経験者等からなる顧問会で候補者を推薦し、総裁の任期は3年とする、(6)政務調査会の拡充、(7)党の地方組織の強化のため、個人後援会の有力メンバーは入党させる、(8)国民協会の充実による党財政の充実——などが提案されていた。

これを受けて、各派閥はいったん解消を宣言するが、十一月に総選挙が終わるとたちまち復活してしまった。要するに、答申はまったく実現されなかった。あとでも繰り返すように、自民党の派閥は、選挙制度と総裁公選制度に根ざしたものであり、精神論で変えられるものではない。政党が多数の支持者を集めることを目的とする自発的政治結社である限り、推薦による総裁の決定が原則になることはあり得ないのである。派閥均衡の排除、適材適所と言っても、誰が適材で誰が不適材か、決めることはきわめて難しい。こうした、政党の本質に反した提案が力をもちえなかったのは当然のことなのである。

三木答申と同じころ、発表されて大きな話題となったのは、石田博英の論文「保守党のビジョン」(『中央公論』一九六三年十月号、執筆は六一年)であった。ここで石田は、自民党が選挙に勝利は続けているものの、その得票については、保守合同以前と比べてむしろ減少の傾向にあり、他方で社会党の票の伸びは著しいと指摘し、これを、農業人口の急速な減少、第二次・第三次産業人口の急増と結びつけて説明する。そして、このままのペースで行けば、一九六八年ごろには、被雇用者に強い社会党が、農村に依存することの多い自民党を逆転すると警告したのである。

たしかに、高度成長の中で、産業別人口構成が急速に変わりつつあることは、多くの人が認識していた。それは、皮肉にも、池田内閣が加速したものでもあった。しかし、こうした変化への対応は、別の形で進んでいた。個人後援会の発展がそれである。

序章で述べた通り、日本の戦前の選挙は、地主である地方の有力者を中心として動いていた。それゆえに、普選が導入されたあとも、選挙は大きく変わらなかった。しかし、戦後、農地解放が農村を変え、また高度成長が、農村そのものを解体させつつあった。もはや伝統的な村の秩序によって票を集めることは難しくなっていた。ここに発展したのが、地方有力者に頼らずに、直接有権者を組織する、いわゆる個人後援会であった。

政治家個人が、その主義主張に賛同する支持者を組織するのは、別に珍しいことではない。しかし、この個人後援会は、そうした主義主張を媒介するものではなく、選挙区民全般を対象とするもので、その数も万の単位にのぼるような巨大なものであった。

個人後援会は、一九五八年選挙のころから目立つようになり、六〇年選挙では、労組と党組織を中心とするはずの社会党候補者にも見られるようになった。六三年選挙では、社会党も個人後援会を承認するようになったというから、急速に広まっていたのであろう。三木答申にも、後援会についての指摘があるのは、すでにふれた通りである。

個人後援会の発展は、農村と都会の中間地帯から始まった。農村では、まだ伝統的な組織に頼ることが可能だったし、都市では有権者を組織することは不可能だと考えられたからである。しかし、それはのちに、全国に広がることになる（ジェラルド・カーティス『代議士の誕生』）。

個人後援会の発展のもう一つの理由は、もちろん選挙制度にある。自民党が中選挙区制度の下で単独過半数を維持するためには、同一選挙区から複数の候補者を当選させなければならない。主義主張で大きな差がない自民党候補同士は、いきおい食事や、娯楽や、入学や就職の世話を始めとする様々なサービスの提供で、組織を固めようとする。

それには金がかかる。いきおい中央の実力者の保護が欲しい。また大臣にもなりたい。他方で、実力者は一人でもメンバーを増やしたい。こうした政治家の地元での必要と、派閥リーダーの側の必要から、派閥政治はさらに発展することになったのである。

2　佐藤栄作と沖縄返還

佐藤政権の発足

一九六四年（昭和39）十月二十五日、池田首相が正式に引退を表明すると、三木幹事長の提案によって、後継総裁は、話し合い―総裁指名の形で行われることとなった。三木が六三年の答申で、話し合い方式を提唱したことはすでに述べた。総裁候補と考えられたのは、佐藤、河野、藤山の三人で、調整にあたったのは川島副総裁と三木だった。

七月の総裁選挙で半数に迫る力を示した佐藤の優勢は明らかだった。もし、三者の間で選挙が行われれば、佐藤の圧勝は確実だった。七月に池田を支持した票から、河野を避けて佐藤に回る票は相当あることが予想されたからである。他方、河野は池田政権後半における貢献から、池田の指名に期待をかけた。また藤山は佐藤と河野の対立が抜き差しならない状況になった場合、第三の候補として浮上することを期待していた。

話し合いは、党内の総意を発見することが眼目である。言い換えれば、もし投票が行われた場合、はっきりした結果が出そうなら、それと同じ結論を出すことが多い。選挙を避ければ、選挙にかかる資金と労力を省くことができるし、党内にしこりを残さずにすむ。また、前任者は後任者に対して影響力を残すことができる。調整にあたったものは、指名された者に対し、貸しを作ることになる。これに対し、投票で出そうな結果と違った決定をすれば、上記のメリットはすべて失われるので、めったにそういうことは起こらない。

十一月九日、川島と三木は佐藤を後継総裁に推し、池田は佐藤を指名した。佐藤と必ずしも関係の良くなかった石橋湛山元首相は、藤山は未熟、河野は性悪、佐藤は無難と言ったが（山田栄三、前掲書、下）、そのあたりが党内の世論だった。そしてその日のうちに、首班指名が終わり、佐藤は官房長官を側近の橋本登美三郎に代えただけで、新内閣を発足させた。この間、様々な紆余《うよ》曲折があり、様々な人物の様々な思惑があったが、結局は自然な結論に落ちついたわけである。もっとも、三木と長年にわたって行動をともにしてきた松村謙三は、三木が佐藤を推したことを不満として三木派を離れている。

佐藤が早速取り組んだのは、池田時代に残っていた様々な懸案の処理であった。ＩＬＯ87号条約の批准と関連法案の処理、農地補償（戦後、農地改革で安く土地を売り渡すことを強制された元地主に対する補償）などの法案が、社会党の激しい抵抗を排して、早速六四―

前尾繁三郎

六五年の国会で可決された。

国会が終わると、六五年（昭和40）六月、佐藤は内閣改造に踏み切り、自前の内閣を発足させた。川島副総裁に再任を求め、党三役には、幹事長に腹心の田中角栄、総務会長に池田の腹心の前尾繁三郎、そして政調会長に川島派の赤城宗徳を起用した。河野派や三木派も三役の一つを要求したが、退けた。内閣では、福田赳夫を蔵相に、三木武夫を通産相に任命した。派閥別の内訳は、佐藤派六、池田派三、福田派と三木派が二、川島派、石井派、河野派、藤山派、船田（旧大野）派各一で、反池田の急先鋒だった福田が蔵相となり、池田・河野・大野といった旧主流派が少なかった。とくに河野派は不満だった。明らかに、池田路線と違った構成となったわけである。

七月には、佐藤内閣にとって最初の国政選挙である参院選が行われた。その結果は、全国区二五、地方区四六、計七一であった。前回の六二年は全国区二一、地方区四八、計六九、前々回は全国区二二、地方区四九、計七一で、過半数（改選数一二五）を超え、現状を維持したのであるが、地方区において徐々に後退しているのが気がかりだった。

七月には、河野一郎が動脈瘤《りゅう》破裂で死去し、八月、池田も癌の再発で死んだ。前年の大野を含め、三人の有力者が死んだわけで、佐藤にとっては幸運だった。

　秋になると、外交上の大きな懸案だった日韓基本条約の批准を、臨時国会で実現した。社会党の激しい反対で、牛歩と強行採決の連続となった。通常国会に続く一連の強行策は、タカ派内閣の登場を思わせて、内閣の人気に響いた。しかし、これらは、自民党としては既定の路線であり、池田内閣がむしろ実現を怠っていたということで、党内からの反対は出なかった。その点が岸の警職法とは違っていた。

　以上のように、佐藤政権は自民党内部ではかなり強い政権だった。党務において、佐藤は池田よりも経験を積んでいた。福田派という盟友があったことも大きかった。しかし佐藤は、無口で事務的で官僚的、暗く秘密主義的なにおいがした。国民の人気は悪く、その点で池田とは対照的だった。

　佐藤は、一九六四年、大野伴睦が死去したとき、大野の庶民性について、大野が伴ちゃんと呼ばれたように、自分も栄ちゃんと呼ばれたいと述べて、マスコミからは冷笑された。しかし佐藤は、ほかに（大野を）褒めようもなかったからと言っており、本気で「栄ちゃん」と呼ばれたいと思っていたわけではない。佐藤はもう少し自分を知っていた（山田栄三、前掲書、下）。

　六六年（昭和41）八月には、そろそろ総選挙も近いとあって、佐藤は再び内閣改造を行った。川島副総裁、田中幹事長はそのままで、総務会長に前尾派の福永健司、政調会長に船田派の水田三喜男を起用した。池田の死により池田派は前尾派となり、大野の死により大野派は船田（中）派と村上（勇）派とに分裂していた。内閣の方では、佐藤は宮沢喜一の官房長官と落選中の保利茂の起用を望んで、若干の混乱を招いた。池田の系統ながら、佐藤は宮沢の知性を評価し、また保利を深く信頼していたのである。しかし、結局、これらはいずれも実現せず、福田、三木、藤山などは留任し、大幅な改造にはならなかった。派閥内訳は、佐藤派五、前尾派三、福田派、川島派、三木派、石井派各二、藤山派一、それに河野派から分かれた森（清）派から一であった。

保利茂

黒い霧の試練

ところが、この夏から、いわゆる黒い霧が佐藤政権を直撃する。

六六年八月五日、自民党代議士田中彰治らが逮捕された。決算委員の地位を利用し、恐喝、詐欺を行ったとする容疑であった。田中の悪評はすでに知られており、佐藤は四月に離党勧告をしていたが、田中はこれに服さなかった。逮捕された田中は、八日、自民党を離党し、九月十日には議員辞任を申し出ている。

その前年には、東京都議会議長選挙に関し、贈収賄があり、議長を含む八名の議員が逮捕されるという事件が起こっていた。その結果、都議会は解散され、自民党は前回の六九から三八に激減するという（定数一二〇）大敗を喫していた。それ以後も、吹原事件その他、政治家がらみの事件が噂《うわさ》されていたが、ついに田中彰治事件が発覚したのである。

続いて参議院では共和製糖事件が追及された。共和製糖に対して巨額の不正融資が行われ、その一部が自民党への献金となったという疑惑である。

こうした中で、小さいながらも世間の目を引く不祥事が次々と表面化した。九月には運輸大臣の荒船清十郎が、地元の駅に急行を停車するよう国鉄ダイヤを改定させたことが発覚し、一つくらいいいじゃないか、と言って問題となった。荒船は、他にも利権に関する疑惑が出て、更迭された。また十月には上林山栄吉防衛庁長官が、お国入り（閣僚就任後の最初の選挙区入り）の際、自衛隊機を使い、自衛隊の音楽隊に演奏させたため、強い批判を浴びた。

これらは、佐藤に直接の責任があったわけではないが、長期政権の淀《よど》みというべきものであった。田中彰治事件などは、政治家の悪質な地位利用で、長期政権だから可能となったものであり、荒船、上林山のケースは、閣僚となることをただ出世と考え、権力を担うことの重い責任を意識しなくなった奢《おご》りから発していた。そして長期政権に倦《う》んだマスコミは、これを格好の標的として佐藤政権をたたいた。

佐藤はこのころ、国内視察、いわゆる「内遊」を計画していた。それが、不幸にしてマスコミの佐藤批判と重なってしまった。内遊の初日の九月十四日は、荒船問題のさなかで、佐藤は小学校で小学生と一緒に給食を食べ、老人ホームを視察してお年寄りと話し合ったのだが、報道陣が殺到し、「二流（の施設）だけ見て実情が分かるか」という質問が出たり、朝日新聞の「天声人語」には「小学校で訓話する佐藤さんをみればむなしさもわく。総理が来て話を聞いてくれた。それだけで喜ぶほど国民はお人好しではない」と書かれたり、散々であった（山田、前掲書、下）。

その年末には総裁選挙が予定されていた。大野・河野・池田の死などもあって、佐藤は絶対的な優位にあった。しかし、黒い霧批判によって、党内で清潔イメージを作ろう、あるいは来るべき総選挙は黒い霧の佐藤では戦えない、などという論議が噴出することとなった。内閣支持率は二五パーセント（十一月、『朝日新聞』）となっていた。

こうして、党内で強い佐藤に対し、世論を背景として挑戦する者が現れた。すなわち藤山愛一郎が立候補し、これを松村、中曽根（元河野派の一部）らが支援した。池田のあとを襲った前尾派も、佐藤から距離を取ろうとしていた。

十二月一日の総裁選挙では、佐藤は二八九票で再選されたが、藤山が八九、立候補しなかった前尾の名を書いた票が四七、灘尾弘吉一一、野田卯一が九、その他五だった。これは、佐藤派内の三一五票、少なくとも三〇〇票という予想を、はるかに下回った。

総裁再選のあと、佐藤は党と内閣の人事を行う。川島副総裁と田中幹事長のコンビは、黒い霧の責任を取る形で退き、福田蔵相が幹事長に起用された。内閣では、不祥事の続発に懲りたため、ベテラン中心で手堅い――反面、新鮮さに欠ける――顔ぶれを起用した。内訳は佐藤派六、三木派三、福田派、前尾派、石井派各二、川島派、船田派、森派各一であった。反佐藤で動いた藤山派、中曽根派、松村派を排除していたこともあって、中曽根康弘はこれを「右翼片肺飛行」と批判したのが話題となった。

そのあとには、総選挙が待ち受けていた。野党は久しぶりの好機と、強硬な姿勢で臨んだ。通常国会は、十二月二十七日に召集され、即日解散された。

六七年（昭和42）一月二十九日の総選挙で、自民党は二七七議席（追加公認を含め二八〇、以下、カッコ内は同様。なお、あとで自民党に入ったものを含めると二八五）、社会党は一四〇（一四一）、民社党三〇、それに衆院選初登場の公明党が二五、共産党五などであった。自民党の二七七は、解散前より一議席減っただけで、逆風の中では善戦と考えられた。

しかし、前回の一九六三年は二八三（二九四）であり、しかもこのとき、選挙法改正によって定数は四六七から四八六へと増えていた。したがって、議席率では五七・〇パーセント（五七・六パーセント）と、前回の六〇・六パーセント（六三・〇パーセント）と比べ、明らかに低下していた。得票率でも、低下は明白だった。自民党成立以来の総選挙は、五八年、六〇年、六三年と、五七・八パーセント（五九・一パーセント）、五七・六パーセント（五八・一パーセント）、五四・七パーセント（五六・〇パーセント）だったのが、四八・八パーセント（四九・二パーセント）と、五〇パーセントを下回ってしまった。公明党の衆議院進出による影響もあったが、自民党の低落は明らかだった。これでもちこたえたのは、長年農村部を中心に強固に築き上げられた自民党の底力だった。しかし、長期政権への倦怠は、都市部でははっきりした形となっていた。四月の東京都知事選挙で、自民党は民社党と組んで立教大学総長の松下正寿を推したが、社共共闘の東京教育大学教授、美濃部亮吉に敗れたのである。

沖縄返還問題の登場

さて、佐藤が独自の政策として打ち出したのは沖縄返還であった。

佐藤が沖縄を重視しだしたのは六四年のことである。池田三選に挑戦する決意を固めた佐藤は、新政策を打ち出すべく、そのブレーン集団を挙げて取り組んだ。その中から浮上したのが、中国と沖縄であった。国際関係に配慮して、中国は後回しとして、沖縄に力を入れる方針を六四年五月に決定し、池田に挑戦するに際しても、自分が総裁・首相となった場合には、アメリカに返還を要求すると、池田の無為を批判した。

その後、首相となった佐藤は、六五年一月の訪米において、ジョンソン大統領に対して沖縄返還の希望を述べている。またこの年八月、首相として戦後初めて沖縄を訪問し、「沖縄返還が実現しない限り、日本の戦後は終わっていないことを、よく承知しております」と述べた。佐藤側近の中には、そんなことを言って大丈夫だろうかと、不安をもつ者があり、マスコミは、どうせ遠い将来のことだから、ただの人気取りだと受け止める者が多かった。外務省では、せっかく安保がかたづいたのに、そんな面倒なことはしたくない、本気でそんなことが可能と思っているのか、という雰囲気だった。

六六年になると、いくつかの代替案が出始めた。森清総理府総務長官が教育権分離返還を唱えたのは八月のことだった。佐藤はしばらく様子を見た上で、六七年一月、施政権一括返還が望ましいと述べて、教育権分離返還構想を否定した。これに対しても、より困難な全面返還を選ぶことによって、問題を先延ばしにしたという皮肉な受け止め方をする者が多かった。

次の問題は返還の時期と基地の態様であった。六七年二月、下田武三外務次官は、基地の自由使用を保障することが、施政権返還の前提条件と述べ、核を含む基地の自由使用を提唱して反響を呼んだ。これに対し佐藤は、三月二十三日、近い将来に核付き返還は考えられないと述べ、また五月六日には、基地を撤去しての返還は考えられないと述べた。たしかに、のちの選択はこの範囲の中にあったわけで、佐藤の慎重な態度がよく出た発言だった。

この年八月、沖縄問題懇談会が首相直属のものに改組され、沖縄問題等懇談会（新沖懇、座長は大浜信泉早稲田大学総長）となった。こうした学者グループを多用したのが、佐藤の政治の特色でもあった。

十一月、訪米してジョンソン大統領と会談した佐藤は、「両三年以内」（within a few years）に沖縄返還の時期について合意するという内容で合意し、同時に小笠原の返還で合意した。「両三年以内」と言われて、これは難しいことになったと、時の外務次官の東郷文彦は語っているように、外務省ではなく、佐藤のイニシアティブであった（東郷『日本外交三十年』）。

このような方式を取った理由について、二点を指摘しておきたい。

第一に、佐藤は訪米の前に、六七年九月と十月の二度、東南アジアを訪問している。十月の第二次訪問では南ベトナムにも行っている。これは、岸が五七年の訪米の前にアジア諸国を訪問したことに似ている。つまり、アメリカの協力を確保するために、アメリカのアジア政策を支持する姿勢を見せるのが有利だと、佐藤も考えたのであろう。

第二に、しかし、それは危険なことでもあった。六五年のアメリカの地上軍派遣以来、ベトナム戦争は苛烈《かれつ》となっていた。これに対する批判が日本でも高まっており、十月に佐藤が第二次旅行に出発した際には、学生デモが警察と衝突して、死者が出ていた。六〇年六月十五日以来のことであった。

やがて安保条約の期限である七〇年がやってくることを、佐藤は強く意識していた。六〇年には兄の岸とともに決死の覚悟で官邸にこもった佐藤であった。社会党の勝間田清一委員長が、九月の記者会見で、七〇年安保は沖縄を中心として戦うと述べていたように、七〇年安保の中心テーマは沖縄になる可能性が高かった。それゆえ、いったん、早期返還の原則を決め、返還の態様については後に譲る——そうして七〇年を、いわばまたぐことが構想されたのではないだろうか。

六七年に佐藤が強く早期返還を求めたら、実現したかもしれない、ただしその場合は、「核付き自由使用」になったかもしれないと、あるアメリカの関係者は述べている（北岡「解説」『沖縄返還関係主要年表・資料集』）。佐藤はおそらくその危険を知っていた。

沖縄返還——核抜き本土並みへの道

六七年十一月、訪米から帰国した佐藤は、党と内閣の人事に着手した。党の方では、川島が副総裁に復活し、幹事長には福田が再任された。内閣の方では、宮沢喜一の留任や、中曽根康弘が入閣したこと、そして首相の腹心の保利茂が復活したことが注目された。これまで佐藤を批判してきた中曽根は、犬の遠ぼえでは仕方がない、切っ先の届く内懐に入ると称して入閣した。派閥別の内訳は、佐藤派七、福田派二、川島派一、三木派三、前尾派二、船田派一、中曽根派一、森派一、石井派一であった。

この顔ぶれは、田中角栄にとって不本意なものであった。期待していた三役への復帰がならなかったし、福田に近い保利が復活したからである。他方で、福田の方にも痛い事件が起こる。六八年二月、倉石忠雄農林大臣が、「いまの憲法は他力本願だ。こんなバカバカしい憲法をもっている日本はアメリカのメカケみたいなものだ」と述べた事件である。これによって野党は審議拒否をして、国会は紛糾した。こうしたタカ派発言での混乱は福田派の方に多く、スキャンダルは田中の方に多かった。

六八年（昭和43）三月、佐藤にショックだったのは、ジョンソン大統領が大統領選挙に出馬しないと発表したことであった。「両三年以内」にしても、ジョンソン再選を前提とした考えだったからである。もっとも、十一月に当選するニクソン（就任は六九年一月）は、かつてアイゼンハワー大統領の下の副大統領であったことから、岸とは交際が続き、ケネディに敗れた後の不遇時代、岸は何度もニクソンを招いて歓待しており、佐藤もしばしば同席していた。この交際は、のちに少なからず役立つことになる。

七月には参議院選挙があった。自民党は、全国区二一、地方区四八、合計六九でほぼ現状を維持した。

十一月には、総裁選挙が予定されていた。佐藤の総裁三選に対し、十月三十日、三木武夫が外相を辞して立候補し、十一月一日には前尾繁三郎も立候補した。十一月十八日、三木が、核抜き・本土並みで交渉すると述べると、佐藤は怒り、こうした人物を最近まで外相にしていたのは私の不明だった、と述べた。前尾も、核抜き本土並みとなった。

総裁選挙は十一月二十七日に行われ、佐藤二四九、三木一〇七、前尾九五、など（投票総数四五三）であった。三木が二位に入ったことが意外だと言われた。自由投票とした中曽根派が、三木に多く流れたと言われている。

その後の人事では、幹事長に田中角栄が復活した。前尾派の協力を得るために、鈴木善幸が総務会長に起用された。内閣の中枢は、福田蔵相、保利官房長官、愛知揆一《きいち》外相で、沖縄返還に臨むこととなった。派閥別の内訳は、佐藤派五、福田派二、川島派一、石井派

一、三木派二、前尾派二、村上派一、船田派一、中曽根派一、その他二であった。
さて、沖縄については、佐藤は基地の態様について、白紙であると言い続けてきた。しかし、六九年（昭和44）一月十四日、一時帰国していた下田駐米大使に方針を尋ねられ、核抜きしかない、と答えたといわれている。そして、この方針は、三月十日、社会党議員の質問に答える形で、明らかにされた。注意深く聞かないと、気づかないほどの曖昧な表現だった。こうした非・劇的なスタイルは、いかにも佐藤らしいものであった。

こうした決断については、一月の「沖縄およびアジアに関する京都会議」が大きな影響を及ぼしたと言われている。これは、基地問題研究会が日米の有力な識者を招いて開いたもので、その報告書は三月に出ているが、概要は一月には分かっていた。

とはいえ、「核抜き本土並み」の返還が本当に可能なのか、誰も確信はなかった。三月にアイゼンハワー元大統領が死去し、岸が葬儀に参列し、ニクソンにも会って、要請はしている。五月に、アメリカはほぼ「核抜き本土並み」を決めていたが、それは極秘だった。佐藤は若泉敬・京都産業大学教授を密使として使い、何度もアメリカ側とコンタクトを取らせたが、基地の態様に関する意思については、杳《よう》として知れなかった（若泉『他策ナカリシヲ信ゼムト欲ス』）。

この年の通常国会は、大学立法が大きな争点となった。大学紛争の高揚の結果、東京大学などで六九年春の入学試験が中止となる事態を招いていた。これに対する施策として、坂田道太を文部大臣に起用し、同時に大学立法を進めた。野党の反対は強かったが、田中幹事長を中心とする強力な執行部は、これを強行した。学歴のない田中にとって、とくに強い使命感を感じる課題だったのかもしれない。ともかく、大学紛争は安保・沖縄問題と結びついていたため、その意味でも解決が必要だと佐藤は感じたのである。

六九年十一月の訪米で、佐藤は結局、極東の安全に日本がより大きな責任をもつというコミットメントと引き換えに、「核抜き本土並み」を実現する。なおここで言う「本土並み」とは、日米安全保障条約の事前協議が、本土と同様に沖縄に適用されるということであり、核の持ち込みは拒否するというように理解されていた。しかし、若泉によれば、有事には核持ち込みを認めるという密約があったと言う（若泉、前掲書）。

日米首脳会談を終え、羽田に到着した佐藤首相夫妻（1969年11月26日）

政権の長期化とその帰結

佐藤は「核抜き本土並み」に失敗すれば総辞職、成功すれば解散、総選挙のつもりであったという。佐藤の腹心で固めた陣容で取り組んだわけであるから、勝てば佐藤の功績、負ければ佐藤の責任と、はっきりしていた。

衆議院は六九年十二月二日、解散された。二十七日の選挙において、自民党は二八八議席（追加公認を含め三〇〇、のち三〇三）という大勝を収め、他方で社会党は九〇議席という未曾有の大敗を喫した。自民党の議席率は五九・三パーセント（六一・七パーセント）と増加した。ただし、得票率について見れば、四七・六パーセント（四九・一パーセント）と、前回よりも下回った。

その後の七〇年（昭和45）一月の党・内閣の人事では、大枠は維持された。党では田中幹事長が再任され、内閣では、宮沢喜一の通産大臣、中曽根康弘の防衛庁長官が目立つ程度だった。

国会の方も、総選挙直後だけに、六九年と違って無風に近かった。安保は自動継続となり、大阪万国博が大きな人気を集めた。

政局の焦点は、十一月の総裁選挙であった。しかし、六九年末選挙の結果、四選支持の声が強まっていた。その急先鋒は、田中幹事長だった。もし四選がなければ、佐藤の後継者はまず間違いなく福田であった。その芽を摘《つ》み、福田に追いつくため、田中は佐藤四選をめざした。秋には中間派がなだれを打って四選支持を表明し始めた。佐藤からの禅譲を期待していた福田も、佐藤がやると言えば協力せざるを得ない立場にあった。前回出馬した前尾も立候補を取りやめて、三木だけが立候補することとなった。選挙は十月二十九日に行われ、佐藤三五三、三木一一一で佐藤が圧勝した。

　このとき、中間派の取りまとめの中心になったのは、川島副総裁だった。川島は岸派の分裂の際に、福田と争い、以来福田との関係が悪かった。田中を支持する立場から、川島は中間派を取りまとめ、同時に前尾派に出馬見送りを説得し、これを実現した。

　ただ、このときは前尾の処遇について、川島・田中と前尾の間で約束があった。しかし佐藤には十分徹底していなかったらしく、佐藤は総裁公選後の恒例の党・内閣人事を見送ってしまう。前尾は面目を失墜し、また前尾派内の主戦論者は、前尾を責め、結局、前尾に代えて大平正芳をリーダーとしてしまう。池田勇人から宮沢喜一まで、本書が扱う時期の宏池会のリーダーで、総裁・首相になれなかったのは、前尾一人である。

　この間、六九年十一月の日米首脳会談以来、佐藤内閣を悩ませていたのは繊維問題だった。対米繊維輸出自主規制は、次の大統領選挙をにらんだニクソン大統領にとって、きわめて重要なものであった。佐藤は、その重要性を理解せずに、少なくとも相手からは、自主規制を約束すると取られる言葉を発したらしい。

ところが、佐藤は積極的に問題を解決する気はなかった。最初にこの問題に取り組んだのは、大平通産大臣であったが、大平は、佐藤の成功に泥をかぶってまで協力するつもりはなかった。次の七〇年一月、宮沢を通産大臣に起用したのは、国際派でアメリカに強い宮沢に期待したからだという。当初、宮沢は問題解決に熱意を示したが、結局、積極的に問題解決に取り組まなかった。佐藤が万全の支援体制を示さなかったことも大きい。沖縄問題で効果を上げた、じっくり時間をかけて機の熟するのを待つという方法は、こうした問題には適さなかったのである（大嶽秀夫『現代日本の政治権力経済権力』、宮沢喜一『戦後政治の証言』）。

七〇年十月、四度総裁になったあとの佐藤は、もう新しいエネルギーをもっていなかった。そんな中で、自民党に対する支持は、さらに弱まりつつあった。七一年の知事選挙では、東京で美濃部亮吉の再選に秦野章が挑んで敗れ、大阪では万博で成功した現職の左藤義詮が、社共協力の黒田了一に敗れる波乱があった。従来の自民党政治の手法で及ばない現象が起こりつつあるようだった。

公害問題でも、佐藤内閣への批判は強まっていた。かつて高度成長の是正、社会開発をうたって出発した佐藤内閣であったが、高度成長は続き、こうした事態を迎えていた。なお、これに対応するために環境庁が作られるのは七一年のことである。

七一年（昭和46）六月二十七日に行われた、佐藤内閣三度めの参議院選挙でも、自民党は不振だった。全国区二一、地方区四一、合計六三で、前回の六九、前々回の七一を大幅に下回り、初めて改選数の過半数を下回ったのである。

佐藤—ニクソン会談（1969年11月19日、ホワイトハウス。AP Images）

その後の七月、佐藤は最後の内閣改造を行った。幹事長に保利茂、総務会長に中曽根康弘、政調会長に大平派の小坂善太郎を起用し、外相に福田赳夫、通産相に田中角栄を配し、官房長官に竹下登を抜擢《ばってき》した布陣は、なかなか新鮮だった。

しかし、その直後に、七月十五日（ワシントン時間）、ニクソン大統領は、アメリカが中国との国交正常化をめざして交渉を開始したと発表し、八月十五日（ワシントン時間）には、ドル防衛のための金・ドル兌換《だかん》の停止その他のドル防衛政策を発表した。これらは、日本が長年所与として来た条件の変化をもたらすものだった。日本が外交問題を日米関係の枠の中だけで解決できる時代は終わったのであり、そうした新しい状況に、自民党は対応しなければならなくなるのである。

なお、ニクソン・ショックの背景には、繊維問題における対日不信があったと言われている。この問題を最後に解決したのは田中通産相だった。田中は輸出自主規制の断行と、被害企業への手厚い救済（転廃業資金）という方式で問題を解決した。繊維産業の将来を見ても、衰退傾向は覆いがたかったから、その点でも間違っていない解決方法だった。佐藤政権の長期化を利益とする田中にとって、努力するかいのある問題だった。

長期政権と派閥

佐藤の総理大臣在任七年八か月というのは、桂太郎にわずかに及ばぬ最長記録である。中断なしの連続在任期間で言えば、もちろん最長記録である。

これを可能としたものは、第一に、佐藤と同世代の有力な派閥リーダーが、次々と死去したことである。大野、河野、池田がそれである。そして福田派という別働隊が存在し、佐藤派には田中角栄がいて、忠誠競争をしたことである。

この間、新しく生じた現象は、年功序列人事である。佐藤内閣の間、当選四回以下で閣僚に起用された人物はなかった。厳密に言えば、参議院の佐藤一郎元大蔵次官が当選一回で経済企画庁長官に任ぜられただけである。衆議院議員で抜擢に近いのは竹下の官房長官が当選五回であった。抜擢人事は恨みを残すというのが、大きな理由だったのではないかと思う。人事の佐藤と言われたように、その点に佐藤は敏感だった。また、派閥の結束を維持するためには、当選回数という客観的な基準に頼るのが、最も便利だった。

佐藤に人事の好みがなかったわけではない。中曽根、宮沢といった思想的に異なるタイプの人物を、ともに好んだ。リーダーらしい識見をもつ者を佐藤は好んだ。そして保利茂のような誠実な人物に対する思い入れも強かった。そうした人材の重用は、しかし、当選回数主義を大きく損なわない範囲で行われた。こうした当選回数主義が、自らは吉田茂に異例の抜擢をされた佐藤によって確立されたのは、興味深い事実である。

佐藤の花道―沖縄復帰記念式典
（1972年5月15日、日本武道館）

他の派閥でも、世代交代が進んだ。前尾派では、戦う力がないとして、前尾に対する反乱が起こり、大平正芳が新しいリーダーとなった。旧河野派では、若手のリーダーとなった中曽根が台頭し、一派を率いたが、他方で、森派は森の死によって衰退し、園田（直）派となり、七〇年代には福田派に合流していった。旧大野派は、船田派と村上派に分かれ、村上派は七〇年代に水田（三喜男）派となったが、いずれも将来の総裁候補というわけではなく、発展はしなかった。

そうした派閥政治の完成の中で、派閥力学がうまく働いて、繊維問題における田中通産相のような行動が生まれるとき、問題は解決できた。しかし、それがいつもうまくいく保証は、まったくなかった。

二世議員の増大

佐藤内閣時代に目立つようになった現象の一つは、二世議員の増加であった。

二世議員には様々な定義があるが、最も妥当なものは松崎哲久の「衆議院議員の地盤を、その親族から継承して出馬し、当選した職業政治家」とすると、その増加の傾向は次の図のようになる（松崎『日本型デモクラシーの逆説――2世議員はなぜ生まれるのか』）。見られるように一九五八年（昭和33）の総選挙で一一パーセント、六〇年の総選挙で一二パーセントだった二世議員は、六三年に一五パーセント、六九年には二三パーセントとなって、党内の四分の一の水準となった。そして次の二度の選挙で微増したのち、七六年には三二パーセントと、三分の一に達し、以後さらに微増して現在に至っている。

地盤の継承は、戦前にもあったが、それほど普遍的ではなかった。それは、戦前の地盤には、民政党の地盤、政友会の地盤という面がより強かったのに対し、戦後の政治では、自民党の地盤というものはないに等しい。あるのは個々の政治家の地盤である。個人後援会の重要性については、すでに述べたとおりである。

図2　自民党の2世議員数

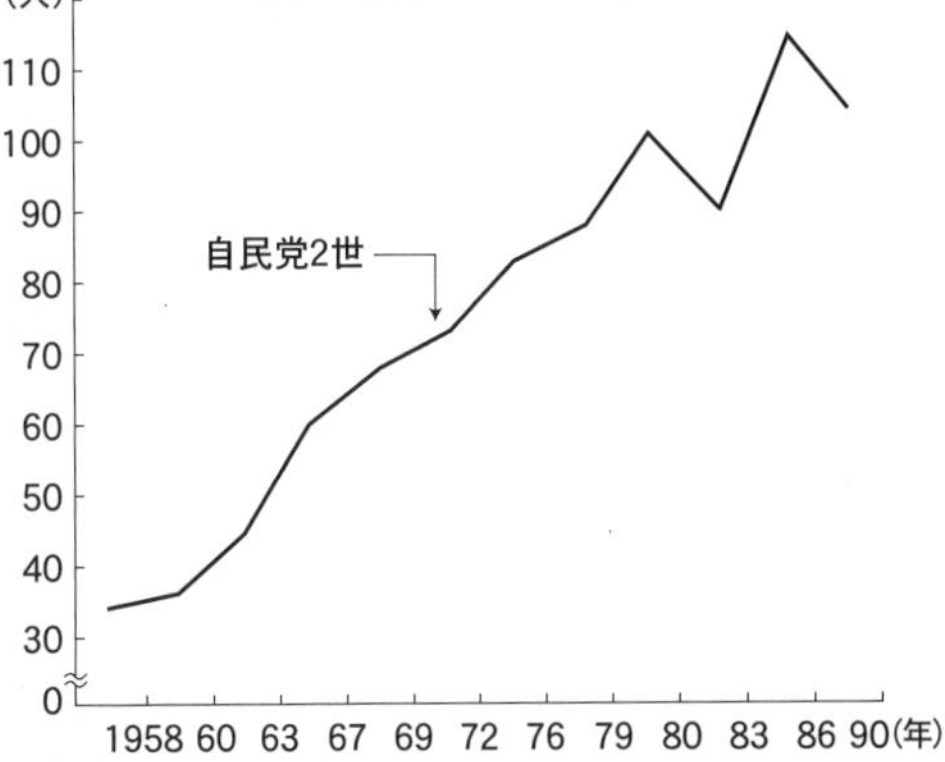

自民2世	34	36	45	60	68	73	83	88	101	91	115	105
全自民	298	301	295	280	302	284	263	261	290	261	311	290
2世率	11	12	15	21	23	26	32	34	35	35	37	36

※単位＝人（2世率は％）　（松崎哲久『日本型デモクラシーの逆説　2世議員はなぜ生まれるのか』より）

　このように個人後援会を核とする個人の地盤が確立されたのちに、その政治家が死んだり引退したりすると、そこに組織された人々は、結束のメリットを維持するために、後継者を擁立するようになる。それは、後援会の幹部だったり、政治家の秘書だったりすることもあるが、何と言っても最も後援会がまとまりやすいのは、政治家の息子や娘婿である。彼らが若くして立候補し、政界に入ることは、前述の当選回数主義の確立を考えれば、大変有利な条件になる。一九六三年は、自民党が成立してから三度目の選挙であり、多くの個人後援会は、その基礎を固めていたと考えてよいだろう。そして、戦後、一九四六年、四七年、四九年あたりの選挙で当選した新しい政治家の中には、そろそろ亡くなったり、引退したりする政治家が出てきている。それが、六三年、あるいは六七年ごろから二世議員が増えてきた理由だろう。六三年当選の橋本竜太郎、西岡武夫、六七年当選の河野洋平、六九年当選の小沢一郎、羽田孜、七二年当選の小泉純一郎（初出馬は六九年）など、現在の最有力政治家の多くが、このころ二世として政界に入った人物なのである。

このように、二世の増加は、個人後援会の確立、世代交代、当選回数主義などによって促進されたものである。大勝した六九年総選挙を含め、得票の長期低落に悩む自民党にとって、二世は当選率の高い、あてになる予備軍であった。

（注）私は前掲「包括政党の合理化」において、二世の定義や二世が目立ち始めた時期について、以上とは違う解釈をしていた。しかし松崎哲久氏が私のデータの誤りを指摘されて以来、その指摘を受け入れている（松崎『日本型デモクラシーの逆説』）。松崎氏のご教示に感謝したい。

それにしても、自民党全体としては、高度成長がもたらした社会経済的変動に十分対応できていなかった。国際関係もまた、厳しくなっていた。それは、経済大国として不可避的に遭遇しなければならない試練であった。そうした新しい状況に、自民党は対応しなければならなくなるのである。

第三章　自民党政治の動揺

1　田中角栄と列島改造

田中政権の成立

一九七二年（昭和47）七月五日の自民党総裁選挙は、主要な派閥が全力でぶつかりあった点で、五六年、六〇年、そして六四年以来の激しい選挙となった。第一回投票では、田中角栄一五六票、福田赳夫一五〇票、大平正芳一〇一票、三木武夫六九票、決選投票では田中二八二票、福田一九〇票で田中が圧勝した。

臨時党大会・決選投票で福田を破り、手を挙げる田中新総裁（1972年7月5日）

早くから佐藤の後継者と目されていた福田に、田中が追いつき、追い越したのは、佐藤内閣の最後の一年のことだった。そのプロセスと力学を、まず振り返っておこう。

最初の事件は、七一年七月、参議院選挙後の議長選挙で、長年参院を牛耳ってきた重宗雄三が、議長四選をめざして敗北したことだった。重宗に対し、河野謙三が参院改革を唱えて反旗を翻し、十七日、野党の支持を得て当選したのである。山口県の出身で、岸・佐藤と近い重宗のリーダーシップの崩壊は、福田にとって痛い打撃だった。

重宗体制の崩壊のさなかに日本を直撃したのが、二つのニクソン・ショックだった。とくに中国に関する第一次ニクソン・ショックは、沖縄返還実現のためにアメリカのアジア政策に密着していた佐藤にとって、大きな打撃だった。しかし、佐藤は台湾との信義を守る方針を取り、秋の国連総会では、中華民国（台湾）の追放は重大事項なので、その決定には三分の二の多数の賛成が必要だとする、いわゆる逆重要事項指定方式の提案国となって、敗れた。当時アメリカの上院で、沖縄返還協定の批准審議が始まっていた。上院の親台湾派を刺激しないよう、佐藤は配慮したと言われる。ともあれ日本は敗北し、外相の福田もその責任を負うことになった。七一年夏から起こった澎湃《ほうはい》たる中国ブームは、こうして、佐藤、福田の無為を際立たせることとなり、日中関係の解決は、佐藤や佐藤亜流政権では不可能だと、多くの人が主張するようになったのである。

それだけではなく、秘密主義で、分かりにくい、待ちの政治に、国民は倦んでいた。もっと分かりやすい、明確な政治を求めるようになっていた。佐藤亜流の政権では次の選挙は戦えない、という意見が、とくに若手から噴出するようになった。この点は、のちに反田中を唱えるタカ派系の若手（中川一郎など）ですら、同様だったという。多くの中間派のリーダーたちは、心情的に福田支持が多かったが、若手の突き上げに当惑していた。

七二年になると田中の勢力伸長は加速する。佐藤派の若手だけでなく、幹部クラスまでが、田中支持に傾き、国会終盤の五月九日、佐藤派衆参両院議員百二人のうち八十一人（幹部は田中支持でも欠席したので、実際はそれ以上）を集めた会合が開かれた。

佐藤の意中の人は福田であったが、佐藤は「君子の争いを望む」というだけで、積極的に動こうとはしなかった。六月十七日、引退を表明した佐藤は、ようやく福田と田中に、どちらが一位になっても、二位になった方はこれに協力して挙党一致を実現するよう要請した。二人は一応、これを受けたらしい。

しかし、二十一日、中曽根が総裁選挙不出馬を声明し、田中陣営に駆けつけた。その代償に、巨額の資金が動いたという説もある。さらに七月二日、田中、大平、三木、そして事実上中曽根まで含めて、日中国交回復や政治の刷新などをめざす四派の政策合意事項が作られて、田中の優位は動かぬものとなった。田中は一、二位提携との関係を聞かれて、自然発生的に四派提携ができて、一、二位提携は不可能となったと述べている。

投票の結果から考えれば、中曽根が立候補していれば、一位は福田であった。決選投票では福田も四〇票を積み上げたので、佐藤がもっと積極的に動いていれば、福田が勝つ可能性もあったかもしれない。

ともかく、勝利したのは田中の積極的な攻めの姿勢であった。資金もまた、はるかに福田を上回っていたらしい。何よりも強かったのは、しかし、世論の支持だったのではないだろうか。小学校卒、決断と実行、コンピューター付きブルドーザー、今太閤と、世論は田中をはやし立てた。

田中の台頭

たしかに、田中角栄は戦後日本の生んだ異能の政治家である。彼が台頭した背景を、簡単に述べて、彼の資質と欠点をあらかじめ見ておくこととしよう。

田中は一九一八年（大正7）、新潟県に生まれ、小学校卒業後上京し、苦学しながら土木建築業に従事し、戦中・戦後の短期間に急速に財をなした。戦後は政界をめざし、一九四六年（昭和21）の総選挙には落選したが、四七年総選挙に当選し、芦田均の民主党に属した。しかし、同年、炭鉱国家管理法案に反対して脱党、民主クラブを経て、四八年、吉田茂の民自党に参加した。なお、この年、その炭管法案に関する疑惑で起訴されたが、五二年無罪となった。

一九五〇年（昭和25）ごろから、田中は多数の議員立法を手掛けた。五〇年に六件、五一年に七件、五二年に八件、その後、田中が提出者となって成立させた議員立法の総数は三十三（田中が中心となったものは三十一）、その他、田中の提唱がきっかけとなって成立した法律は、八十件を超える。日本は政府提出の立法がほとんどで、議員立法は少ないが、その点で、断然顕著な成果を上げたのが田中である（早坂茂三『政治家田中角栄』）。

要するに、法律が生み出す自由と規制、誘導と禁止の力を使いこなす創造的な能力において、田中は傑出していた。その内容は、国土総合開発、住宅の確保、道路の整備などが中心であった。道路整備の財源にガソリン税を目的税としたことなど、名案としてよく知られている。ともかく、国土の有効な開発、大企業よりも中小企業の発展、社会資本の整備などにおいて、田中は一貫して、人並みならぬ関心を持ち続けたのである。

一九五七年（昭和32）、田中は三十九歳で岸内閣の郵政大臣になる。このとき、田中は民放三十四社、三十六局に一括予備免許を出して話題となった。それは日本の情報化の趨《すう》勢《せい》を見通した先見性のある措置であると同時に、放送界における田中の力を確立するものであった。

田中は池田と佐藤の両方と親しかった。岸、石橋、石井が争った第二回の総裁選で、池田と佐藤はそれぞれ石井支持、岸支持に分かれた。この時、池田は、田中が池田派に来るものと思ったという。しかし田中は、佐藤が岸を推すのは兄弟の情として当然と考え、佐藤に従ったという（早坂茂三『田中角栄回想録』）。田中らしい判断である。池田内閣期、大平と親しい田中は、佐藤派内の親池田派を代表する存在だった。ポストも、政調会長、蔵相と、日の当たる場所を歩いた。それもあって、反池田派の代表である福田や保利茂との関係はよくなかった。

佐藤内閣七年八か月のうち、田中は通算四年二か月幹事長を務めた。ほかには、福田が一年十一か月、保利が一年、池田時代からの継続の三木武夫が八か月だった。田中幹事長は、野党対策に力を発揮し、六五年の日韓条約、六九年の大学臨時運営法などの立法を実現した。しかし、スキャンダルの噂《うわさ》が常に付きまとい、そういうときは福田が起用された。しかし福田はそのタカ派的思想で、野党の反発を買うことがあった。

あとで見ると、田中は幹事長として必ずしも選挙で勝っているわけではない。しかし、選挙を取り仕切ることで、確実に田中の勢力は増大した。豊富な政治資金と並外れた人心収攬《しゅうらん》の能力で、田中は佐藤派内部だけでなく、他派、他党、官僚、さらにマスコミ関係者まで、確実に田中びいきを増やしていった。それが最も顕著なのは幹事長のときだった。

田中は、いわゆる黒い霧のころ、一時、閑職にあった。そのとき取り組んだのが、都市政策大綱であった。一九六七年（昭和42）三月、自民党に都市政策調査会が作られ、田中が会長に就任する。そして一年間、活発な活動を続け、六八年五月、都市政策大綱を決定する。それは、都市改造と地方開発を同時に進めることにより、高能率で均衡のとれた国土を建設することを目的とし、土地政策、大都市政策、地方開発、財政・金融政策など、広範囲の問題に踏み込んだ、画期的な内容をもつものだった。国土開発への古くからの関心、豪雪地帯での生活、議員立法の長い経験に裏付けられて、田中はその本領を発揮したのであろう。

これを田中流に書き直して、総裁選挙直前の六七年六月に出版したのが、『日本列島改造論』であった。この政策提示によって、田中は日本の将来についてのビジョンをもつ政治家として、総裁選にチャレンジしたのである。

政権の出発

さて、総裁となり首相となった田中は、田中派の橋本登美三郎を幹事長に、大平派の鈴木善幸を総務会長に、そして中曽根派の桜内義雄を政調会長に任命した。内閣では、大平が外相、三木が副総理含みの無任所相（八月二十九日に副総理）、中曽根が通産相と、四派のリーダーを閣内に入れた。派閥別内訳は、田中派五、大平派四、三木派、中曽根派、福田派が各二、椎名派、水田派、船田派が各一であった。このうち、最大派閥の福田派からは、わずか二人、それも福田派の意向を無視した、いわゆるごぼう抜き人事で、あまり有力でない人物が、あまり有力でないポストに起用されただけだった。

これに対し福田派は、露骨な論功行賞人事だと反発し、総引き揚げ論も出たが、結局、次の人事で修正するという約束で、田中内閣は発足した。田中は明らかに当面のライバルである福田をたたこうとしたのであり、政権についた田中にはそれだけの力があった。

政権発足にあたって、田中は総裁談話の中で次のように述べている。「政策は自民党がつくり、政府がこれを実行する。これが政党政治のあるべき姿である。しかし、私たちの現状は、厖大《ぼうだい》な官僚機構に依存して、行政府のつくった法案、政策のあと押しに甘んじる傾向が強い。これは官僚主導の政治であり、国民の求めているところが十分に反映されない政治である」（早坂『政治家田中角栄』）。たしかに、これが田中のめざすところであったわけであり、その点に田中は強い自信をもっていた。

田中―周恩来会談（1972年9月30日、北京）

早速、田中は懸案の日中国交正常化をめざして動き始めた。これまで、岸、池田、佐藤のいずれの政権も、その初期に懸案に着手している。つまり新政権の誕生を促したある勢いに乗ることが重要なのである。まして気の短い田中のことなので、その動きは早かった。

日中の場合、野党は賛成、マスコミも賛成なので、問題は党内の反対派であった。田中の福田派たたきも、これと関係していた。党内の異論をほぼ抑え込んだ田中と大平は、七二年（昭和47）九月二十五日に北京を訪問し、二十九日に日中共同声明に署名して、国交正常化を実現した。

日中国交正常化が田中の功績であることは確かだが、これはかつての講和条約、安保改定、日韓条約、沖縄返還などと匹敵するような業績ではない。米中が関係改善を進めており、中国が日米安保条約を問題にしないならば、日中の国交はそれほど難しいことではない。しかも前の佐藤政権が、台湾との「信義」を守る形で退いていたので、次の内閣はかなりのフリーハンドをもつことができたのである（草野厚『二つのニクソンショックと対米外交』）。前外相の福田だと少し時間がかかったかもしれないが、それ以外のリーダーなら、さほどの遅れなしに、ほぼ同じ形の正常化に到達できただろうと考える。

ともあれ、日中は素晴らしいブームとなった。日本は長年、大陸と関係をもてなかったことに負い目を感じていたし、毛沢東、周恩来といった伝説的な指導者や北京の街の映像によって、親中国感情がさらに高まった。そして田中の人気も依然、高かった。

一方、列島改造については、首相の私的諮問委員会として、日本列島改造問題懇談会が作られ、八月七日に最初の会合が開かれた。十月二十七日、田中は首相としての最初の演説で、「工業の全国的再配置と高速交通・情報ネットワークの整備を意欲的に推進するとともに、既存都市の機能の充実と生活環境の整備を進め、あわせて魅力的な地方都市を育成してまいります」と述べた。

そうなれば、当然、解散、総選挙だった。田中は、もう少し後に延ばしたかったとも言われているが、すでに前の選挙から三年近く、これだけの条件で、解散風を止めることは不可能だった。衆議院解散は十一月十三日、投票は十二月十日のことだった。

ところがその結果は、自民二七一（追加公認を含め二八四）、社会一一八、公明二九、民社一九、共産三八などであった。自民党は前回の二八八（三〇〇）を大きく下回ったのみならず、黒い霧による苦しい選挙のときの二七七（二八〇）にも及ばない敗北だった。田中の強気の戦術で、候補者乱立が言われたが、得票率も四六・九パーセントで、前回の四七・六パーセント、前々回の四八・八パーセントに及ばなかった。この上ないと思われた条件の下で、田中は全国を走って日本列島改造計画を説き、投票率は七一・八パーセントで前回より三ポイントも上がったのに、この結果であった。

（注）六七年選挙では、公認当選二七七、追加公認三のほかに、保守系無所属五があった。七二年にはそうした当選者はいないので、全体として六七年に及ばない。

これは、かなり深刻なことだった。官僚的な古いタイプの政治では、自民党の漸減傾向は防ぐことができないということを、多くの自民党員が直観的に感じていた。それが、田中を引き出したゆえんであった。ところが、そうした田中の方法が、有権者の受け入れるところとはならなかったのである。

インフレとオイル・ショック

選挙は敗北と受け止められたが、とくに党内からの追及はなかった。主流四派を合わせれば、その力は圧倒的だった。それに、田中派は選挙で三名を増やしており、議席を減らしたのは、高齢の議員の多い福田派で、それまで衆議院六十五名の議員が、五十六名となっていた。選挙後の人事で、福田を行政管理庁長官に迎え、その他に二つのポストを福田派に提供し、福田派の有力者である倉石忠雄を政調会長に起用した。前の約束にしたがって、融和を図ったのであろう。

そのころ、七三年度予算が固まりつつあった。七三年（昭和48）一月十五日に閣議決定された予算は、前年度比二四・六パーセント増の超大型予算であった。田中は常に積極財政論者だったし、列島改造論関係の諸施策が各省庁から次々と持ち込まれていた。

しかし、すでに七二年後半には、物価上昇が目立ち始めていた。それに、この予算はすでに始まっていたインフレに拍車をかけることになった。一九七〇年を一〇〇とした消費者物価指数は、七三年四月で一二〇を超えていた。とくに地価は、同じく四月で、前年比全国平均で三〇パーセント以上、首都圏で三五パーセント以上となっていた。

七三年四月ごろには、早くも支持率は佐藤時代の最悪の数字を下回り、二〇パーセントを切るようになっていた。そうした人気の低落に反発するかのように、四月、田中は突然、小選挙区制度の導入を主張し、その国会のうちに成立させると言いだした。また国会の会期が足りないと見ると、十二月まで国会を開き続ける通年国会を言い始める。実際、この年の国会は五月に会期が終了するはずが、六十五日延長され（これは普通）、さらにもう一度六十五日再延長されて、九月まで開かれた。通年まではいかなかったが、異例の二百八十日国会となったのである。かつての「決断と実行」をもじって、田中は「独断と暴走」だと言われるようになった。

迷走中の田中をさらに直撃したのが、オイル・ショックだった。七三年十月六日、第四次中東戦争が勃発すると、石油輸出国機構ＯＰＥＣ加盟湾岸六か国は石油戦略の発動を決定し、日本を敵対国と認定し、石油供給の削減や石油の値上げを通告してきた。これが日本でパニックを引き起こし、主婦のトイレットペーパーや砂糖の買いだめが発生した。政府は急遽《きゅうきょ》、アラブ諸国寄りに政策を転換し、敵対国の扱いを解いてもらうこととした。しかし、それは親イスラエルのアメリカの好むところではなかった。日本の親アラブ政策への転換は、危うい選択だったのである（マーク・セラルニック「第一次石油危機における日本の対外政策」）。

日本の戦後の高度成長は、アメリカとの密接な関係と、安価な資源が自由に入手できるという条件に支えられていた。しかし、前者はニクソン・ショックで傷つき、後者もここに危うくなってきた。しかも、ここにその二つの条件が矛盾する状況が生まれてしまったのである。こうした状況に対応するための政治的能力が、日本には欠けていた。

こうした困難な状況で、中心となって対処してきた愛知大蔵大臣は、十一月二十三日に急死した。ここに、田中は福田赳夫に蔵相就任を要請し、福田は経済政策の根本的な見直しを条件に、これを受けた。このときの改造で、田中派三、福田派四、大平派三、中曽根派三、三木派二、石井派一、水田派一、無派閥二であった。

崩壊への道

七四年（昭和49）一月、田中は東南アジア諸国を歴訪している。二年間に多くの外遊をした田中だったが、これは最も不成功に終わったものであった。フィリピン、タイ、マレーシア、シンガポール、インドネシア訪問に際し、日本帝国主義批判の激しいデモに見舞われ、インドネシアなどは、ヘリコプターで脱出する有様となった。とくに田中に責任があったわけではないが、急速に増大する日本の経済的プレゼンスと日本人の傲慢《ごうまん》さに、強い反発があったわけで、田中がそれに気づかなかったことは確かだろう。

一方、インフレの方は、福田の手腕で収束しつつあった。日本列島改造論は棚上げにして、公共投資を厳しく抑え込む方法が、成果を上げ始めていた。

それもあってか、四月の地方選挙は比較的好調だった。その中で、田中は七月の参院選に賭けていた。七月七日の投票日をめざし、田中は大勢挽回を期して、全力を投入し、全国をヘリコプターで飛び回り、猛烈な企業ぐるみ選挙を展開した。

しかし、その結果は、自民党が全国区一九、地方区四三、合計六二（追加公認を含め六三）という敗北だった。田中は前回の七一年選挙の敗北に幹事長として責任があったので、ことさら熱心だった。ところが、六五年の七一、六八年の六九はもちろん、七一年の六三にも及ばぬ結果となってしまったのである。得票率は、全国区で四四・三パーセント、地方区で三九・五パーセント、前回の全国区四六・七パーセント、地方区四四・九パーセントに比べ、一段と低下してしまったのである。

この結果、三木副総理・環境庁長官が七月十二日に辞職した。三木は形だけの副総理の扱いに不満を抱いていた。田中と正面から対立することは避けながら、党近代化のために働くという名目で、田中と距離を置くために辞職したわけである。次いで福田蔵相が十六日に辞職した。福田の方はもう少しストレートに、「進め進め一点張りの派手な政治に国民はついてこれないということだ」と田中の政治を批判した。七五年七月の総裁選挙あたりで（当時、総裁の任期は三年となっていた）田中から福田への政権委譲をめざし、そのために入閣していた保利行政管理庁長官も辞職した。保利の意味合いは少し違うが、公然たる反主流派の成立であった。福田はもちろん反主流派ではあったが、七三年からしばらくは蔵相として田中に協力していた。

田中にとどめを刺したのは、『文藝春秋』七四年十一月号に掲載された立花隆「田中角栄研究」であった。その中には、様々な手法による田中の違法な資産形成過程が、決定的な事実の形で明らかにされていた。

田中はマスコミの操縦にかなりの自信をもっていた。実際、この記事が出たときも、日本のジャーナリズムはただちに反応しなかった。しかし、しばらくして、外国人記者クラブに出席した田中に対し、この論文に関する質問が浴びせられ、田中は答えることができなかった。日本の新聞が動きだしたのは、それからであった。

田中は、十月二十八日から、オーストラリア、ニュージーランド、ビルマなどを訪問し、帰国後に内閣を改造した。しかし、それはフォード大統領を迎えるためであって、大統領帰国後まもなく、田中は退陣を表明した。

田中政治の意味するもの

田中が直面した七二年から七四年の世界と日本は、たしかに難しい課題を抱えていた。

インフレやオイル・ショック、それに東南アジアの反日運動などは、誰が首相であってもうまく対処することは困難だったかもしれない。しかし、保守政権の伝統的な慎重な政策なら、これほど大きな間違いは引き起こさなかったのではないだろうか。

田中という政治家の個性は、やはり日本列島改造計画の中に最もよく表れていたように思われる。列島改造計画は、たしかに重要な提言だった。しかし、それはまだきちんとした政策にはなっておらず、二十年後のビジョンとして提示されたものだった。しかし、彼の著書が出され、特有のせっかちな調子で訴えかけられると、多くの人は明日にでも起こることかと思うであろう。そこから土地投機は紙一重である。

田中は一方的な話し手だった。他人の意見にじっくり耳を傾けるということの少ない政治家だった。総理大臣には、あまりふさわしくない資質だった。トップになると誰も止めてくれないので、決断と実行は、独断と暴走になる可能性があるのである。

多くの議員立法に見られた田中の政策立案能力は、天才的であった。どういう法律を作れば、民間の資金はどう流れるか、その結果、どのような経済効果があるか、そういう点について、田中はまれに見る理解力と発明力をもっていた。しかし、その才能は、彼の資産形成にも、政治資金の調達にも使われた。その「成果」は、やはりまれに見るものだったのであろう。

総選挙で都内遊説に出る田中総裁（左は橋本登三郎幹事長　1972年12月9日）

自民党政治の発展の中で、政治にかかる資金はますます膨大となっていった。明治期の政治家には、財産を使い切って井戸と塀しか残らないという井戸塀政治家という人々がいた。しかし、言い換えれば、家屋敷だけで政治ができたのである。自民党政治は、それでは無理である。しかし、金がかかることが最大のネックとなってくれれば、政治家としての資格は何よりも金を作る能力だということになるだろう。自民党政治においては、資金を調達し、それで派閥を拡大し、影響力を強化して台頭することはまったく合理的なことである。その最大の達人が田中だったのだろう。

他方で、政治の中から資金を作りだすことも、ベテラン政治家ならそれほど難しいことではないのかもしれない。かつての星亨や原敬も、そういうことはあったけれども、彼らは少なくとも私腹は肥やさなかった。そうした一線がなければ、国民の信頼を維持することは難しい。

政治にそうした傾向が生まれたのは、やはり池田政権からかもしれない。池田時代に、経済発展を国家目標の中心に置いた政治が始まった。田中はその子であった。しかし、田中の開発した手法は様々に引き継がれている。その意味で、田中以後の自民党は田中の子であると言ってもよいかもしれない。

先に述べたとおり、田中が台頭したのは、これまでのような自民党では、いつか行き詰まるという若手の危惧を背景にしていた。しかし、その期待はごく短い期間に、急速に失われていった。自民党は再び、国民に対する新しいアプローチを模索しなければならなくなるのである。

2　三木武夫と保守政治の修正

三木政権の誕生

田中の次の総裁選びは難航した。一時は、田中が総裁にとどまり、椎名悦三郎副総裁を暫定首相にする総理総裁分離方式も考えられた。しかし、それでは時局は乗り切れそうになく、十一月二十六日、田中の辞任声明となった。

その後、総裁に名乗りをあげたのは、福田、大平、三木であった。大平は公選を主張し、福田と三木は話し合いを主張した。この裁定にあたったのが、椎名副総裁であった。公選になれば、田中派を背景にした大平が有利なことは、予測されていた。しかし、田中のイメージが決定的に傷つき、それが自民党のイメージを大きく傷つけているときに、田中の支持で大平政権を作ることが、自民党にとって望ましいかどうか、大いに疑問であった。それが池田の後の話し合いとの大きな違いであった。

福田の場合、反田中勢力を結集し、右のような懸念をもつ中間派の協力を得られれば、公選でも勝つ可能性はあった。しかし、三木が簡単に福田に譲るはずはなかったから、反田中勢力の一本化は難しかった。それに、元来、福田は話し合いが持論であった。「総理・総裁は推されてなるもの」という、やや古風な主張の持ち主だった。激しい選挙がさらに自民党のイメージを傷つけることにも不安をもっていた。それゆえ、公選が強行される場合には、他の反田中勢力とともにこれを拒否して脱党し、新党を結成すべきだという主張があった。これは、かなり具体的な動きにまで進んでおり、革新自由党という名で、九十名程度の参加が見込まれていたという説がある（富森叡児、前掲書）。

三木の場合には、公選で勝てる可能性はなかった。しかし、政策的に、公明、民社などの野党には近かったから、脱党その他の形で、これらの野党と提携する可能性はあり、具体的な動きも進んでいた。しかし、そのリスクも大きいので、話し合いで三木に一本化することをめざすというのが、主たる戦術だった。そして、最悪の場合でも、池田に党近代化を約束させて幹事長の地位を得たり、田中に日中国交回復を約束させて副総理の地位を得たように、何らかの条件を付けて有利な地歩を占めることをめざしていた。

ともあれ、自民党全体から考えれば、大平（田中）と福田の激しい対立を考えれば、どちらも危険な選択だった。他の可能性は、暫定総裁案で、保利茂、灘尾弘吉、あるいは椎

ポスト田中の椎名裁定—三木（左）と会談する椎名副総裁（1974年11月29日）

名自身をしばらく総裁とすることだった。可能性があったのは、椎名暫定総裁だったが、調停者がアクターになるのは、公正なる調停という建前に反していた。それゆえ、「行司がまわしを付けている」という批判が出ただけで、その可能性は消えてしまった。

　こうして、大平、福田、椎名の可能性が消えて、三木が残った。椎名が三木を指名したのは、十二月一日のことだった。これをまず福田が受け入れ、次いで大平もやむなく納得して、三木の総裁が決定した。世間は三木総裁の誕生を意外とし、三木も「青天の霹靂《へきれき》」と言ったが、もちろん三木は自身が指名されることを知っていた。

　三木の指名は、今から考えれば、自民党全体にとって最も弊害が少ないという意味で、合理的なものだった。当時、田中に対する批判はきわめて厳しかった。田中の強い支持を受け、党内に公然とこれに異論を唱える勢力があるような政権が成立したとすれば、自民党は決定的なダメージを受けたであろう。かといって、田中の勢力を全く無視した政権が成立する可能性は乏しかった。そして、田中は福田よりも三木の方が御しやすいと考えていた。事実、公然と田中を批判していたのは、三木よりも福田だった。

三木政権の成立に際して特徴的だったのは、脱党論が出たことである。一九七二年選挙の敗北で、与野党間の議席差が縮まり（約七十）、四十名程度が野党と組めば逆転できる状況が生まれていた。七一年の河野参議院議長の誕生は、その例だった。

とは言え、脱党は容易なことではなかった。福田の新党論は、かつての河野新党論と違い、これまで保守の中枢を歩んできて、財界などからの支持も厚い派閥から出た新党論として、注目すべきものだった。しかし、福田が新党を決意しても、福田支持勢力のかなりの部分が不参加となることも、確実だった。五五年体制以前には、離合集散は珍しいことではなかった。しかし自民党という巨大政党の中にいるメリットがこれほど確立されてしまうと、政治家は政治生命を危険にさらす離党を、簡単にできるはずはなかった。

要するに、自民党の政権は、以前から、国民の支持と派閥力学を中心とする党内での支持の二つの要素から成り立っていたわけであるが、その二つに大きな矛盾が出てきたということであった。これまでも、石橋、池田は国民の支持の点で強く、岸、佐藤は党内の支持の点で強いという特徴はあったが、このときほど、二つの要素の間に矛盾が生じたことはなかった。党内多数を優先すれば、世論の指弾を浴びる、しかし世論ないし野党に合わせれば、党内で孤立する。孤立したからといって、簡単に脱党などはできない。このダイナミクスが、三木政権を貫くことになるのである。

三木のバックグラウンド

三木武夫は戦前、一九三七年（昭和12）の総選挙に無所属で当選し、四二年の翼賛選挙では非推薦で当選した経歴をもっている。戦後は一九四五年末の政党再編成のさなか、自由党にも進歩党にも協同党にも加わらず、無所属倶楽部の一員となった。一九四六年（昭和21）四月の総選挙後には日本民主党準備会という会派を作り、次いで六月、吉田内閣成立後まもなく、協同民主党に加わった。一九四七年三月、協同民主党と国民党が合体して、国民協同党（七十八名）となり、三木はその幹部となった。国民協同党は、一九四九年の総選挙で十四名の少数となり、その後の模索の結果、一九五〇年四月、国民民主党を結成し、三木はその幹部となった。一九五二年、これは改進党となった。改進党と自由党の鳩山系および日本自由党が集まって日本民主党が成立したことは、すでに述べた。

要するに、三木は国民協同党時代までは保守第三党、国民民主党以後は保守第二党を歩み続けた人物であった。戦後はずっと保守の傍流を歩み、講和条約には反対、保守合同にも消極的、自民党に入ってからも、たとえば警職法反対で閣僚を辞職し、安保条約強行採決に反対するなど、主流派と異なる行動を取っている。

三木については、清潔、反権力、反官僚の党人政治家、革新保守、議会の子などという、一貫した理想をもつ政治家というイメージが一方にある。しかし、それは正確ではない。三木は森コンツェルン（戦前の新興財閥）につらなっており、別に庶民というわけではない。また、石橋から岸、池田から佐藤への権力の移行には、いずれも幹事長として関与して、官僚派政権の成立に手を貸しているのだから、それほど党人派として一貫していたわけではない。佐藤内閣でも後継者候補の一人と見なされていた時期もあって、反権力で一貫しているわけではない。本当にクリーンなら、岸政権や田中政権の成立に協力したのはおかしいし、黒い霧のころ、佐藤再選に反対しなかったのもおかしい。

片山内閣に逓信相として入閣した三木（1947年6月）

こういうところから、バルカン政治家というイメージがある。三木は理想主義を装っているだけで、自分の権力的利害のために、その主張を適当に変える政治家であり、自らの主張と力でその地位を築き上げるのではなく、対立する集団の間にあって、巧みに身を処すことによって、その地位を築こうとするという見方である。三木がクリーンを自称しながら、意外に人気が出なかった理由は、田中内閣の成立に協力し、副総理となっていた三木が、清潔さを売り物にすることのいかがわしさにあったのではないだろうか。

しかし、以上の二つの三木イメージは、どちらも不正確だと考える。一貫して立派な理想をもっていた政治家とするのは過大評価であり、何の理想もない政治家だとするのは、過小評価であろう。

三木において一貫していたのは、権力の濫用への反対、大企業の横暴への反対、アメリカ追随への反対など、何か積極的な目的や方向に向いたものではなく、消極的な性格のものだったと考える。かつての協同主義というのも、内容は曖昧なままであった。中道というのも、政策的に保守と革新の中間という意味であって、独自の政治路線が定義され、提示されることはついになかった。何ものかへのアンチテーゼを持ち出すのが三木の特色であった。

こうしていわば行き過ぎにブレーキをかけるタイプの政策でやって来た三木が、政権を取って何ができるかというところに、難しいところがあった。三木を、石橋や池田と同じタイプの政治家と見る人もあるが、石橋や池田にははっきりした目標があり、そのための方法論があった。やや誇張して言えば、三木にはアンチテーゼはあっても、テーゼはなかった。

したがって、三木にはしっかりした方法論もなかった。一九六三年（昭和38）、三木は政党近代化を主張して、総裁選挙を廃止、顧問会による推薦を主張した。しかし、七六年（昭和51）に首相を辞めるに際しては、総裁予備選挙の導入を主張する。こうした無原則さが、三木の傍流政治の限界だった。自民党を変えるには強い力が必要なのだが、それを理解しなかったか、理解しても、主張しなかったのである。

三木内閣の出発

さて、椎名は三木を選んだものの、その行方には不安をもっていた。第二に、椎名裁定は挙党一致の論理から出たものだったから、挙党一致という形で三木の行動をしばるような人事が行われた。副総裁には椎名が再任、幹事長が中曽根、総務会長が無派閥の灘尾弘吉、政調会長には福田派の松野頼三が任命された。

内閣の方では、福田が副総理・経済企画庁長官、大平が蔵相となり、派閥別では、三木派二、田中派四、大平派四、福田派三、石井派二、中曽根派一、水田派一、船田派一、椎名派一、民間人一であった。三木派は少ないが（首相と官房長官以外には河本敏夫通産相だけ）、宮沢の外相、議員でない永井道雄の文相、小派閥から比較的多く起用したことなど、それなりの独自性を出したと言ってもいい。三木はかなりしたたかだった。

三木が早速政策で打ち出したのは、政治資金規正法の改正、独禁法の改正、総裁公選制度の改正の三つで、これを内政の三大政策と呼んだ。

このうち、政治資金規正法改正案の主な内容は、(1)企業や労働組合から政党への献金は、最大一億円（資本金や組合員数で段階的に制限）とする、(2)同じく派閥や個人への献金は、最大五千万円とする、(3)政党の党費や会費も報告を義務づける、などであった。そのほかに、公職選挙法改正案として、ビラ配付の規制、選挙区と定数の変更などを内容とする法案が出されており、あわせて選挙二法と言われた。

政治資金規正法の改正は、三木が力を入れたものであり、他方、自民党の中では、自らの力を弱める立法ということで、反応は冷やかだった。様々な抵抗を越えて、最後に参議院で可決されたときには、可否同数で河野謙三議長の採決で成立となった。

三木が金権政治の改革という意図から、この立法に取り組んだことは確かだろう。しかし、金権政治の一掃という目的にとって、これが本当に最も有効なアプローチかどうか、その点にまず疑問があった。三木が「三年以内に企業献金の全廃をめざす」と言ったと言われているように、企業献金廃止が、その理由はハッキリしないまま、追求された面がある。もっと根本的な、政治資金の透明性とか、公費助成とか、選挙区制度の改革とか、他の方法への取り組みはなかった。それらは難しいので、とりあえず企業献金から始めたという見方もあるかもしれないが、そうした根本的な方法の検討も、なかった。

この新資金法の結果、たしかに企業からの献金は減った。その代わりに、政治資金パーティーが発展し、また株や土地の操作など、よりダーティーなカネ作りが広がったという面がないわけではない。

ところが、この法案の最終局面に、酒たばこ値上げ法案の審議が重なっていた。三木は選挙二法に力を入れ、酒たばこ値上げ法案は流れてしまい、大きな歳入欠陥が生じることになってしまった。こうした法案は、理想に訴えて成立させられるものではないから、事前の根回しの積み重ねが必要なのであるが、三木派にその能力はなかった。これに当たったのは大平蔵相を支える大平派の議員であり、結果として、大平派は三木派がいい格好をして、泥をかぶらないことに、強い不信をもつようになった。

独禁法改正の方には、ほとんどふれる余裕がないが、狂乱物価といわれたころに見られた企業の価格カルテルその他の反社会的行動を、より厳しく規制し、厳しく制裁するという趣旨であった。

しかし、これも企業の自由な経済活動を制限するもので、自民党には利益にはならないし、また大企業に対する批判という意味で、人気取りの傾向がある。そして、本来の趣旨に沿う政策であるかどうかに疑問があったのは、資金法と同じであった。とくに、景気の低迷の中で、自由な企業活動を制約することが賢明なことであるかどうか、そうした判断は乏しかったのである。

一般的に、こうして三木政権には、自民党内部からの強い批判・監視が寄せられ、一方では、野党・マスコミからの批判は甘いという特色があった。

その一例は稲葉修法務大臣の発言で、稲葉が憲法改正を口にしたのに対し、野党から批判が起こったが、自民党は訂正を認めようとしなかった。その結果、与野党関係は混乱し、野党の追及は四日間続いたが、三木はこれを切り抜けた。粘り勝ちであった。しかし、この混乱は、他の法案の成立に影響を及ぼしてしまった。これは反三木派からすれば、はなはだ無責任な態度であると映ったであろう。

妥協と対決

こうした七五年（昭和50）の国会の混乱のあと、三木は若干の政策の転換を行い、主流派と妥協をするようになる。一つは、日台空路の再開で、親台湾派の要求を部分的に受け入れたものであった。もう一つは靖国神社参拝で、七五年八月十五日、三木は私人として参拝したが、これは戦後の現職総理大臣としては初めてのことであった。また、酒たばこ値上げ法案は十月の臨時国会で提出し、成立させたし、また独禁法改正案は、しばらく見送りとした。

十一月二十六日から十二月三日まで行われた公共企業体労働組合へのスト権付与をめざす長期ストに対しても、三木は予想に反して、譲歩（いわゆる条件付きスト権付与）しなかった。ここでも、党内主流派に歩み寄っていたのである。

七五年十一月には、最初の先進国首脳会談（サミット）が、フランスのランブイエで開かれた。必ずしも三木は外交を得意としたとは思えないが、少なくとも与党内からの批判も国会での批判もない場を、三木は楽しんだ。

七六年（昭和51）に入ると、次は総選挙であった。七二年秋から、すでに三年が過ぎており、おそらく通常国会終了後が解散の時期と考えられていた。さらにその次の七七年の参議院選挙まで、三木は自分で行うつもりであった。当時、総裁任期は三年となっていて、三木は七七年末までが任期であったから、自ら総裁として二つの選挙を実施するつもりでいた。七五年後半の一連の妥協は、そのための一時的雌伏《しふく》だったのだろう。

ところが、そこに起こったのが、ロッキード事件だった。一九七六年二月五日、アメリカ上院の多国籍企業小委員会で、ロッキード社の対日贈賄工作が明らかにされ、田中と親しい小佐野賢治、右翼の大物・児玉誉士夫《よしお》らの名前が出た。その先にいる可能性のある大物政治家といえば、田中であった。

国会は早速、関係者の証人喚問を行い、三木は金権腐敗批判という観点から、徹底究明をめざすと述べた。そして二月二十三日、国会がアメリカに資料提供を要請する決議をすると、自らフォード大統領に親書をしたため、あらゆる資料の提供を求めた。

これに対し、党内から批判が噴出し、五月初めには椎名副総裁が田中、大平、福田らと個別に会い、三木の退陣について話し合っていたことが分かった。これを第一次三木下ろしと言っている。このことが判明した五月十三日、三木首相は演説して、真相究明が核心に入った今、政局を混乱させるのは許されない、自分はその責任・使命を決して途中で放棄しないと述べ、徹底究明への強い意思を明らかにして反撃した。

七月二十七日、田中角栄が逮捕されるという事件が起こった。三木がどれほど、これに関与していたかは分からないが、積極的にせよ消極的にせよ、検察の方針を支持していたことは間違いない。前首相の逮捕というのは、芦田均（無罪）以来のことであるが、首相在任中の行為に関して逮捕されるということは、初めてのことであった。

田中逮捕は世間に大きな衝撃を与えたが、田中支持勢力からの反発も強烈だった。逮捕の結果、三木を批判してもロッキード隠しと言われなくなったという面があった。八月十七日、田中が保釈されると、党内では、挙党体制を確立するための両院議員総会開催の署名運動が始まる。この署名には、衆参両院議員三百九十三名の七割の二百七十七名が参加し、彼らは十九日、挙党体制確立協議会（挙党協）を結成した。閣僚二十名のうち、実に十五名もその中に含まれていたのである。

このころから、九月十一日まで、激しい暗闘が繰り広げられた。挙党協は、党・内閣の体制の刷新（三木の辞職）を求め、他方で三木は、早期に臨時国会を召集して懸案を処理すること、その前に党・内閣の人事を刷新すること、国会後に総選挙に臨む体制を整えること、を方針とした。要点は国会召集であった。そうなれば、三木による解散の可能性が出てくるわけである。それゆえ、挙党協は、臨時国会前の体制刷新を望んだ。

三木は九月十日の閣議で、十六日に臨時国会を召集するという決定を行おうとしていた。それは、まれに見る緊迫した一瞬だった。福田副総理が署名すれば、挙党協の他の閣僚もこれに従うだろう、それなら三木の勝ちである。しかし、福田副総理が署名を拒めば、挙党協の十五名の閣僚が一斉に署名を拒むことになる。その場合、反対閣僚更迭――国会召集――冒頭解散――分裂選挙となる可能性が高かった。しかし、一日だけ決定を延期しようという提案が出され、対決は回避された。そして、この間に挙党協は一歩後退し、臨時国会では懸案を処理し、解散は行わないという方向で妥協がなされた。

退陣

臨時国会を前に、約束されていた党・内閣の人事が行われた。挙党協から強い批判を浴びていた中曽根幹事長を更迭することが、その眼目だった。しかし、松野頼三を幹事長に起用しようとした三木の構想は反対に遭遇して失敗し、大平派の内田常雄が幹事長となった。大平派ではあるが、比較的政治色の薄い人物だった。その他、閣僚人事は、概して挙党協に属さない人物が選ばれたが、三木の望む陣容は作れなかった。

三木はまた国会で反撃の機会をもった。いわゆる灰色高官の公表がそれである。収賄の容疑があるが、すでに時効であるか、職務権限がないかで、罪を問えない政治家の名前を公表したのである。時効不起訴が佐々木秀世（大平派）、加藤六月（福田派）の二人、職務権限なしが、二階堂進（田中派）、福永一臣（福田派）の二人であった。これまた、挙党協の強い批判を浴びたのは言うまでもない。

挙党協は、十月二十一日に至り、次の総裁候補を福田に一本化して、いよいよ三木の次をうかがう姿勢を明確にした。しかし、十一月四日に国会が終わってみると、それから党大会を開いて体制を刷新するというのは、もはや現実的ではなかった。党大会は、選挙後ということになり、三木政権の存続は、選挙後に持ち越されることになった。

選挙は十一月十五日に公示され、十二月五日に投票が行われた。自民党はこれまで最低の二四九（追加公認を含め二六〇）であった。選挙法の改正で定員が四九一から五一一になっていたため、自民党は単独過半数を初めて割り込んだのである。得票率でも、四一・八パーセントであった。他方で、六月に離党して結成された新自由クラブは、ブームを引き起こし、十七名を当選させた。

退陣を表明した三木首相（1976年12月17日）

三木は二七〇程度を確保できれば、さらに政権を継続するつもりだったという。各常任委員会の多数を占める「安定多数」は、二七一であった。また、二七〇までいかなくとも、二六〇を超えれば、保守系無所属を加えて二七〇に届く数字だった。しかし、二四九では問題にならなかった。三木は退陣を決意し、十七日、「私の所信」という文書を発表して、退陣の意思を表明するとともに、党近代化を提唱した。

三木にとって、乾坤一擲《けんこんいってき》の機会があったとすれば、臨時国会冒頭解散だった。自民党は決定的な分裂選挙になったであろうが、挙党協はロッキード隠しと批判され、とくに田中派は厳しい結果に終わった可能性がある。その情勢を見て、三木に擦り寄る勢力は多かったはずである。仮に党内の大勢が不利でも、離党覚悟で、野党の支持を得て戦うという方法もあったはずである。自民党の単独政権は、そのときに終わっていたかもしれない。新自由クラブのブームから見て、そういう可能性は十分あっただろう。

しかし、ブラフと妥協というのが、考えてみると三木の長年の政治スタイルであった。強引なことをしないという点でも一貫していた。政治の大きな刷新のためには、強力な政治力が必要で、ときに強引な決断が必要であるが、三木はそれをしたことが実はないのである。党内野党、党内反主流派の政権というものは、そのような方法的限界をもっていたのである。

3　福田赳夫と全方位外交

福田総裁の誕生

一九七六年（昭和51）十二月二十三日、福田は総裁に指名され、二十四日、国会で首相に指名された。衆参両院とも過半数を上回ること、わずか一票であった。衆議院では、意図的と思われる無効票が五票出たが、二票が田中派（うち一人は無所属）から、三票が三木派からのものであった。野党との関係でも、与党内部でも、厳しい出発だった。内閣の出発にあたって、福田は大平に二年で政権を譲るという密約を背負っていた。次の文書は、十一月に三木下ろし後の総裁は福田とすると取り決めたときの文書である。

一、ポスト三木の新総裁及び首班指名候補者には、大平正芳氏は福田赳夫氏を推挙する。

一、総理総裁は不離一体のものとするが、福田赳夫氏は党務は主として大平正芳氏に委ねるものとする。
一、昭和五十二年十月の定期党大会において党則を改め総裁の任期を三年とあるを二年に改めるものとする。
右について福田、大平の両氏は相互信頼のもとに合意した。
　昭和五十一年十一月
福田赳夫（花押）
大平正芳（花押）
園田　直（花押）
鈴木善幸（花押）

明確ではないが、この第三項が、二年で政権を譲る約束だと言われている。とにかく、何らかの約束があったからこそ、公選を主張していた大平が突然降りたのであろう。

もう一つ注目したいのは、党務を大平に委ねるとしている点である。これは、総理総裁分離論（総総分離）に近いものである。総総分離は、自民党で党内対立が行き詰まったときにしばしば登場する議論で、対立する二派で権力を分け合い、妥協、共存しようというものである。しかし、これはほとんど実現されたことはないのである。自民党結党のとき、総裁は空席とされ、鳩山首相は総裁を兼ねなかった。それは、遠からず、緒方竹虎が総理総裁となることが、ほぼ了承されていたからである。また、岸信介が首相になったときは、一か月ほど、総裁は石橋湛山のままであった。しかし、これは単に日程上の問題だったにすぎない。最終権力としての総理と総裁が一体であるべきだという政党政治の原則は、これまでは守られてきたのであるが、ここに、総総分離に近い形が登場したのである。

以上の約束を背景に、福田は幹事長に大平、総務会長に田中派の江崎真澄、政調会長に三木派の河本敏夫を任命した。反福田色の強い、難しい執行部だった。また内閣の方は、外相に鳩山威一郎、環境庁長官に石原慎太郎が異色だったほか、福田派三、大平派四、田中派三、中曽根派三、三木派二、椎名派一、水田派一、船田派一、無派閥五であった。

なお、福田はもう一つ、三木が退陣の際に残した「私の所信」を、引き継いでいた。それは、(1)ロッキード事件を徹底的に究明し、金権体質と派閥抗争を一掃すること、(2)進歩的国民政党としての原点に立ち、長老政治の体質を改善すること、(3)全党員参加による総裁公選制度を取ること――の三点を中心として党改革を訴えたものだった。

これを受けて、党改革実施本部が作られ、七七年（昭和52）三月三十一日、総裁候補決定選挙（総裁予備選挙）制度の導入、派閥解消などを提案した。予備選の導入は、四月の党大会で正式に決定されたが、それは、福田の運命に決定的な影響を及ぼすことになる。

待ちかねたイス―福田新総裁（1976年12月）

この間、七六年末に船田派が言いだしたのを初めとして、派閥解消が進んだ。三月のうちに、すべての派閥が、一応看板を下ろした。派閥解消は、かつて岸が唱えたものであり、また池田時代に福田が池田攻撃に使った旗印であった。「総理総裁は推されてなるもの」という持論の福田は、権力をめざして争う派閥というものを、元来好まなかった。それゆえ福田は派閥解消に熱心であった。派閥解消は、しょせんは形だけのものであるが、その中で福田派のそれは、大派閥の中では、比較的本気であった。

内政の停滞と外交へのシフト

福田は長年首相候補と目されてきたし、政治経験は豊富だったから、有能なリーダーであった。「さあ働こう内閣」と称して、てきぱきと実務を片づけた。しかし、党内基盤を大平に握られ、国会は与野党伯仲では、政治運営は容易なことではなかった。

たとえば七七年度予算である。福田は元来、健全財政論者であり、七三年（昭和48）末には田中内閣に入ってインフレ克服に乗り出していた。インフレは収まったので、景気浮揚策を求める者が多かったが、福田はもう一年緊縮で行く予定だった。ところが、伯仲国会の中から、一兆円減税案が出されると、予算委員会は与野党逆転（委員長を除き、与党二四、野党二五）だったので、これを退けるのは容易なことではなかった。結局、自民党は譲歩して、七千億円余りに減税を積み増した。政府提出の予算が議会で修正されたのは、戦後初めてのことだった。

福田時代で目につくのは、むしろ外交における実績であろう。それは、一つには、日本の世界におけるプレゼンスが増大した自然の結果であった。第二に、それは福田がそれなりの識見、能力を発揮したからである。第三に、それは、伯仲国会で動きのとれない内政の代わりに、福田が成果を上げうるところだったからである。

これは実は三木内閣から始まっていた現象である。内に弱体な政府、外に大きな責任、そして外交で政治的な得点が稼げるとなると、歴代首相が外交に力を入れるようになったのは、当然のことだった。

福田は七七年（昭和52）五月七、八日、ロンドンで行われたサミットに出席した。このとき、福田は大恐慌を知るただ一人の人間として、国際協調の重要性を力説した。そして、不況脱出には、経済成長の余力のある国（日米独）が積極的な役割を果たすべきだとして、いわゆる機関車国（エンジン・カントリー）理論から、六・七パーセントの高めの成長を約束した。もっとも、それは、不況下で輸出の増大が突出する日本に対する風当りを、拡大均衡で解決しようとする戦術的考慮から出たものであったが。

次いで、八月六日から十八日にかけての東南アジア訪問も、成功であった。最終訪問国のフィリピンのマニラで、福田は日本の東南アジア政策の基本方針を明らかにする演説を行い、(1)日本は軍事大国にならず、平和に徹する立場から東南アジアと世界の平和と繁栄に貢献する、(2)政治・経済のみならず、社会・文化など広い範囲で真の友人として、心と心の触れ合う相互信頼関係を築く、(3)日本は対等な協力者として、ＡＳＥＡＮおよびその加盟国に対し、志を同じくする域外国と協力して積極的に協力し、インドシナ諸国とは相互理解に基づく関係の醸成を図り、東南アジア全域における平和と繁栄の構築に寄与する、という点を明らかにした。

以上は、後に福田ドクトリンとして知られるようになったものである。今日から見て、常識的な内容ではあるが、明確な言葉で表現されて、好評であった。同時に、ＯＤＡ倍増宣言がなされたことが、成功のもう一つの理由であったことは言うまでもない。ともあれ福田の訪問は、ベトナム戦争当時の問題の多かった佐藤の訪問、暴動を引き起こした田中の訪問と比べ、明らかに成功だった。

この間、福田は七月に参院選という試練に直面し、何とかこれを乗り切っていた。七六年総選挙の結果から見て、この選挙で参議院の保革が逆転すると予測する者が少なくなかった。その場合、選挙の責任で首相の座から引きずり下ろされた三木派は黙っていないと思われた。しかし、十日に行われた選挙の結果は、全国区一八（追加公認を含め一九）、地方区四五（四七）、合計六三（六六）で、前回の六二（六三）を上回り、六年前の六三（六五）と同数（追加公認を含めれば、一上回った）だったのである。得票率で言えば、全国区で四四・三パーセントから三五・八パーセントへと下がり、地方区でも三九・五パーセントから三九・五パーセントへと現状維持だったから、勝利とは言えないまでも、もちこたえたと言ってよい。

権力基盤の強化

こうした外交の成功や、参院選の一応の勝利にもかかわらず、権力基盤の弱さは致命的だった。大きな政策だと、ほとんど着手することも不可能だった。福田は、八月、建設省と国土庁を合体再編して住宅省を作ること、通産省資源エネルギー庁を改組して資源省を作ることを考えたことがあった。のちの行政改革にもつながるもので、日本の住宅状況の劣悪さと、資源確保の緊急性から、意義のある構想だったと思われる。しかし、これが報道されるや、党と官僚はそろって反対に回り、たちまち計画は挫折してしまった。

権力基盤強化のためにまず行われたのが、党人事・内閣改造だった。党人事では中曽根を総務会長に入れ、江崎真澄を総務会長から政調会長に回すという手を打った。大平の党務担当を、少し切り崩すことに成功したわけである。内閣でも、安倍晋太郎を官房長官にし、議員でない牛場信彦を対外経済問題担当相にするなど、福田色を出すと同時に、大平派から田中と近くない村山達雄を蔵相に入れ、宮沢喜一を経済企画庁長官に入れるなど、相対的に福田の力を強めることに成功した。

その後、福田はまた外交に力を入れているが、その場合も、政治的効果が念頭にあったのは間違いない。

一つは、再びサミットであった。七八年（昭和53）の七月のボン・サミットでは、やはり福田は再び機関車国理論に基づいて、七パーセント成長を公約する。しかし、それは日本の実力を超えた成長で、政治的過ぎるという批判も、党内からは出ていた。

もう一つ著名なのは、八月の日中平和友好条約の締結である。中国が、ソ連を牽制《けんせい》するため、「覇権反対」を条約の中に盛るか否かが、大きな争点になっていた。そこまで、中国とコミットすべきかどうか、自民党内部には反対論も強かった。しかし、福田は決断して、覇権反対を、第三国に対するものではないという了解の下で、入れることとした。この決定は、福田が親台湾派であったがゆえに、党内の説得はかえって楽であった。

さらに、政権基盤を強化するために、必要不可欠なことは、解散・総選挙であった。とにかく、この与野党伯仲では、党内のごく少数の反対にも細心の注意を払わなければならず、思い切った政治は不可能なので、なんとか選挙に持ち込みたかった。

福田が総選挙を行って勝利したとすれば、七八年の総裁選挙で福田が勝利を収める可能性は高まるはずだった。それゆえ、大平派も他の派閥も、極力福田の解散を阻止しようとした。大義名分のない解散には反対、という声が、各方面からあがった。

多忙な日程と、春先の長い風邪のせいでスケジュールが苦しくなった福田にとって、最後のチャンスは秋の臨時国会だった。そこで、減税問題が浮上したとき、安倍官房長官などは、強硬にこれを拒み、国会を空転させ、解散にもっていくことを考えたという。ところがこの可能性を察知した田中、大平派は、新自由クラブに手を回し、育英会奨学金の大幅増額などで妥協するよう説得したため、新自由クラブは野党共闘から脱落し、補正予算が十月十二日に通過して、解散はできなくなった。

秋には初めての総裁予備選挙が実施されることになっていた。福田が強引に解散を実施しようとしなかったのは、総裁公選に勝てると考えていたからである。政権の二年目になって、内閣支持率も上がり、誠実に正攻法で課題に取り組む福田内閣に、好感をもつ人は少なくなかったのである。

こうして、福田は「全国津々浦々から、福田福田の声があがっている」として、総裁再選をめざすこととなった。大平は最後まで禅譲を信じていたところ、電話一本で、派内の事情で立候補せざるを得なくなったと知らせてきたという。怒った大平は全力で戦う決意をし、さらに田中派はそれ以上の覚悟で、党員の支持の獲得に全力を挙げていった。

結果として、よく知られているように、大方の予想に反し、大平が一位、福田が二位だった。選挙戦のさなか、福田は、予備選で二位になった者は一位に譲るべきだと言っていた。これも、自身の勝利の確信から来ていた。それがたたって、福田は予備選だけで辞退してしまった。福田は、先にも述べたとおり、派閥活動、それも公然たる派閥活動には批判的だった。その態度が、福田派の派閥としての活動に、水を差すところがあった。福田の戦略は、多数を集めることが本質である政党の論理と異なったところがあった。「推されてなるもの」と言って戦わない者は、戦う集団に勝てない。それで何度も苦杯をなめながら、福田は同じ失敗を繰り返したのであった。

4　大平正芳と新しい保守のビジョン

大平と福田——その政治思想

大平は、戦後政治家の中で、指折りの知性派であった。一九七八年（昭和53）十二月八日、内閣成立にあたって発表した談話の中で、「私は、政治ができることとできないこと、政治のなすべきこととなすべからざることを率直に国民に訴え、国民の自由な創意工夫と活力を最大限に尊重しながら、二十一世紀へのこの重大な転換期に立ちむかっていく決意であります」と述べている。なにげない言葉の中に、彼の政治思想のエッセンスが述べられている。

すなわち、大平は、政治の役割の限定を持論としていた。「一利を起こすは、一害を除くにしかず」という耶律楚材の言葉を好んだ。また、政治は六十点でよいというのも持論であった。しかしそれは、大平の政治には飛躍がないということでもあって、大平は佐藤の沖縄の「核抜き本土並み」返還方針について、「猫が鯨に噛《か》みつくようなもの」と冷評していたという（山岸一平「大平正芳氏の国際感覚」『大平正芳の政治的遺産』）。

これに対して福田は多くの点で対照的であった。

福田は「政治は最高の道徳」と言い、政治の果たすべき大きな役割を説いた。しかし、それは、不可能なことが多かった。そして、現実性の乏しい高い理想を説くことは、結局、機会主義になることが多い。福田は自信家であり、また飄々《ひょうひょう》とした好人物であり、常に高い理想や目標を口にしたが、しばしば実際の行動は無原則であった。他方で大平が、謙虚で、堅実で、首尾一貫していたのは、以上のような基本姿勢から来ていた。

経済運営においても、二人には大きな違いがあった。大平は、市場経済を重視し、政府の介入は最小限度にとどめようとした。それは、自己責任、自己負担の原則を重視することであった。他方、福田の方は、政府の介入に比較的積極的で、公共料金値上げ問題が出るときは、福田がその凍結を、また大平が受益者負担の原則を説くことが多かった。

二人の派閥についての考え方も反対で、大平は派閥の効用を認める方であったが、福田は派閥否認論に近かった。大平は、派閥は人間の本性に立脚するものであり、人間の価値観や認識に多様性がある以上、否定しても否定しきれるものではないと考え、一方で、派閥間の競争が活力を生む面を評価していた。派閥が弊害をもつことを認めつつも、福田のように、派閥が諸悪の根源というようなことはなかった。福田の場合、価値観の多元性に対する積極的な承認はみられず、自己の正義が貫かれることへの、割合安易な確信があるように思われる。ともあれ、大平と福田の立場は、権力闘争的利害が主たる理由ではあるが、同時に、思想的なバックグラウンドの違いも大きかった。

大平が、財政再建を内閣の最大の課題として取り上げたのも、以上と関係している。七九年度当初予算において、国債依存率は、危険水準とされる三〇パーセントを突破して、四〇パーセントに近づいていた。これに対する方法は、大平の基本姿勢からして、大幅な行政改革と増税しかなかった。これらはいずれも政治家にとってきわめて危険な選択であるが、大平はそれについて怯《ひる》むことはなかった。

これは、実は先進産業諸国が共通に直面している課題である。政治の役割は増大して減ることはない。しかるに歳入には増減があり、それればかりか、景気が悪くて歳入が足りない時にはさらに政府が景気回復のために介入しなければならず、ますます赤字は拡大する。こうして、先進産業諸国には、大きな政府を見直さねばならないとする機運が生まれるが、大平の登場したのは、まさにそういう時期であった。

なお、大平の思想を結実させたものとして、七九年（昭和54）の二月に発足した政策研究会についてふれておきたい。大平は、日本の将来について、従来の発想を超えた研究が必要だと考え、首相の諮問機関として、政策研究会を発足させた。首相補佐官三名と、浅利慶太（演出家）、飯田経夫（名古屋大学教授）、石井威望（東京大学教授）、公文俊平（東京大学教授）、高坂正堯（京都大学教授）、香山健一（学習院大学教授）、佐藤誠三郎（東京大学教授）、山崎正和（大阪大学教授）らが中心となり、次の九つが発足した。

田園都市構想研究グループ（議長、梅棹忠夫国立民族学博物館長）
対外経済政策研究グループ（議長、内田忠夫東京大学教授）
多元化社会の生活関心研究グループ（議長、林知己夫統計数理研究所長）
環太平洋連帯研究グループ（議長、大来佐武郎日本経済研究センター会長）
家庭基盤充実研究グループ（議長、伊藤善市東京女子大学教授）
総合安全保障研究グループ（議長、猪木正道平和・安全保障研究所理事長）
文化の時代研究グループ（議長、山本七平山本書店主）
文化の時代の経済運営研究グループ（議長、館竜一郎東京大学教授）
科学技術の史的展開研究グループ（議長、佐々学国立公害研究所長）

これらは、いずれもポスト産業社会の日本の長期のあり方を展望したユニークな研究会で、中堅・若手の研究者や各省庁の官僚が、延べ百七十六人参加した。これほどの規模と斬新さをもったものは、かつてなかった。

発足から解散まで

自民党発足以来、前の総裁を倒した者が次の総裁となったことは、一度もなかった。これまで、各政権の崩壊の経緯を書いて、次の政権の成立経緯を書くことが多かった。ところが、今度は初めて、福田政権打倒がすなわち大平政権成立だったのである。

それゆえ、総裁選挙のしこりは強く残った。福田本人も不完全燃焼の思いがあったし、福田派の内外に、予備選だけで辞退してしまったことへのわだかまりが強かった。福田の前の三木も、やはり途中で辞めさせられたことへの恨みは深かった。もし国会議員による本選挙があれば、何らかの出番があるはずだったのに、それも封じられていた。こうした、党内を二分したしこりを、大平は引きずって出発しなければならなかった。

トラブルは、早速、党人事で表面化した。大平が幹事長に自派の鈴木善幸を起用しようとしたところ、反主流派から強い反対が出たのである。三木内閣成立の際、総裁と幹事長を同じ派閥から出さないという申し合わせがあり、福田内閣でも大平が幹事長を務めていたからである。大平は、正規の総裁公選で選ばれた自分には、この申し合わせは適用されないと考えたが、反主流派は納得しなかった。その結果、大平派ではあるが、田中色が鈴木ほど強くない斎藤邦吉を推し、福田も、福田派内の異論を排して、これを了承した。その他、総務会長には福田派の倉石忠雄、政調会長には三木派の河本敏夫が任命された。また内閣の方は、大平派四、田中派四、福田派四、中曽根派三、三木派二、旧水田派一、無派閥二という内訳で、一段と派閥均衡型となった。

伯仲国会で、大胆なリーダーシップが難しいのは、福田時代と同じであった。しかし大平の場合、タカ派的な傾向のある福田に比べ、野党との関係は、より円満だった。野党対策は、それに、福田時代にも幹事長として実行してきたことであった。大平は国会を、当時話題になった言葉で言えば、部分連合で切り抜けていこうということであった。

それにしても、政権にとって重要なのは、最初の選挙を無事乗り切ることである。大平内閣が直面した最初の選挙は、七九年の統一地方選挙であった。ここで自民党は公明党・民社党とともに鈴木俊一を東京都知事に当選させ、三期十二年にわたる美濃部都政に終止符を打った。大阪でも共産党の黒田知事を破って、岸昌を当選させた。

次に大平が直面した試練は、六月二十八、二十九日の東京サミットであった。日本で開かれる最初のサミットを、大平は議長として迎えることになったのである。このとき、最大のテーマとなったのは、石油の輸入量の問題であった。将来に向けて石油輸入量を抑制し、一九八五年の目標を定めようということに議論は進んだ。その場合、日本は五四〇万バーレル、しかし日本の当局の予測では、七一〇万バーレルが必要であった。日本は孤立し、きわめて苦しい立場に立たされたが、結局、カーター大統領などの援護射撃で、六三〇万〜六九〇万バーレルという妥協が成立した。大平にとって、本当に苦しいサミットだった（船橋洋一『サミットクラシー』）。

次の課題は、解散・総選挙であった。七六年十二月の選挙における大敗から、何とか巻き返し、伯仲国会を何とかしなければ、十分な施策ができないのは福田当時と同じであった。幸い自民党支持率は上向きで、七九年春の統一地方選挙でも好調だった。自らの手で解散することを封じられた三木と福田は、様々に解散を封じようとしたが、臨時国会のさなかの九月七日、衆議院は解散された。投票は十月七日だった。

四十日抗争

ところが、その結果は自民党の敗北だった。議席数は二四八（追加公認を含め二五八）と、前回の二四九（二六〇）を下回った。史上最低の結果であった。

その理由はいくつかあった。大平が一般消費税の導入を示唆したことが、大きな反発を受けたことは確かである。先に述べた理由から、大平は財政再建に賭けていた。国民に訴えれば分かってもらえる、というのも、大平らしい考え方であった。しかし、まだ国民の意識はそこまで成熟してはいなかった。解散直後に、鉄建公団の汚職など、様々な綱紀の緩みなどがあらわれたことも、痛かった。天気が悪く、投票率が下がったことも、共産党と公明党に有利に作用し（両党とも大勝した）、自民党に不利に作用した。

しかし、選挙前の自民党支持率や、この選挙での得票率を見ると、自民党に対する支持の低落傾向は終わったことがうかがえた。得票率は四四・六パーセントと、前回の四一・八パーセントよりも二・八ポイントも上がっていた。これに新自由クラブまで加えると四八・九パーセント（前回四七・五パーセント）、保守系無所属まで加えると五〇・七パーセント（前回四八・九パーセント）で、いずれも上昇しているのである。

しかし、史上最悪の結果となった責任を、福田、三木、中曽根らは追及し、大平の辞職を求めた。これに対し、田中は大平の留任を強く支持した。両派は激しく争った。結局、反大平グループは福田を首班候補に擁立し、七九年（昭和54）十一月六日、衆議院本会議で自民党から二人の候補が出るという異常な事態となった。一回目の投票は、大平一三五、福田一二五で、野党各党党首を凌《しの》ぎ、決選投票では、大平一三八、福田一二一だった。新自由クラブが最初から大平に投票した以外は、野党は棄権だった。仮に民社党などが福田に投票していれば、福田首相になったはずである。そういうことが起こらなかったのは、結局、田中・大平派の方が、野党に強かったということであろう。

その後の組閣はさらに困難だった。大平は中曽根に蔵相就任を求めたが、中曽根は幹事長のポストを望んだ。しかし、八〇年に予定されている総裁公選を考えれば、再出馬を予定している大平は、競争者となる中曽根を起用することは避けたかった。結局、幹事長には中曽根派ながら比較的公平な桜内義雄、総務会長には鈴木善幸、政調会長には福田派のプリンス、安倍晋太郎が起用された。

内閣では、蔵相に竹下登、自治相に後藤田正晴、外相に非議員の大来佐武郎、などが注目された。蔵相は、当初の案は中曽根であり、もし中曽根が蔵相となっていたら、翌年の大平の急死のあとは中曽根政権が実現していたかも知れない。派閥別では、大平派四、田中派四、福田派四、中曽根派三、三木派二、無派閥など三であった。あれだけの闘いのあとに、なお派閥均衡的な人事が行われることには、自民党の求心力の強さに驚かされるが、一方で、三木派に対しては、大平寄りの行動を取った人物を入閣させたり、三木と関係の悪い後藤田を入れたり、厳しい姿勢を取っている。いずれにせよ、派閥均衡の体裁を取りながら、政治家個人の親疎の関係を重ね合わせる人事は、綱渡りのようなものであって、政策本位に徹するのは難しい状況だった。

第二次石油危機と新冷戦

この四十日抗争のさなか、国際関係には厳しい変化があった。

これより一年ほど前、七八年十一月、イランで革命が起こり、親米政権が倒れていた。ところが、七九年十一月には、アメリカ大使館の館員五十二名が人質に取られるという事件が発生した。ただちにアメリカはイランの原油の輸入禁止、在米イラン資産の凍結などの措置を取り、同盟国にも同調を求めた。

そのころ、イラン革命に端を発した原油の値上がりは、かなり進んでいた。七八年半ばに一バーレル十四ドルだったのが、八〇年初めには四十ドルに近づいていた。

日本にとって、アメリカとの関係も大事だったが、イランとの関係の悪化も避けたかった。メジャー依存から産油国依存に変わりつつあったからである。その中で、日本の商社が、アメリカの輸入禁止で浮いたイランの原油を、異例の高値で落札するという事件が起こった。外務省はこれを事前に察知して警告していたが、阻止はできなかった。当時パリで開かれていた会議で、バンス国務長官は、「日本の行動はインセンシティブ」であると非難した。温厚な氏にとって、きわめて強い非難の言葉だった。

この事態に直面して、大平は、ただちにアメリカの立場を断固支持する態度を取った。かつて第一次石油危機のとき、大平は対米関係重視の見地から、アラブ政策転換に慎重だった。しかし、田中元首相らの意見を入れ、政策は転換され、その結果、対米関係に摩擦を生じた。その経験から、大平は、この段階で、対米関係の維持を優先させていった。

なお、その七九年の十二月二十七日、ソ連がアフガニスタンに侵攻した。八〇年には、モスクワ・オリンピックが予定されていたが、アメリカなどと協調して、大平はボイコットを決めた。オリンピックよりも石油、石油よりもアメリカというのが、大平の立場だった。

なお、東アジアでも、一年前から緊張が生じていた。七八年十一月三日、ベトナムとソ連が友好条約を結び、十二月二十五日には、ベトナムがカンボジアに侵攻し、七九年二月には、中国がベトナムに攻め込む事態が生じていた。ソ連の政策を契機として、アジアに新しい緊張が起こっていたのである。

大平が七九年十二月、日中国交正常化以後最初の首相として中国を訪問したのは、こうした状況においてであった。大平は、軍事協力は行わない、ASEAN諸国への援助を犠牲にしない、対中援助は排他的なものではない、などの原則を示しつつ、中国に対して最初の円借款の供与を行ったのである。

以上を通じて、大平は、「西側の一員」路線を明確にしていった。状況が異なるため、簡単に比較はできないが、福田の「全方位外交」から大平の「西側の一員」へ、わずか一、二年のうちに、日本外交は転換したのである。

解散と死

四十日抗争のしこりが、その後の国会解散の引き金になったことはよく知られている。通常国会の終わり近く、一九八〇年（昭和55）五月十六日、野党提出の内閣不信任案の採決のとき、自民党から、福田、三木を始めとして七十名ほどの欠席が出た。大平はためらうことなく衆議院を解散した。そしてその選挙戦の最中、六月に大平は死去したのである。

選挙の結果は、よく知られているように、自民党の大勝だった。議席数は二八四（二八七）、これ

1980年5月30日、参院選公示の朝、東京・新宿で第一声を絶叫する大平首相。過労で翌日入院、6月12日、急死した。

は議席率で言って、五五・六パーセントであり、七二年のそれを若干上回るものであった。また得票率は、四七・九パーセントで、六九年の沖縄選挙を上回ったのである。

同日行われた参議院選挙では、全国区二一、地方区四八（追加公認を含め四九）、合計六九（七九）で、六五年の七一以来の数字だった。得票率では、全国区が四二・七パーセントで前回より七ポイント上がり、七四年の四四・三パーセント以来の数字であった。また

地方区は四三・三パーセントで四ポイント上がり、七一年以来の数字であった。

それにしても、七二年総裁選挙以来、田中―福田の激しい対立の結果、自民党に対する支持は低下し、また、各政権とも身動きが取れなくなってしまった。福田、大平はともに凡庸ならざる政治家であった。四十日抗争のさなか、まだ大平派の若手だった加藤紘一は、大平から自分以外では誰が首相に適任かと問われ、返答に窮したところ、大平は「それは福田さんだろう」と言って加藤を驚かせたという（加藤「我が師・大平に思う」『大平正芳　政治的遺産』）。福田の方でも同様に考えていたかもしれない。しかるに、激しい競争の中で、さしたる成果も上げないままに、一人は退き、一人は死んでしまったのである。

	72年総裁選直後	72年総選挙	76年総選挙	79年総選挙	80年総選挙
総　裁 幹事長	田　中 橋　本	田　中 橋　本	三　木 内　田	大　平 斎　藤	（大　平） 桜　内
福田派	65 (28)	55 (29)	53 (23)	49 (25)	45 (29)
田中派	42 (37)	49 (39)	43 (41)	48 (33)	53 (31)
大平派	43 (19)	45 (20)	39 (20)	52 (20)	54 (21)
三木派	39 (11)	36 (11)	32 (10)	30 (11)	31 (10)
中曽根派	33 (0)	38 (0)	39 (6)	41 (8)	43 (6)

※（　）内は、参議院の議席数

なお、この間の主要派閥について、七二年総裁選挙以来の消長を見ておこう。最も顕著な事実は、福田派の没落である。老齢の議員の多い福田派は、福田の思想自体が派閥に消極的なこともあり、衰退していった。三木派にも同様の傾向が見られた。もう一つ顕著なことは、総裁派閥、幹事長派閥の強さである。事実上の分裂選挙となった七六年総選挙を除き、総裁派閥、幹事長派閥は常に優位を保っている。それゆえに、各派は激しく人事で争ったのである。この間、中小派閥が、船田、水田、椎名、灘尾などの長老政治家の死とともに、大派閥の激しい争いに巻き込まれ、姿を消していくのである。

第四章　自民党政治の再生

1　鈴木善幸と和の政治

鈴木政権の誕生

大平が選挙戦さなかで没したのち、総裁となりうる人物は、中曽根、河本、宮沢、あるいは伊東正義だろうと考えられていた。中曽根はポスト佐藤の総裁候補のうち、まだ総裁となっていないただ一人の人物であった。河本は三木から派閥を継承しつつあり、その日大人脈を生かして、大量の系列党員の入党を進めていると言われ、総裁予備選挙となれば有利だと思われていた。また宮沢は、宏池会の次のリーダーと認められていた。なお、伊東は、大平の戦前からの盟友で、大平内閣の官房長官を務め、その急死後は総理大臣臨時代理を務めていたので、暫定的な可能性があると見る人もあった。

他の派閥では、田中派は総裁を出しにくく、福田派も不信任案採決に同調して大平を追い詰めただけに、候補者は出しにくかった。この点、河本も不信任案採決欠席組だった。そしてキング・メーカーの田中は宮沢を長年好かなかった。結局、大平が生命で贖《あがな》った勝利というロジックで、大平派から、そして田中・大平提携の要にいた人物として鈴木善幸が浮上したのは自然なことであった。鈴木には、福田が反対するかもしれないと言われたが、福田派の力は弱まっていた。なお、中曽根の可能性もあったが、田中はやはり中曽根にいま一つ信頼感をもっていなかった。

鈴木の総裁就任は、自民党の歴史で画期的なことであった。第一に、派閥の長でない者が、総裁になったのは初めてのことであった。これまでは、総裁をめざす人物が派閥を率いたのであり、総裁権力を追求するための組織が派閥であった。鈴木は一九八〇年（昭和55）六月二十四日、宏池会代表になっていたが、それは派の暫定的まとめ役という意味であって、宏池会会長ではなかった。鈴木が会長になり、大平派が鈴木派になるのは、鈴木の総裁になるのが確定してからであった。これまでとは順序が逆であった。

第二にユニークだったのは、鈴木が打ち出した「和の政治」というスローガンである。七二年の田中と福田の激突以来、自民党内部の対立はあまりに激しかった。それは国民の不信を招いたし、実際、三木政権も、福田政権も、大平政権も、派閥抗争に足元を制約されて、大きな動きが取れなかったことは、これまで明らかにしたとおりであった。

しかし、逆に言えば、これまでの派閥のリーダーたちは、総裁権力を追求する過程で、いかなる政策を追求するのか、明らかにしてきた。また、政権を取るために政策を取りまとめ、世に問うてきた。ところが鈴木はこうしたことはほとんどなかった。鈴木は党内調整役として知られており、総務会長を八期務めたという経歴は、まとめ役として希有《けう》の存在であったことの証拠である。

鈴木は元来、社会党の議員として出発した人物であった。それゆえ、気分的にハト派であった。気分的というのは、確固たる信念や政策というレベルにまで高められているとは思えないからである。いや、安保・防衛関係のみならず、鈴木は何事によらず、確固たる主張のない人物であった。それが、まとめ役に徹しきれた理由でもあった。

鈴木政権は、総選挙大勝の後を受けて順調に発足した。幹事長に中曽根派の桜内義雄、政調会長に福田派の安倍晋太郎を留任させた上で、田中派の二階堂進を総務会長に起用した。二階堂は田中の腹心であり、ロッキード事件のいわゆる灰色高官であったが、抗争はもう沢山という気分がある中で、起用されたものである。福田・三木派の力が後退していたという事実が、また重要な条件であった。

また内閣では、中曽根を行政管理庁長官、河本を経済企画庁長官に起用し、宮沢喜一を官房長官とした。派閥別内訳では、鈴木派五、田中派四、福田派四、中曽根派二、河本派(三木派から移行したばかりだった)二、中川派一、無派閥二で、きちんとした派閥均衡で、割合福田派に手厚いのは、福田派の賛成ゆえに成立したことに謝意を表したということであり、また「和の政治」ということでもあった。

「日米同盟」事件

鈴木内閣は、党内基盤は強い内閣だった。しかし、意外なところで、しかもかなり重要なつまずきを見せた。一九八一年(昭和56)五月、日米首脳会談に臨んだ鈴木が、共同声明のあり方に不満をもらし、伊東外務大臣の辞職に発展した問題である。大平時代の外交路線の転換と、国内政治とのギャップから生まれたものなので、その背景から述べておきたい。

大平時代、「西側の一員」路線が進められたことは、すでに述べた。八一年度予算は、全体として緊縮方針の中で、防衛費は七・六パーセントの伸び、八二年度は七・八パーセントの伸びを記録した（八〇年度は六・五パーセント）のは、こうした大平路線の延長上のことだった。

アメリカでは、八〇年十一月の大統領選挙でレーガン共和党候補が当選していた。レーガンは対ソ強硬派であり、日本の防衛力の強化を強く望んでいたが、それをカーター時代よりもソフトなアプローチで実現しようとしていた。すなわち、同盟国の方針を公然と批判したり、防衛費の伸び率やGNP中の防衛費の割合を問題にするのではなく、具体的な目的や役割を非公式かつ率直に話し合う路線を取っていた。その結果もあって、日本はグアム以西フィリピン以北の一千海里のシーレーン防衛に責任をもつと約束をした。

八一年五月の日米首脳会談はこうした前進を確認する目的をもっていた。共同声明では「自主的にかつその憲法及び基本的な防衛政策に従って、日本の領域及び周辺海・空域における防衛力を改善し……」と述べた。それは上記シーレーンのことと考えられたし、鈴木はナショナル・プレス・クラブの記者会見で、首相として初めて一千海里シーレーン防衛の意思を公式に明らかにした。

ところが鈴木は、やはり共同声明の中に、「総理大臣と大統領は、日米両国の同盟関係は、民主主義と自由という両国が共有する価値の上に築かれていることを認め……」とある点について、日本人記者団との会見で、「軍事的な意味はない」と発言した。また、共

伊東外相（1980年、鈴木内閣）

同声明の作成過程について、首脳会談で鈴木が語ったこと（日本は軍事大国にならない、アジア諸国に配慮しなければならない、財政状況が厳しく、防衛費の伸びは簡単ではない、など）が反映されていないことにも不満を述べた。

言うまでもなく、日米安保条約は同盟条約であり、軍事的側面を中心として成立したものである。しかし、歴代自民党政府が、国内で波紋が起きることを避けるため、軍事や同盟という言葉を使わないようにしていた。七八年末から始まり、七九年に本格化した新冷戦の時代は、日本にそうした経済主義を許さなくなって来ており、大平は明確にそこからの転換を指向してきた。外務省、防衛庁でも、そういう方向で行政は転換していた。それが、大平派の後継者である鈴木のところで、理解されていなかったのである。

宮沢官房長官は、「新たな軍事的意味はない」「軍事にのめりこむことはない」という趣旨だと説明したが、党内でも納得は得られず、伊東正義外務大臣は抗議の辞職をした。以後、鈴木内閣において、対米関係は難しくなったのである。なお、伊東の後には、園田直が任命された。

それは、鈴木の「和の政治」に内在する問題でもあった。鈴木は、野党に対してもまとめ役で知られたが、それは主義原則がないということであり、そういう場合には、国内の世論や常識に強く影響されることになる。鈴木が訪米の前、日本の総理大臣が毎年アメリカへ行くのは、参勤交代のようでおかしいと述べているが、これが普通の庶民感情だったかも知れない。

突然の退陣

鈴木内閣がともかく力を入れたのは、行政改革と財政再建であった。八一年三月には、第二次臨時行政調査会を設立し、財界の大御所・経団連名誉会長の土光敏夫を引っ張り出すことに成功した。三月十八日には、行革に政治生命を賭けると演説している。

八一年十一月には、鈴木内閣の改造が行われた。党の方では、二階堂が幹事長になり、福田派の田中竜夫が総務会長に、鈴木派の田中六助が政調会長に任命された。「灰色高官」の二階堂が幹事長となったことに、なぜか大きな不満は出なかった。その背景には、田中派の拡大があった。大平という盟友を失った不安から来たのか、田中派の人数を拡大し始めたのである。かつて田中派は、参議院を除けば、大派閥の一つで、特別大きいものではなかった。それが、膨張を始め、八〇年末に五十六名、八一年末に六十二名となっていた。なお、閣僚人事は、鈴木派三、田中派四、福田派四、中曽根派三、河本派三、中川派

一、無派閥二で、相変わらず洗練された派閥均衡人事だった。

鈴木内閣に対しては、さしたる反対はなかった。しかし、内閣を継続していく強いエネルギーもなかった。八二年（昭和57）四月には、八一年度の歳入欠陥は二兆円を上回ることが分かっていた。財政再建の道は非常に厳しいことが、分かりつつあった。

それでもなお、鈴木の党内基盤は強く、八二年秋の総裁再選は確実だと思われていた。そのころ、予備選挙は、国会議員五十名以上の推薦を得た候補者四人以上がいる場合にのみ行われることとなっていた。つまり、鈴木が立候補するとして、それ以外に三人の候補者がいれば総裁選挙が行われることになっていた。立候補するためには五十人の推薦が必要だとされていたから、鈴木に挑戦する者が、少なくとも百五十人そろえなければ予備選挙は起こらない。それは、かなり難しい条件だった。

しかし、鈴木再選を阻止しようという動きはあった。八月三十一日、中川一郎が総裁選挙立候補の意思を表明した。中川派はわずか十名程度の小派閥に過ぎなかったが、福田派などからの協力を得て、出馬することをめざした。続いて河本が出馬の意思を明らかにしたため、鈴木以外に三人が出馬して、合計四人の候補者が出そろう可能性が出てきた。

鈴木が不出馬声明をしたのは、十月十二日、立候補受付の四日前だった。理由は今でもよく分からない。しかし、次のような推測は可能だろう。

鈴木が出馬して予備選挙となれば、鈴木の実績が問題とされ、激しい批判の交換となることが予測された。それに嫌気がさし、また「和の政治」の本旨にも反すると、鈴木は考えたのであろう。それに、鈴木は本来宰相の器でないことを自覚していた、などという理由が考えられる。

鈴木時代は、ある意味で福田、大平の時代と反対だった。福田、大平は、それぞれ優れた資質をもったリーダーだった。しかし、党内基盤の弱さや与野党関係の緊迫で、思い切った手を打つことはできなかった。鈴木の場合はこれと反対で、党内基盤は強いが、何をやりたいというものが、なかったわけである。

2　中曽根康弘と日米同盟の強化

中曽根内閣の成立

鈴木が総裁選挙不出馬を宣言したのは一九八二年（昭和57）十月十二日であるが、それより前に、正確な日時は不明だが、田中、鈴木、中曽根の間で、「次は中曽根」の合意ができていたことは確実である。こうして、中曽根、河本、安倍、中川の四人による総裁選挙が始まりそうだった。しかし一方で、話し合いによる一本化を主張する声も強く、十六日が予備選挙の運動開始日にあたるのを、一週間凍結して、話し合いを続けることとなった。いかにも自民党らしい融通無碍《むげ》なやり方であった。

話し合いは、福田、鈴木、二階堂の三者会談で進められ、中曽根と河本の総総分離論などが出たが、合意は得られなかった。話し合いの最終日の二十二日も長時間の議論が続き、時間切れ間近となったころ、突然話し合いの場に飛び込んできた田中派の田村元（どういう資格か不明。これまた自民党らしい）が、話し合いの続行を懇請し、中曽根総理、福田総裁の分離論を提唱した。二階堂と鈴木はこれを受け入れて福田を説得し、福田もこれを承諾する。河本・安倍・中川は、この案を受け入れたが、中曽根はこれを拒絶し、中曽根総理・福田総裁案はつぶれた。中曽根の拒絶は、田中の意向でもあった。

予備選挙は約一か月続けられ、十一月二十四日、開票された。中曽根五五万九千票、河本二六万五千票、安倍八万票、中川六万六千票、中曽根が有効投票の五七・六パーセントを獲得して、圧勝した。河本は、日大人脈で大量の党員を擁していると言われ、たしかに安倍・中川をはるかに上回る票を得たが、田中・鈴木・中曽根連合の半分にもいかなかった。反主流派は、本選挙で反中曽根連合を考えていたが、この大差を前にして、河本らは本選挙を辞退して、中曽根の当選が決まった。

予備選回避のための話し合いはなんだったのか、また、田村の提案はなんだったのか、これを二階堂や鈴木が受け入れたのはなぜだったのか、などは、まだよく分からないし、詳しく論じる必要はない。確かなことは、福田などが党内融和という観点から田中の権力を牽制しようとしたことであり、田中も中曽根も、これを好まなかったことである。そして、田中と鈴木の結びつきのうえに中曽根が乗るのでなく、中曽根と田中の直接的な（田中の代理の二階堂を介してではなく）結びつきのうえに、明白な多数を基礎にした政権が出来たということであった。

中曽根総裁が決定した翌日の十一月二十五日、自民党三役が決まった。党三役は田中、鈴木、福田の三大派閥から出すことに内定していたので、総務会長は福田派に任せ、やがて細田吉蔵となった。しかし、幹事長と政務調査会長は中曽根自身が指名し、二階堂幹事長、田中六助政調会長の留任となった。二階堂に対しては、あまり異論がなかったが、宮沢の幹事長就任を希望していた鈴木派は田中六助政調会長について大いに不満をもった。しかし、おそらく鈴木派には分がなかった。党内ナンバー2の地位は、中曽根政権成立に最大の力をもった田中派に行くことは不可避的だったし、宮沢は、政策通としては知られていたが、党務経験は少なく、幹事長適任とは言いがたかった。

その翌日、組閣が行われたが、後藤田正晴官房長官、竹下登大蔵大臣をはじめ、田中派が六名、無派閥ながら田中ときわめて近いのが秦野章法務大臣を含め二人、合計八名が事実上の田中派であった。とくに内閣の要《かなめ》の官房長官に、自派閥から出す慣行を踏まえずに、田中派の後藤田を起用したこと、ロッキード裁判の判決が近い時期に、ロッキード裁判を批判していた秦野章が法務大臣となったことは、大いに批判された。

これに対し、田中曽根とか、直角とかいう批判が多かった。といって、反主流派は、強い抵抗を示すこともできなかった。福田派からは安倍晋太郎外相のほか、ロッキード灰色高官の一人、加藤六月（国土庁長官・北海道開発庁長官）が入閣していたからである。派内の実力者である加藤の復権がないと、派内の他の人事も難しく、これは福田派にとって多年の課題であったのである。

また中曽根は、懸案の行政改革の推進のために、官僚の世界を知り尽くした後藤田が最適の人物だと考えた。後藤田の役割は実際、大きかった。それと同時に、田中派に多い有能な族議員を取り込むことが必要だった。田中の影響という点で批判を受けることを覚悟して、問題解決に取り組むことを中曽根は決断していた。

長期政権の条件

中曽根内閣は、以下に述べるとおり、五年間続いた。それは、自民党では、佐藤の七年八か月に次ぎ、池田の四年四か月、岸の三年五か月を超えるものである。自民党結党以前をみても、中曽根を超えるのは吉田茂だけである（連続で六年一か月、通算で七年）。

実は、自民党総裁十五人のうち、総裁に再選された人物は、岸、池田、佐藤、中曽根の四人しかいない。このうち岸、池田、佐藤は、自民党政権の前期のことであって、一九七二年の佐藤引退後では中曽根だけである。そして中曽根は、岸のように二期目で挫折することなく、これを全うし、さらにもう一年の任期を与えられたのである。

改進党時代の中曽根（1954年2月）

　こうした長期政権を可能にした条件は、一つではない。中曽根の個人的資質があり、また、それに適合的な状況があった。まず、その個人的資質を、中曽根の軌跡を簡単に振り返る中で探ってみよう。

　中曽根は、東大、内務省というエリート・コースをたどったあと、海軍に行き、敗戦を迎えた。そして一九四七年（昭和22）の選挙で初当選して政界に入った。その方向は、基本的にナショナリズムであって、吉田時代の対米従属と経済主義への反発が、中曽根の原点だった。中曽根は、若いころから、いずれ首相になろうと考え続けた野心家であった。それは別に悪いことではない。首相となったとき何をするか、準備ができていたという意味でもあるからである。その点で、鈴木善幸や、そのあとに総理となった他の政治家とは違っていた。

　中曽根は、しかし、吉田系の政治家と違って、曲折ある経路を歩まなければならなかった。最初の所属は民主党、次いで改進党、保守合同によって自民党に入り、河野派に属した。岸内閣で科学技術庁長官となったのが、最初の入閣である。

河野一郎死去後の一派を率いたとき、中曽根はまだ五十歳になっていなかった。当初、反佐藤だったが、のちに入閣したのは、すでに述べたとおりである。佐藤のナショナリスティックなところと、わりあい響き合うところがあった。こうして政権に接近したこともあり、また時代の新しいナショナリストの星と目されたこともあり、河野派の他の一部を継承した森派と比べ、発展していった。

その後、ポスト佐藤では田中支持、三木内閣では幹事長、福田内閣では途中から福田再選支持、大平内閣では、四十日抗争の際には反大平で、八〇年不信任案では反主流派連合から離脱した。こうした目まぐるしい位置変化で、脱落者も出たし（派内の有力者である渡辺美智雄は、四十日抗争で大平を支持し、除名されている）、結束が緩いと言われたが、それは、イデオロギーによる集団という面が比較的強く、中曽根が比較的若く、同格の政治家を抱えていたこと、などによる。全体としては、発展したと言って間違いない。

このような激しい権力闘争の中で、中曽根は風見鶏と言われたが、権力関係のバランスを見きわめる能力を身につけたと言ってよい。一九八〇年の大平の死後、首相となる機会を逃したことは、痛恨だったに違いないが、鈴木内閣時代、中曽根は大平の遺産である様々な政策を研究し、また行政改革に集中した。時代の要請を受け止める準備を整えていたと言ってよいだろう。

もちろん、以上のような個人的な資質だけでは十分条件ではない。その資質が適合的な時代条件であったことが重要である。時代の条件とは、彼のナショナリストとしての能力が発揮されやすいような国際環境であり、また、国内の行政改革が課題として浮上せざるをえない経済条件がある。これらについては、あとでも述べることにして、それ以外で決定的に重要だったのは、田中派という最大派閥の支持を得たことである。

田中派は総裁候補を出せない派閥だった。そして鈴木内閣当時、膨張政策を取り、衆議院で六十五名、参議院で四十三名という数に達していた。これに中曽根派を合わせれば、党内の四割を制することになる。これに鈴木派が加われば、完全に党内を掌握できる。鈴木派が反対に回る可能性は皆無ではないが、その場合でも、福田・河本・鈴木の強固な連合は相当に難しいから、実際には鈴木は田中・中曽根連合につく可能性が高い。

他方で、田中派も田中を庇護《ひご》してくれる強いリーダーを必要としていた。あとに見るように、この時期の反主流派の主張は、田中排除であった。ここで党内融和的な——つまり福田派の意見も取り入れた形の——合意が出来れば、それは田中排除の方向をもつことになる。「和の政治」の鈴木善幸は、元来そういう妥協をしやすい人物である。田中派としても、鈴木派と協議のうえで中曽根を支持するよりは、直接中曽根と結びつく方に利益があったのである。中曽根は、こうした田中派の弱みも理解したうえで、田中派と密着したと考えられる。コンセンサスの政治は、やはり中曽根のスタイルではなかった。

西洋の古いことわざによれば、運命の女神は後頭部が禿《は》げていて、すれ違ってそれと気がついたときに捕まえようと思っても、もう手遅れである。これを捕まえることのできるのは、待ち構えていて、気づいたときにすぐに前髪をつかむことのできる人間だけである。中曽根には、たしかにそういう準備はあった。

中曽根外交の出発

中曽根が首相就任後、最初に訪問したのは韓国だった。総裁選挙の最中から、中曽根は訪韓を決めており、当選後三日目に瀬島竜三に交渉を依頼し、一九八二年（昭和57）十二月末に瀬島を韓国に派遣して下工作を行わせ、翌八三年一月、韓国を訪問した。日韓関係は金大中事件以来悪化しており、教科書問題もあって、とげとげしい雰囲気が漂っていた。中曽根は、過去の植民地支配に対し、深い遺憾の念を表明し、首脳会談の初めと最後の言葉は韓国語で話し、二次会では韓国語でカラオケを披露した。そのために、一年前から韓国語を練習していたという（牧太郎『中曽根政権・一八〇六日』上）。こうした周到な準備の背景には、日韓の緊密な結びつきが、日米関係の再強化のために不可欠だという認識があった。

そして、一月十七日の訪米の前に、対米軍事技術供与に踏み切る閣議決定をしている。従来、日本は武器輸出三原則によって、どの国にも軍事技術供与を行っていなかった。アメリカから要請があったときにも、鈴木首相は、例の素朴な平和主義から、消極的だった。そして技術供与については、柔軟な運用で対応する等々の方法もあったが、中曽根は、武器輸出三原則は、同盟国であるアメリカには適用しないのが当然であるという立場をハッキリとって、一時を糊塗《こと》するのではなく、原則にさかのぼって解決したのである。以上のような準備のよさと、原則的な解決は、安保における岸を思い出させる。

そしてアメリカを訪問した中曽根は、レーガンとの親しい関係を確立した。不沈空母とか三海峡封鎖論とか、日米の軍事的協力関係の構築に積極的な意思が次々と表明された。それは、実態よりもシンボルとしての意味が大きかった。のちに議論された、防衛費のGNP比一パーセント枠撤廃問題にしても、実体的意味はそれほど大きくなく、いまから考えると、なぜあれほど大騒ぎをしたのか、不思議に思うほどである。中曽根は、シンボリックなレベルで同盟という言葉にこだわった鈴木とはちょうど対照的に、シンボリックな形で同盟関係の確認をしたのである。

この姿勢を世界に認知させたのが、一九八三年のウィリアムズバーグ・サミットにおいてである。当時、中距離核戦力が問題となっており、ソ連はSS20をヨーロッパに配備しようとしていた。これに対し西側は反対し、パーシングⅡの配備で対抗しようとしていた。しかし、西側とソ連との間で、ＳＳ20をヨーロッパに配備せず、アジアに移動するという妥協・合意が出来る可能性があった。これに対し中曽根は、平和と安全は不可分であるとして、妥協を排し、あくまでソ連のＳＳ20の配備の中止を求め、その代わりに日本も協力する姿勢を示したのである。従来、日本のリーダーは、経済問題にはともかく、安全保障の問題では発言しないことが普通であった。それを、中曽根の積極的な発言があったため、他国のリーダーには強い印象を与えたという。

ウィリアムズバーグ・サミットで、レーガン、サッチャーの間に立つ中曽根首相（1983年5月27日。AP Images）

八三年の後半には、印象に残る二つの事件が起こった。九月一日、大韓航空機がサハリン上空でソ連戦闘機に撃墜されるという事件が起こった。この問題に関し、後藤田正晴官房長官がアメリカとの協調の中で問題を処理した手際が話題になった。

また十一月九日、田中ロッキード有罪判決で日本

「日の出山荘」にレーガン大統領夫妻を招待した中曽根首相（1983年11月11日）

の政治が動揺する中、レーガン大統領が訪日している。この時、中曽根はレーガン夫妻を日の出山荘に招いて、囲炉裏《いろり》を囲んで話し合うパフォーマンスぶりが話題になった。見え透いた演出ではあったが、日本の質朴な伝統の中にアメリカの大統領を引き込むなど、他人にはできない能力であり、それだけの効果はあって、中曽根の人気に貢献したことは確かだろう。

以上を通じて、中曽根は、権力的な意味だけでなく、政策的な意味においても、田中・鈴木連合の上に乗るよりは、田中と直接結びつくようになったのである。実際、自分が就任する前の日米関係は戦後最悪だったとしばしば述べる中曽根に、鈴木が愉快であるはずがなかった。なお、田中は、実は鈴木内閣のころから、憲法改正など、以前の田中らしくない比較的タカ派的発言をするようになっている。その理由については、いくつかの推測が可能であるが、ここでは省略する。とにかく、田中の側でも、鈴木よりも中曽根と結ぶ可能性が出始めていた。

これまで、自民党政治の基軸となっていたのは、一九五七年から七二年まで、岸・福田派と佐藤派との提携関係だった。そして七二年から八二年までは、田中派と大平・鈴木派の関係だった。そして、この八二年から八八、八九年までは、田中派ないし竹下派と中曽根派の関係が、中核的なものとなるのである。

ロッキード判決と総選挙の敗北

田中派との提携を深めた中曽根にとって、難しいのは八三年（昭和58）秋に予定されていたロッキード判決であった。それまでに全力投球するのが中曽根の戦略だったと思われる。

田中は、中曽根に衆参同日選挙を要求したと言われている。同日選挙で再び勝利し、判決を乗り切ろうという期待があったという。少なくとも、判決後に追い込まれて解散・総選挙となるよりはよいという判断があった。

しかし、そうしたあまりに露骨な政治主義的選択を、中曽根は避けた。その結果、六月二十六日、参議院選挙だけが行われた。このときから、かつての全国区は比例区に、地方区は選挙区となった。自民党は比例区一九、選挙区四九、合計六八名が当選した。前回の六九（追加公認を含めて七〇）には及ばなかったが、まずまずの成績であった。得票率は、比例区三五・三パーセントで、八〇年の四二・五パーセントにははるかに及ばないが、七七年の三五・八パーセントとほぼ同じ、選挙区では四三・二パーセントで、八〇年の地方区の四三・三パーセントとほぼ同じ、七七年の地方区の三九・五パーセントよりはだいぶ高かった。事前の予想は、自民党がもう少し多く取ると予測したが、それが逆に出たのか、投票率五七・〇パーセントと低かった（八〇年は七四・五パーセント、七七年は六八・五パーセント）のが響いた。

一九八三年十月十二日、田中に対するロッキード事件一審判決が下された。受託収賄罪で懲役四年、追徴金五億円であった。田中はただちに控訴したが、国会では、野党が田中に対する議員辞職勧告決議案を提出し、その取り扱いをめぐって大きな混乱が生じた。そして結局、衆参両院議長のあっせんで、衆院解散を行うこととなった。

衆議院は十一月二十八日、解散となり、十二月十八日、総選挙が行われた。自民党は予想どおりの敗北で、二五〇議席（追加公認を含め二五九）、前回の二八四（二八七）より大幅に減少し、七九年の二四八（二五八）、七六年の二四九（二六〇）と同じレベルまで後退してしまった。ただ、得票率は、四五・八パーセントで、八〇年の四七・九パーセントよりは低いが、七九年の四四・六パーセントや七六年の四一・八パーセントよりは明らかに上であった。

この選挙の投票率は六七・九パーセントで、八〇年の七四・六パーセントや七六年の七三・五パーセントや七二年の七一・八パーセントよりも低く、七九年の六八・〇パーセントとほぼ同じであった。投票率が低くて成績が悪いというパターンで、これは七九年の大平内閣のときの選挙に似ていた。それは、自民党に対する支持は強いが、支持者を固めることのできないパターンであった。したがって、有利な情勢の解散なら、十分勝ちは見込めた。それが、三年後に実証されることになるのである。

ともあれ、中曽根は新自由クラブとの連立でこの危機を乗り切る。党内では批判が噴出したが、反主流派は決め手を欠き、結局、「いわゆる田中氏の政治的影響力を排除する」という方針が明らかにされたことで、一件落着となってしまった。

なお、皮肉なことに、この大敗した選挙において、解散時と比べ、鈴木派十二減、福田派が六減、河本派が二減、中曽根派が六減と、各派とも減少したのに、田中派は二減っただけであった。

行政改革の進展

中曽根の内政上の最大の課題は、行政改革であった。鈴木内閣の行政管理庁長官として取り組んできた仕事を仕上げることが、課題となった。

少しさかのぼって見ると、第二次臨時行政調査会が発足したのは、八一年（昭和56）三月十六日のことであった。第二臨調である。その最終答申が出たのは、八三年三月十四日のことであった。その具体化と実施は、まさに中曽根の責任となったのである。五月二十日、その目的のために、臨時行政改革推進審議会設置法が成立し、同審議会（行革審）の委員には、再び土光敏夫らが任命され、七月四日、初会合を開いている。

その成果だけを列挙しておくと、八三年十一月、総務庁設置法など、行革六法が成立、八四年八月、健保改正法案が成立、十二月、電電改革三法案が成立（八五年四月、NTTと日本たばこ産業株式会社が発足）、八六年十一月、国鉄改革八法の成立、などである。

これらを論じだすときりがないので、その実現をめぐるダイナミクスとそこにおける中曽根の役割についてだけ、簡単に述べておく。

行政改革が不可欠とされたのは、元来、歳出削減の要請から来ていた。それは、七〇年代を通じて、かなり自明のこととなっていた。さらに、三公社などを民営化して競争原理を導入した方がいいという経済自由主義の立場の議論も、かなり受け入れられるようになっていた。

しかし、日本の政治的意思決定システムは、行政改革の実現に不適当な面が多かった。なぜなら、日本では政党中心の政策決定よりも、主務官庁がイニシアチブを取り、これに自民党の関係者——いわゆる族議員など——を巻き込んで、政策決定を進めることが普通である。これは、日常的な行政においては、きめ細かいことの可能な手法であったが、その官庁などの存在意義にかかわるような改革や、あるいは多くの省庁を巻き込んだ改革には適さないという面があった。

臨調方式とは、事態の緊急性、自明性に鑑《かんが》み、こうした日常的な意思決定とは違った形で、違った参加者のもとに問題を解決していく仕組みであった。その中心となったのは、財界であり、また自由経済体制を主張する学者、知識人であった。こうした人々を臨調やその部会の中心に据え、成案を求め、これを世論の後押しで実現していこうというものであった。

国鉄のような場合、財界の主張、ジャーナリスト・知識人の役割以外に、国鉄や運輸省内部の改革派が重要な役割を果たすことになる。彼らは、このままでは国鉄は駄目になるという危機意識をもち、必死に解決を模索していたのである。そして自民党の族議員の中で、三塚博のような有力者が改革派に参加することになる。そして改革が世論の支持を受けるようになると、これによって自らの地位を固めようとする者も出てくる。国鉄改革における三塚や、全体的な自民党内の取りまとめにおける橋本竜太郎がそうだった。

こうしたやり方は、大統領的首相をめざす中曽根に適していた。中曽根は元来アイデアによるリーダーシップを好んだし、大平時代から受け継いだブレーン集団の協力を得ることができた。小さな政府、自助、競争などは、中曽根の元来の思想に適合的な方向だった。ただし、中曽根が全部アイデアをもっていて、これを審議会で正当化したというのは、過大評価であろう。国鉄で言えば、中曽根が早くから分割民営化まで考えていたという証拠はない。細部はブレーンに譲って、大きな方向だけを指示していたということだろう（草野厚『国鉄改革』）。

なお、中曽根は行革審のみならず、多くの私的諮問機関を作っている。それは、族議員と官庁との結合によって細分化され、硬直化した政策決定ルートを超える機能をもっていた。しかし、いわゆる教育臨調をはじめとして、うまくいかなかった例もたくさんある。臨調の最大の成果は、国鉄の分割民営化だったと言われるが、国鉄財政があそこまで悪化して、初めて手がつけられたという点も無視してはならない。事態を先取りした積極的な改革には、臨調方式は明確な限界をもっていたというべきだろう。

第二次内閣と総裁再選

さて、一九八三年（昭和58）十二月の第二次中曽根内閣の人事は次のとおりだった。まず、幹事長に田中六助、総務会長に金丸信、政調会長に藤尾正行が起用された。鈴木派は会長代行の宮沢喜一を推したが、中曽根は田中六助を取り、派内に波紋を引き起こした。

しかし、宮沢よりも田中が適任という面は前回と同じだった。また、組閣では、田中派が六で前と同じながら、親田中の無派閥議員二がゼロとなったので、若干減った。中曽根派が三、鈴木派が四、福田派が四、河本派が二、それに新自由クラブからの入閣が一だった。

しかし、翌年四月、幹事長から外れていた二階堂が、副総裁に起用された。「いわゆる田中氏の政治的影響力を一切排除する」ことと矛盾する人事だった。これはかなりの反発を招く人事であった。従来の副総裁は、総裁派閥に近いが、中立的な中小派閥から起用されることが常だった。ところが、大平内閣のときに、大派閥の田中派の西村英一が副総裁に起用された。そして今度は、田中との関係ではもっと強く、少し前まで幹事長だった二階堂が起用された。しかも田中派の規模は、大平時代よりもずっと大きくなっていた。

ところが、まもなく、その二階堂擁立の動きが鈴木、福田らから起こることになる。

八四年（昭和59）十月の総裁選挙を前に、中曽根の人気は高く、『読売新聞』の世論調査で、五〇・三パーセントの支持率となっていた。そして田中は中曽根再選支持を明言していた。ところが、鈴木は十月二十六日、田中を訪問、二階堂総裁を提案したのである。中曽根に不満をもつ鈴木が、中曽根と田中を分断しようとして提起した構想であった。福田・三木も賛成であり、公明党・民社党にも同調する動きがあった。

この構想は、田中の反対でつぶれた。二階堂は、中曽根政権成立のときにも、福田総裁、中曽根総理案をいったん受け入れたことがあった。田中よりも党内融和を重視するところがあった。また、自分がトップに立って田中を守れるということも考えたのであろう。しかし、党内融和は田中批判を受け入れることであり、田中は中曽根と組んでおく方が安全だった。二階堂は、中曽根のいわばダミーであって、本当に使うカードではなかった。その点、二階堂は田中の支持を受けられると、誤解していたのではないだろうか。

二階堂進

二階堂擁立の一番の弱みは、正当性に欠けることであった。当時、二階堂は七十五歳、ロッキード灰色高官と言われて、幹事長就任（八一年）にしても副総裁就任（八四年）にしても、批判は強かった。そして二階堂でなければやれない大きな課題があったとも思えない。要するに時代の要請を受け止める行動ではなかったのであり、この点、福田の行動には疑問が多い。かつてあれほど二階堂を批判して、今度は擁立しようとするのは筋が通らなかった。

前にもふれたように、福田はかつて政治は最高の道徳であると言ったことがある。他方で、秦野章は、政治家に倫理を求めるのは八百屋で魚をくれと言うのに等しいと言ったことがある。どちらも極端である。政治が最高の道徳であることは望むべくもない。せめて最小限度の道徳を守ってほしいと人は考える。政治はゲームでもあるから、ゲームで勝つためには、政治家は道徳的であることを後回しにすることはよくあることである。それをすべて咎《とが》めていては、政治が機能しない。他方、秦野の言葉はニヒリズムに過ぎる。政治家がそれほど倫理を軽視しては、国民に負担を求めることはできない。人間をすべて利害に還元する思想は、結局政治の頽廃をもたらすしかない。

ともあれ、二階堂擁立工作失敗は、長老支配の終焉を意味した。中曽根に対する批判の急先鋒は、最高顧問会議であった。そこで発言権をもつのは、福田であり、三木であり、鈴木であり、また岸であった。誰もが田中と中曽根を嫌っていた。しかし、その代表選手である福田について見れば、七八年に政権を降りたとき、福田は七十三歳だった。四十日抗争のときが七十四歳、鈴木後に福田総裁の案が出たときは七十七歳だった。高齢の政治家がいくら批判をしても、自ら権力を狙う若い人物が出て来なければ、迫力はなかった。それに、二階堂政権構想は、仮に短期暫定（鈴木はその後、宮沢と考えていたという）であっても、より若い世代にとって、決して好ましいことではなかったのではないだろうか。

創政会の成立

二階堂工作は、しかし、田中派の鉄の団結に変化が起こっている兆候だった。本当の反乱は一九八四年（昭和59）十二月ごろから起こっている。八五年一月末、竹下登蔵相は、田中に勉強会の計画を伝えている。そして二月七日、創政会が結成された。田中は当初、これを認めていたが、実態は竹下派の結成であることを見抜くと、切り崩しにかかった。その力はやはり強烈で、最初に参加を希望した八十六名が、四十名程度まで減ったという。しかし、そこで田中は脳梗塞《のうこうそく》に倒れた。二月二十七日であった。

これは竹下にとって幸運であったし、また、中曽根にとって、幸運だった。これ以後、田中の影響力を過度に恐れる必要がなくなったわけである。

創政会にとって興味深いことは、竹下個人をぜひとも擁立したいということでは、かならずしもなかったことである。田中派の力を出せる政治家なら、誰でもよかったわけで、これも鈴木派の誕生と似たプロセスであった。むしろ、二階堂工作に触発された面もある。もし二階堂暫定政権でも出来れば、世代交代はますます遅れることとなっていた。

皮肉なことに、田中派の肥大化が、創政会の原因であった。まずそれは、田中の派内掌握力を低下させていた。また、田中派の肥大化は、旧中間派の政治家の吸収を一つの柱としており、それは、当選年次の多い政治家が途中から入ってくることを意味した。たとえば江崎真澄は、旧藤山派であって、田中派に入ったのは七五年であるが、ただちに優遇され、しかし二階堂に次ぐ序列とされた。これは、若い世代に面白いはずがない。田村元、小坂徳三郎なども同様に優遇された例である。

創政会の呼びかけは、したがって、若い層から起こった。金丸信が呼びかけたときは、衆議院で当選六回以下、参議院で当選三回以下の閣僚未経験者が中心だった。他方で、田中の切り崩し工作は、閣僚経験者が中心となり、二月二十六日、閣僚経験者の集まりである「さかえ会」では、田中は上機嫌だったという。倒れたのはその二日後だった。

その後、田中派は田中の病状を横目に、休戦を続けた。しかし、田中の再起はないというのが常識だった。創政会の優位は明らかだった。しかも内閣・党で田中派を代表しているのは、竹下蔵相、金丸幹事長だった。

同日選挙の勝利と売上税の敗北

一九八五年（昭和60）は、世界的には大きな転換の年であった。日本にとってとくに重要だったのは、九月のプラザ合意でドル高是正が決まったことであった。このころ、一ドルは二百四十円前後だったが、一九八七年五月には百四十円台、年末には百二十円台になっている。二年余りのうちに、円はほぼ二倍になったのであり、驚くべき急速な上昇だった。

それが日本経済に大きな問題となったことは確かである。まず円高不況があり、企業の海外進出があり、また土地の投機が起こった。それらを詳述する余裕はない。中曽根内閣で特筆すべきは、前川レポートを作成して、経済構造の変革を説いたことである。残念ながら十分実行に至らなかったけれども、かなりのアイデアはそこに出されていた。

一九八六年(昭和61)五月、東京サミットが無事終わると、政界の関心は選挙に移った。中曽根の任期は、八六年の秋に満了することになっており、規約で三選は禁止されていた。しかし中曽根の人気はまだ高かった。中曽根も前回の敗北を取り返したいという願望は強かったし、総選挙で勝利すれば、勝利した総裁を三か月で変えるのはおかしいという議論が出るはずだった。そういう理由で、衆議院解散の可能性、それも衆参同日選挙を実施するのではないかという観測が、早くからあった。

そのための障害は、選挙区定数不均衡是正問題で、選挙法改正ができなければ、解散はできないと考えられていた。選挙法改正は難航しており、成立しても、周知期間(法律公布から、これを周知させるために必要な期間)のことを考えると、参議院議員の任期が満了する七月七日以前に投票を行うことは難しいと思われた。五月七日、衆院議長の調停で選挙法改正は成立することになったが、調停案の中には周知期間三十日とあり、これで同日選挙はなくなったと思われた。しかし、これが中曽根の「死んだふり」で、以後、中曽根は選挙に向けて動きだした。鈴木派などの反対を押し切って、中曽根は六月二日、臨時国会を召集し、即日解散した。野党は「嘘つき解散」と呼んだが、あとの祭りだった。

七月六日、選挙は行われ、自民党が大勝した。投票率は七一・四パーセントだった。自民党は衆議院で三〇〇議席（追加公認を含め三〇四）を獲得し、大勝した。得票率は四九・四パーセントで、六三年（五四・七パーセント）以来の高率であった。また参議院では、比例区二二、選挙区五〇であった。得票率は、比例区三八・六パーセント、選挙区四五・一パーセントであった。

大勝の結果、党内からは三選あるいは任期延長の声が出た。次のリーダーの中で最も積極的だったのは竹下で、大勝と任期問題とは関係ないという立場が安倍（七月に正式に福田派から安倍派になった）、その中間が宮沢だった。

彼らはニューリーダーと呼ばれたが、七月十七日に会談し、懸案処理までの間、任期を延長することなどを申し合わせた。その懸案が、国鉄関係法案の処理など、短期で終わるものなのか、一年程度を意味するのかは、玉虫色であった。

第三次内閣は、まず竹下幹事長、安倍総務会長、それに鈴木派から伊東正義政調会長を党三役とした。派閥別では、中曽根派が四、田中派が八、鈴木派が三、安倍派が三、河本派が一、無派閥一であった。金丸の副総理、後藤田の官房長官など、田中派が再び圧倒的な地位を占めた。安倍派は、三塚を推薦したのに、加藤六月の入閣となったことに不満を

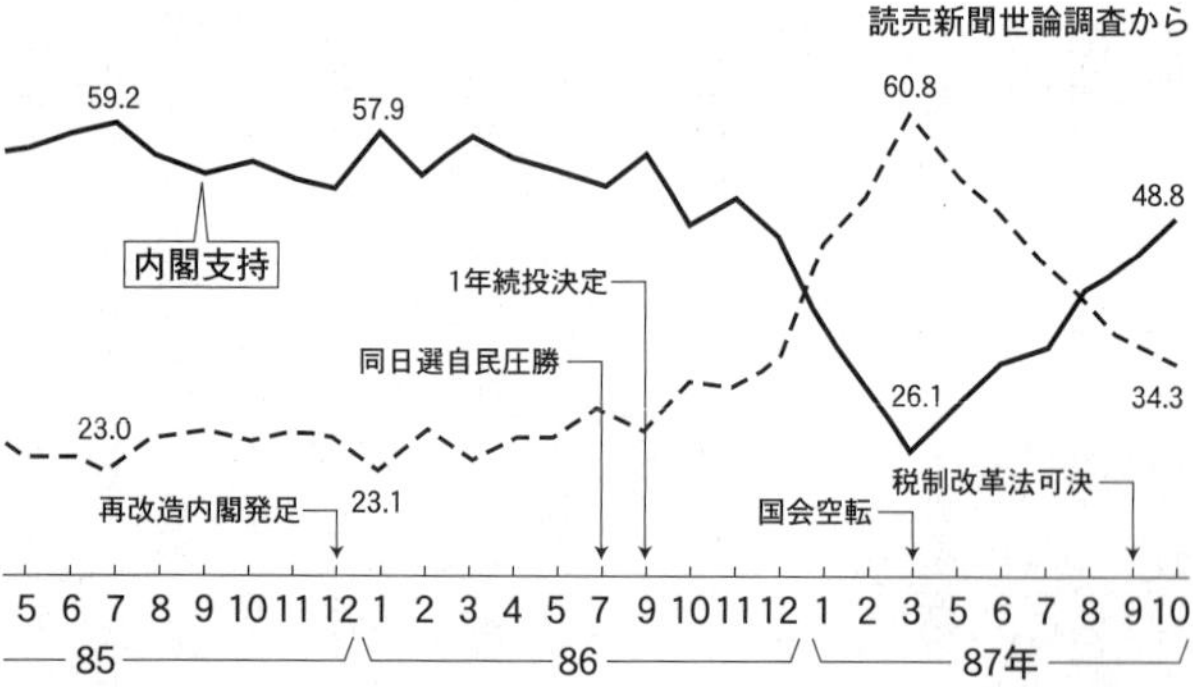

もった。藤尾前政調会長が文部大臣という軽量ポストになったことも不満だった。明らかに、これは中曽根と田中派の内閣だった。それが元来中曽根のめざした方向だった。田中は、この選挙で、新人十四、返り咲き十を含め、八十七名という大量の当選者を出していた。また、参議院でも二十八と、鈴木派の十三、福田派の十二を圧倒していた。

九月十一日、自民党両院議員総会で、中曽根の任期延長一年を決定した。

その後の国会で、国鉄関連法案が成立し、国鉄の分割・民営化が成立した。臨調の最大のシンボルだったが、ついに成立したわけである。

しかし、内側における盤石の体制は、外に対しては脆弱《ぜいじゃく》であった。中曽根は売上税の導入を決定し、これを国会に提案しようとすると、猛烈な反発が起こった。一つは公約違反であるという批判で、中曽根は選

中曽根内閣支持率の推移

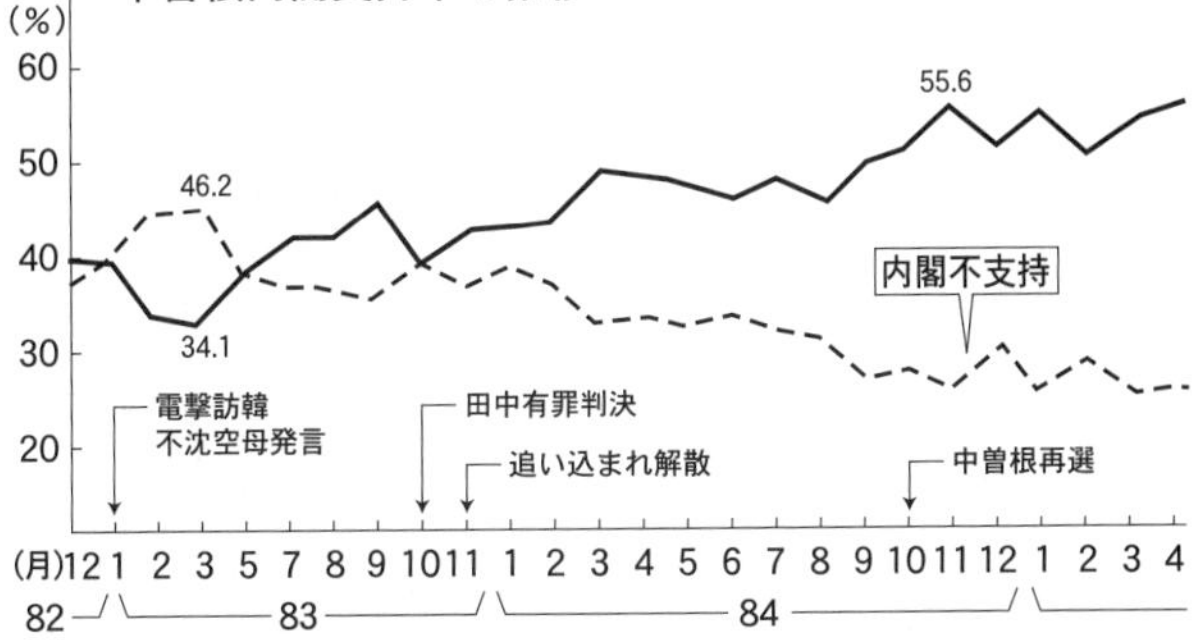

挙戦を通じ、「国民や自民党員が反対する大型間接税と称するものはやらない」「流通の各段階に投網をかけるような総合的に消費税をかける考えはもたない」と言っていた。そういうものでない間接税はありうるという含みだったが、公約違反と言われてもやむをえないものだった。

　売上税に対して、野党はもちろん、小売業者など、自民党の支持基盤からも、また自民党内部からも、反対は生まれてきた。八七年(昭和62)二月、一部議員が売上税反対集会に出席し、注意されている。三月、保守王国の岩手県の参議院議員補欠選挙で、自民党候補が大敗すると、これが引き金になって保守系の地方議員に反乱が続き、四月の地方選挙は敗北となった。そして、議長あっせんで、売上税は廃案になってしまった。八〇年と八六年の同日選挙で自民党は大勝したが、その内実は決して強い支持ではないことが明らかとなった。

しかし、それでも中曽根は党内的には強い立場を維持していた。売上税断念後の内閣支持率はかなり回復していた。こうして中曽根は、党内的には後継者を指名するという優越した地位を享受しながら、八七年十一月、引退する。党内のニューリーダーはすべて中曽根に指名されることを期待しながら、これに協力するという有り様だった。それが自民党にとって本当によいことだったかどうか、次のところで述べたい。

第五章　自民党政権の崩壊

1　竹下登と税制改革

竹下政権の発足

一九八七年（昭和62）十月二十日、中曽根首相の裁定という形で、竹下幹事長が次期総裁に指名された。三十一日、臨時党大会は正式に竹下を総裁に選出した。

なぜ中曽根が竹下を指名したかについて、決定的な説明はまだない。しかし、竹下、宮沢、安倍の三候補の中で、なんといっても竹下が最大の勢力であり、竹下指名が最も安全

第３次佐藤内閣時代の竹下官房長官。左は丹羽喬四郎運輸相、右は金丸信国対委員長（1972年6月16日）

で、他の二人の協力も得やすいことも確かだった。他方で、安倍や宮沢を指名すれば、竹下本人はともかく、竹下派の中に不満が生じ、それは、中曽根に対する不満にもなるであろう。他の条件に大きな違いがなければ、こういう場合には、最大勢力と組むのが指名者の常であることは、すでに何度か述べたとおりである。

竹下は一九二四年（大正13）、島根県の酒造家に生まれ、青年団長を務め、県会議員を経て、一九五八年（昭和33）、初当選して佐藤派に属した。一九七一年（昭和46）、佐藤に抜擢され、内閣官房長官に起用され、七四年には再び田中角栄に官房長官に起用されている。以後、田中派の若手のリーダーと目されるようになった。

田中角栄が表面に出られなくなって以来、田中派の中には、政権が取れないことへの不満が蓄積された。田中はおそらく、それ以上の魅力を持っており、また、簡単に離反することのできない恐ろしい存在でもあったのだろう。しかし、さすがに田中の総辞職から十年たったころ、竹下擁立の動きが本格化し、表面化したのであった。

田中が倒れなかったら、創政会もどうなったか分からない。しかし、倒れたために、事態は竹下に有利に展開した。八七年五月十四日、二階堂が総裁選挙立候補の意向を明らかにして世間を驚かせたが、それも竹下の機先を制するためであった。しかし、竹下グループが結集を始めると、田中派の大部分が参加するようになり、七月四日、独立の経世会を作ると、衆議院議員六十九名、参議院議員四十四名、合計百十三名が参加した。

竹下は丁重な物腰と周到な配慮で知られた人間関係の達人で、安倍晋太郎ととくに親しかったほか、他の派閥とも野党とも各省庁の官僚とも深い交際をもち、どこにも敵のいない人物であった。政治資金もまた豊富であった。これといったビジョンはないが、調整役としてはいつも当てになる政治家だった。中曽根にもよく仕え、中曽根としては自らのコースを引き継いでくれる人ということであった。

十一月六日、首班に指名された竹下は、その日のうちに組閣を完了した。中曽根の要望もあって、安倍を幹事長、宮沢を蔵相・副総理とし、ニューリーダーの間の結束を軸にすえた。そして、総務会長には鈴木派の伊東正義、政調会長には中曽根派の渡辺美智雄を起用した。内閣の派閥別内訳は、竹下派五、安倍派四、宮沢派四、中曽根派四、河本派二、無派閥一で、竹下らしい完全な派閥均衡で、挙党一致の実務内閣という評価が一般的だった。

ニューリーダーと派閥

なお、八六年から八七年にかけては、中曽根後をめざすニューリーダーが本格的に登場した時期であった。福田派から安倍派への衣替えが八六年七月、鈴木派から宮沢派への転換が八六年の九月だった。彼らは、同日選挙において、派閥の拡大をめざして、久しぶりに激しい派閥間競争を行った。

それは、政治資金に表れている。自治省によれば、八六年の政党と政治団体が集めた政治資金の総額は、千六百七十五億円で、過去最高だった八三年の千四百七十二億円を上回った。これに地方の都道府県選挙管理委員会所管の分を加えると、政治資金は三千億円を超えて、やはり最高額であった。

これ以外に表に出なかった分が大量にあることは言うまでもないが、これだけでも趨勢は見て取れる。要するに、総裁選挙をにらんだ派閥の勢力拡大の動きが、この傾向を加速したのである。たとえば、八六年で派閥別のナンバー1は安倍派で、一躍前年比二・三倍の二十五億円となり、大パーティーを二度開き、自派候補に平均二千万円近く出したと言われる。これは福田派から安倍派に衣替えをして、中曽根以後をめざして積極的な行動を開始したことと関係していた。実際、八六年の総選挙において、安倍派は新人十二名を含む五十六名を当選させているが、これは福田派時代の低落傾向（七二年五十五名、七六年五十三名、七九年四十九名、八〇年四十五名、八三年四十名）を一挙に立て直すものだった。

その内訳についても見ておくと、このころ目立ったのは、励ます会、出版記念会、祝賀会などの名目で行われる資金集めパーティーである。八六年には、届けのあったものだけで、百三十九件、八十七億円、一件あたり六千三百万円にのぼっている。これらのパーティーの純益率は実に八一・九パーセントにのぼるという。

ニューリーダー３人―中曽根首相から後継指名を受け、安倍（左）・宮沢（右）と握手する竹下（1987年10月20日）

これに比べ、企業等からの大口の献金（二千万円を超えるもので、業界団体、労働組合からのものを含む）は、三年連続減少したのち、わずかに増えただけであった。総額五十六億円というのは、政治資金総額の三・四パーセントにあたり、十年前の六・五パーセントから半減している。労働組合からの献金も、一億八千万円で、過去に選挙のあった八〇年の五億円や、八三年の四億円から、明らかに後退していた。三木内閣当時の政治資金規正法が効果を発揮したほか、企業と政治家の行動様式も変わりつつあることがうかがえる（『読売年鑑』一九八八年）。

なお、安倍派の発足とともに、安倍派には事務総長が置かれ、三塚博がこれに就任している。事務総長という制度ができたのは、田中派が最初で、一九八三年のことだと言われている（井芹浩文『派閥再編成』）。田中派は、巨大で全体の把握が難しく、また田中自身の行動が自由でないという二つの理由で、組織的な把握が必要だったからであろう。福田派は、安倍という次のリーダーが決まっており、またパーソナルな人間関係の強い派閥だったため、そういうものは必要なかったのであろう。しかしリーダーの交代によって、安倍派もそうした組織が必要となったのである。派閥は、リーダーを押し上げるための、リーダーを囲んだ個人的な結合から、合理主義的に組織された集団へと変わっていったのである。

税制改革とリクルート

竹下内閣の課題は、何よりも、中曽根内閣で実現できなかった新型間接税の導入であった。一九八七年（昭和62）十一月二十七日の臨時国会で、竹下は最初の所信表明演説を行い、「国際国家にふさわしい、日本経済の活性を高める税制、国民が納得して負担できるような簡素で公平な税制、本格的高齢社会の到来を控え、安定した歳入基盤を提供し得る税制」を追求すると述べている。福祉の点を強調したのが注目された。

税制六法案は、翌八八年（昭和63）七月十九日に召集された臨時国会で審議に入った。しかし野党の反対が強いうえ、六月にリクルート事件が発覚し、七十日の会期で六十五日目に法案の趣旨説明が行われるという有り様だった。さらに、担当の宮沢蔵相にまでリクルートコスモス社の株式が譲渡されていたという問題が発覚し、十二月九日、蔵相を辞職するという事態まで起こった。その後も牛歩と徹夜の国会を繰り返し、十二月二十四日、法案は成立した。大きな犠牲を払ったし、竹下内閣の支持率は急落したが、ともかく法案を成立させたのは、竹下派の党内外に対する実力の結果であった。

しかし、リクルートは痛手であった。八八年十二月、税制六法案を成立させたあと、竹下は内閣を改造したが、その中の長谷川峻法務大臣が、リクルート社から政治献金を受けていたことがわかり、辞職することになった。翌八九年（平成元）一月には、原田憲経済企画庁長官に同じ問題が起こり、やはり辞職することとなった。これらは、実はおおむね法の範囲内の献金で、さほど巨額のものではなかったが、リクルート追及の嵐《あらし》の中で、竹下は閣僚辞職で対応することとしたわけである。

それゆえに、もっと大きな疑惑が、有力者に起こり、また竹下自身に起こったとき、竹

竹下・宇野内閣支持率の推移

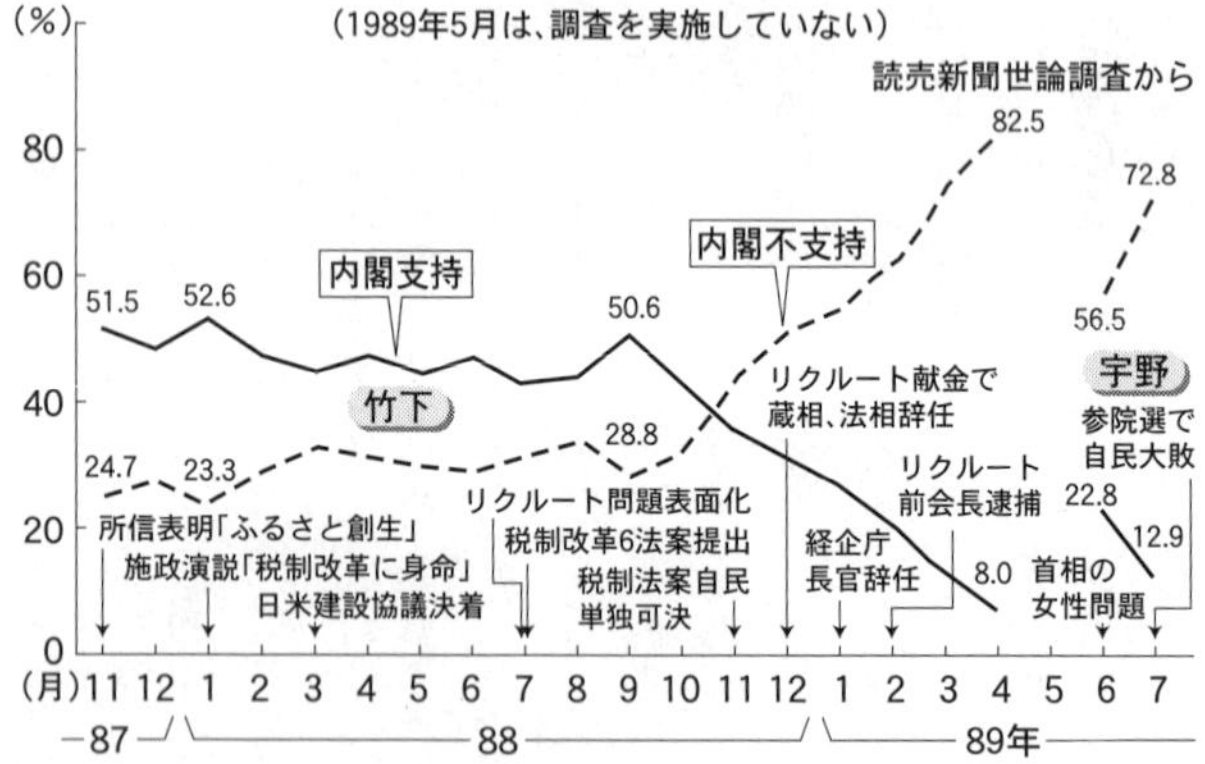

(1989年5月は、調査を実施していない)
読売新聞世論調査から

下は内閣を投げ出すしかなかった。

リクルートは官界、政界を広く網羅した事件で、非公開株の譲渡、パーティー券の大量購入、巨額の政治資金献金などで、自民党の大物政治家のほぼすべて——中曽根前首相、ニューリーダーと言われた竹下、安倍、宮沢、その次を狙うと言われた渡辺前政調会長、藤波孝生前官房長官ら——をことごとく網羅していた。リクルートは、八〇年代の自由化の中で急成長を遂げた企業であった。そこから財界の中で正当な位置を占めたいと考えた江副浩正前会長の野心と、政治家の側の資金需要とが結びついたものであった。またその資金作りの方法も、非公開株(それが必ず値上がりするという情勢を背景においてのみ可能なことではあるが)の譲渡という形を取ったり、パーティー券の大量購入など、新しい方法であった。中曽根時代の政治経済変動が、一つの引き金となった事件であった。

さて、竹下は、自身のリクルート疑惑が四月初めに明らかになり、追い詰められるとともに辞職の決意を固め、四月二十五日、予算成立後に辞職することを発表した。問題は、中曽根末期よりすべての派閥が協力的となり、竹下派を攻撃できる派閥がなくなっていたことである。八〇年の鈴木の、「和の政治」から始まった傾向が、ニューリーダーの間で定着していた。完全な派閥均衡内閣ということにも表れているように、竹下は敵を作らず全体を融和することに心を砕くタイプであった。そういうリーダーを自民党が選んでいたのであった。その結果、公然と竹下に対立する勢力はいなくなっていた。派閥の間の競争によって、社会とのズレを調整し、社会に対応していくというダイナミズムは、竹下挙党一致体制からは生まれなかったのである。

宇野内閣の成立と参院選の大敗

竹下は、本来は盟友の安倍に譲りたかった。しかし、安倍は夫人がリクルート社から長年顧問料をもらっていたことが発覚したうえ、病気で八九年（平成元）四月、入院していた。それゆえ、次善の策は誰かを暫定首相として、安倍につなぐことであった。

竹下が当時、政治改革にかなり熱心であったことは確かである。八八年十二月の内閣改造のときも、政治改革への決意を語り、自民党では八九年一月十八日、政治改革委員会（後藤田委員長）を発足させ、一月二十七日には、首相の私的諮問機関、政治改革に関する有識者会議を発足させていたし、腹心の秘書・青木伊平が自殺したあとは、とくにその思いは強かったらしい。そのこともあって、硬骨・清廉で知られる伊東正義政調会長に首相就任を依頼したが、伊東は世代交代を主張し、またリクルート関連議員の議員辞職などを要求したため、実現しなかった。

代わって竹下が選んだのは宇野宗佑外相であった。宇野は過去に通産相なども経験した中曽根派の有力者の一人であり、現外相の首相就任は、外交の継続性という点で意味があった。それ以外に、竹下から見れば、宇野は独自に強い政治基盤をもっているというわけではなく、コントロールが可能であり、次の安倍へのバトンタッチも困難でない、という判断がなされたのであろう。政界で重視される当選回数は、安倍と同じ十回だった。

これに対し、二階堂グループの山下元利元防衛庁長官が異論を唱えて立候補するが、六月二日、両院議員総会で、宇野が総裁に選出され、同日、国会で首班に指名された。

このとき、注目すべきは、橋本竜太郎が幹事長に起用されたことである。言うまでもなく幹事長は要職で、総理大臣の腹心か、さもなければ派閥のリーダーが起用されるポストであった。そこに、まだ若い橋本が起用されたのは、竹下派で党務を握るだけでなく、やはりある種の若返りが必要とされたからであった。

しかし、まだ記憶に新しいように、宇野の首相は最悪の結果であった。首相就任後まもなく、七月の参院選を前にして出た女性スキャンダルは、猛烈な勢いで広がり、宇野首相は次の参院選の応援にすら行けなくなってしまった。参院選における自民党の不振の原因は、リクルート、消費税、農業自由化と言われたが、四つ目のスキャンダルこそ決定的だった。野党がリクルートのさなか、統一候補を準備し、また連合の候補も出馬していた中で、自民党は初めての歴史的な大敗を喫してしまった。

七月二十三日に行われた参院選で、自民党の議席は比例区一五、選挙区二一、合計三六で、前回の七二を大きく下回った。得票率は比例区三七・三パーセント、選挙区三〇・七パーセントで、これまた前回を大幅に下回った。自民党が過半数を取れなかったのは、参議院に緑風会が多数をもっていた時代以来のことであった。

自民党の不振は、普段は絶対的に強い定員一の選挙区で、三勝二十三敗に終わったことに表れていた。これは前回の二十三勝三敗のちょうど逆であった。それは、自民党に対する支持が、いかに根の浅い、変わりやすい支持であるかを示していた。もう一つ重要なことは、こうした勝敗の逆転が、小選挙区で最も起こりやすいということである。このあとに登場する政治改革の重要な伏線と考えてよいであろう。

ともあれ、宇野内閣の崩壊は、実質的には竹下内閣の崩壊であった。竹下内閣は、党内力学からは万全の内閣であった。しかし、国民からの支持では、歴代最低水準であった。その理由の多くは、リクルートや増税やスキャンダルで、回避しにくいものであった。それにしても、竹下内閣が示したビジョンは、おそろしく貧困であった。「ふるさと創生」は意味不明だったし、全国の自治体に一億円を贈るという程度のことでしかなかった。

自民党の派閥について、池田、佐藤の世代を第一世代、三木・田中・福田・大平を第二世代、竹下・安倍・宮沢を第三世代と呼ぶことができる。第一世代は、自民党結成時から一方のリーダーだった政治家であり、第二世代は、戦後すぐに政界に入って、第一世代の腹心だった政治家である。第三世代は、宮沢だけが少し違うが、自民党時代に政治家になり、その中で育った政治家であった。自民党の枠を超える発想を期待するのは難しいのかもしれなかった。竹下は、第三世代の優等生であり、党内力学において万全であり、日本の課題に向けては貧困だった。それが自民党の行方を象徴していた。

2　海部俊樹と湾岸危機

海部内閣の成立

一九八九年（平成元）七月二十三日の参議院選挙の翌日、宇野首相は選挙大敗の責任をとって退陣を表明した。後継総裁については、安倍、宮沢、渡辺らの派閥領袖たちがリクルート問題で出馬できない状況にあって、行方は混沌としていた。

そこから浮上したのが、河本派の海部俊樹であった。五十七歳という若さ、清潔なイメージ、率直に語りかける能力、それに竹下とも親しく、当選回数は十回と、いくつかの重要な条件を満たしていた。河本派では、河本敏夫を推す意向も強かったが、すでに七十八歳で、しかも自ら経営する三光汽船の破産によって四年前に閣僚を辞職していた河本が、総裁になる可能性はほとんどなかった。八月二日、竹下派、中曽根派とともに、河本派も海部を推すこととなった。

これに対し、宮沢派は二階堂グループの林義郎元厚生大臣、安倍派は石原慎太郎元運輸大臣を推し、「開かれた総裁選び」を演出して、八日、国会議員と都道府県連代表による投票で、海部が選ばれた。得票は、海部二七九票、林一二〇票、石原四八票であった。なお、海部の任期は形式的には十月までであったが、ほかに競争者もなかったので、十月三十一日の党大会で、九二年十月までの任期で再選されている。

この選挙は、党内力学の点で、興味深い選挙であった。第一に、派閥が依然として単位でありながら、いずれも他派の政治家あるいは自派でも比較的新参の政治家を擁立したことである。竹下派は河本派の海部、宮沢派は二階堂グループの林、そして安倍派は石原（かつて中川派に属し、その後石原派を率い、八四年福田派に入った）を推したことである。宮沢派も安倍派も本気で戦ったわけではなく、負けてもよい候補を出したわけではあるが、それにしても、派閥のリーダーでない人物が派閥を代表することは、かつてないことであった。

第二に、「開かれた総裁選び」を意識して行われたことである。スキャンダルなどで自民党が逆境にあるときは、反省のイメージを強調し、しばらくすればまた元に戻るというのが通例だと言われるが、国民の支持が激しく変動する時代にあっては、対外イメージの重視は恒常的な要素にならざるをえないのである。

第三に、対立軸は竹下派と宮沢派との間にあったことである。各候補の得票を見てみると、海部の場合、竹下派（百五人）＋中曽根派（七十五人）＋河本派（三十一人）を基礎票とすれば、さらに六八票を得たことになる。林の場合、二階堂グループ（十二人）＋宮沢派（七十九人）を基礎票とすれば、さらに二九票を得たことになる。石原は、安倍派（七十九人）を基礎票としたとすれば、少なくとも三十一人の脱落があったことになる。つまり、安倍派のかなりの部分は海部に投票したわけである。宮沢派が反竹下の二階堂グループから候補を出したことから見ても、この時点で一番の対立軸は竹下対宮沢であった。

海部内閣は、八月十日に成立した。党三役は、小沢一郎幹事長（竹下派）、唐沢俊二郎総務会長（中曽根派）、三塚博政調会長（安倍派）の三人となった。内閣は、河本派二、竹下派五、中曽根派四、安倍派四、宮沢派四、民間一で、森山真弓環境庁長官、高原須美子経済企画庁長官の二人の女性が含まれていたのが注目された。ここでも、実務能力のある中堅政治家と、外向けの要素が結合していることが分かる。その後まもなく、山下徳夫官房長官の女性問題が発覚し、イメージ重視の海部内閣としては、やむなく山下を辞職させ、森山を官房長官に回すこととなった。アクシデントの結果とはいえ、内閣の要の地位に女性が起用されたのは、やはり初めてのことだった。

総選挙と日米構造協議

海部内閣の課題は、次の総選挙であった。八六年同日選挙から数えて、九〇年（平成2）七月までに選挙が行われるが、そのタイミングをどう選ぶか、いや、どう選ぶにしても、八九年七月の参議院選挙の悪夢をどう阻止するか、きわめて深刻な事態であった。もし衆議院でも敗れれば、消費税が廃止される恐れがあった。それは、長年日本の政治に責任を持ち続けてきた自民党として、絶対に避けなければならない結果であった。

海部内閣のイメージは徐々に浸透し、比較的高い支持率を得るようになった。九〇年（平成2）一月二十四日、衆議院は解散され、二月十八日、投票が行われた。一時は与野党逆転かと言われたが、自民党は二七五議席（追加公認を含め二八六）を獲得して、前回よりは二五議席ほど少ないが、前々回よりは二〇議席以上多く、安定多数を守った。得票率は四六・一パーセントで、前回より三・三ポイント下がったが、七六年、七九年、八三年などのような危機的な数字ではなかった。

総選挙後の人事では、小沢幹事長が留任したほか、西岡武夫（宮沢派）が総務会長、加藤六月（安倍派）が政調会長に就任した。三役の一角が渡辺派（二月に中曽根派は渡辺派になった）から宮沢派になったのは、選挙の結果、中曽根派が一三議席減少したことと関係

海部内閣支持率の推移

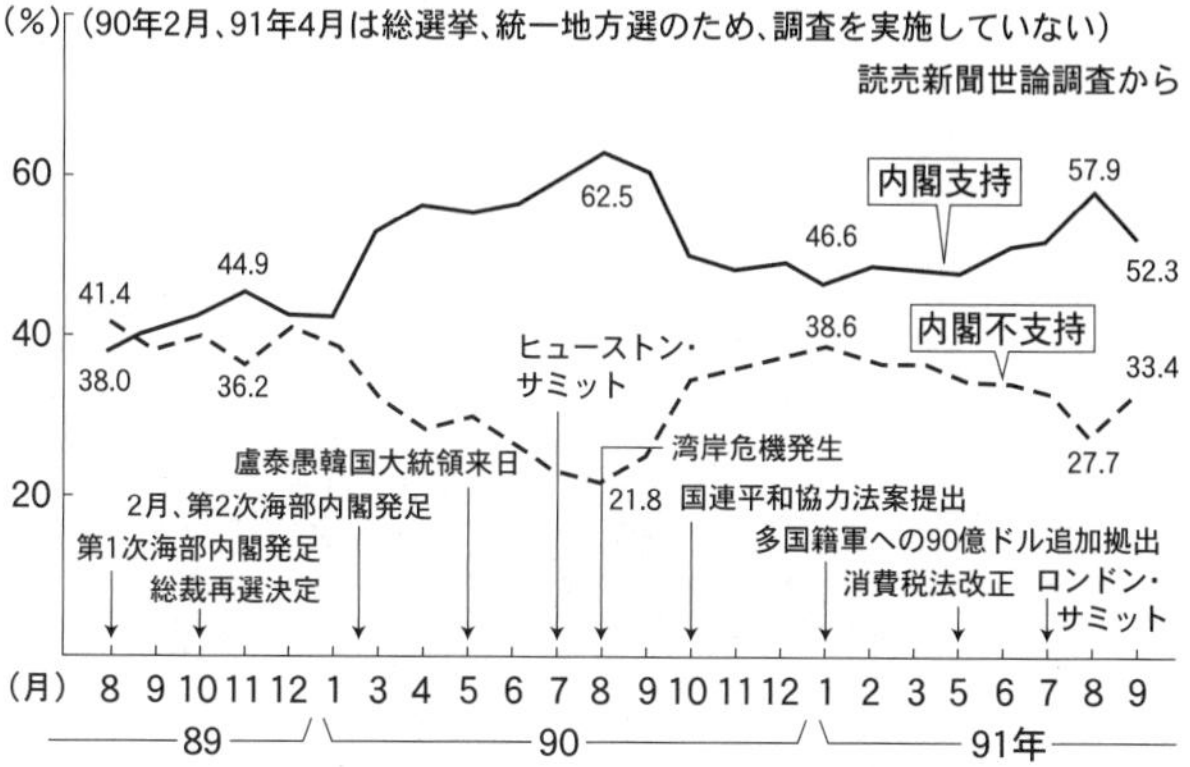

(90年2月、91年4月は総選挙、統一地方選のため、調査を実施していない)
読売新聞世論調査から

していた。しかし、その他の閣内の派閥バランスはほとんど変わらず、河本派二、竹下派六、安倍、宮沢、渡辺の各派が四で、政治の安定とともに女性は消えた。

総選挙後の国会では、一つの新しい試みがなされている。小沢幹事長が、補正予算と関連法案の一括処理を提案したことである。これまで社会党は、予算と予算関連法案が不可分の場合にも、関連法案には賛成しながら、予算には反対するという矛盾した行動を取っていた。それでも自民党の多数によって予算は成立したから、反対のポーズは貫きつつ、予算の実（公務員給与のベースアップなど）は取るということが可能だったのである。しかし、参議院で与野党が逆転したのち、いつまでも社会党がこうした態度を続けるのは無責任だとして、首尾一貫した態度を取るよう求めたものであった。小沢は、従来の国対政治的手法をやめ、オープンに議論する新しい国会運営の第一歩として、これを位置づけていた。しかし、一挙に実現することは難しく、このときの法案は、一部は一括して処理され、一部は分離して処理された。

これは従来と違った興味深いアプローチだった。小沢は、選挙前に財界に巨額の寄付を仰いだときも、全力を尽くして過半数を取れなければ、中途半端な連立政権よりは下野が望ましいとしていた。こうした点で、首尾一貫したアプローチだった。

さて、総選挙後に大きな課題は、日米構造協議であった。

日米間の貿易をめぐる紛争の歴史は長く、それが政治化してからの歴史も長い。本書では佐藤時代の繊維摩擦についてふれた。その後、七〇年代、日本は石油危機後の不況からの脱出のため、輸出に依存することとなった。これによる対米輸出の増大に、アメリカは基本的に、日本側で対米輸出を自主規制することを求めてきた。八〇年代を通じて行われた対米自動車輸出自主規制がその代表的なものである。そのほか、企業の対米進出なども、盛んになった。

次のステップは通貨調整であった。八五年（昭和60）のプラザ合意を契機とする円高ドル安によって、日本の対米輸出が減り、アメリカの対日輸出が伸びると考えられた。しかし、これも思ったほどの効果を上げなかった。

次に出てきたのが、日本の非関税障壁を問題とするアプローチだった。その背景には、日本社会がアメリカ社会と違った構造をもっているとする日本異質論の台頭があった。それは、一九八五年のセオドア・ホワイト「日本からの危機」に始まり、カレル・ファン・ウォルフレン、チャーマーズ・ジョンソン、クライド・プレストウィッツ、ジェームズ・ファローズなどの論文や著書が次々と話題となっていた。

このアプローチは、当初、市場重視型個別協議（ＭＯＳＳ協議、Market-Oriented Sector-Selective）として、分野別に議論されてきた。しかし、八九年秋からは、日本社会の構造に切り込む日米構造障壁協議（ＳＩＩ、Structural Impediments Initiative）が始まった。その特質を代表するのが、大規模店舗法の問題だった。すなわち、日本では中小商店をスーパーやデパートから保護するため、大規模店舗の進出に地元商店街との協議を義務づけており、それは、現実に大規模店舗の進出にブレーキをかけ、日本の流通の効率化を妨げる要因になっていた。それが、ひいてはアメリカ製品の対日輸入の障壁になっているという考えから、アメリカはその自由化を求めたのである。

これが興味深いのは、一昔前なら内政干渉として一蹴されたであろうようなテーマが問題とされたことであり、また、中小商店という自民党の基盤を直撃する要求だったことである。たしかに、日本経済の規模の大きさ、貿易黒字の大きさ、国際経済との関わりの深さから、大店法は日本固有の伝統や秩序だと言い逃れる段階ではなくなっていた。しかしその改革は、自民党の支持基盤にメスを入れなければ解決できなくなっていたのである。

海部内閣を支えていた竹下派は、この方向ではかなり協力的で、成果を上げている。それにしても、自民党が日本をリードするためには、その政権基盤にメスを入れなければならない状況は、至るところに生まれていた。一九八八年（昭和63）の牛肉オレンジ交渉などもそうであった。このSIIはその一つの重要なステップであった。

湾岸の衝撃

ともあれ、構造協議は九〇年（平成2）七月にかけて一段落をとげ、海部内閣の支持率も上昇して、内政は安定して見えた。そこに起こったのが、イラクのクウェート侵攻、併合であった。八月二日のことである。

海部内閣は比較的早く、イラク非難、経済制裁などの措置を取った。しかし問題はそれからであった。公然たる国際法秩序の侵犯、世界的な石油危機の可能性に直面して、アメリカを中心とする国々が、湾岸に軍隊を派遣して、イラクに圧力をかけていたとき、日本がこれにどのような協力あるいは参加をするか、決定は容易ではなかった。内閣のいわゆる第一次貢献策は、八月二十九日に発表された。その中心は資金協力で、合計四十億ドルの支出だったが、発表の仕方が、最初は金額なし、次いで十億ドル、二週間後にさらに三十億ドルという形だったので、too late, too little と批判され、不評だった。そして資金以外には輸送協力、医療協力などがあったが、いずれも自衛隊の関与なしに行おうとするもので、徐々に実現性が乏しいことが分かってきた。

目に見える参加のためには、実際、組織力をもつ自衛隊を利用するしかなかった。しかし、自衛隊は長年、専守防衛を旨《むね》としており、海外での行動は、災害救助さえ認められていなかった。自民党全体の反応はにぶく、小沢、西岡、加藤六月の党三役、それに山崎拓国防部会長、派閥領袖では渡辺美智雄が前向きの発言をしたにすぎなかった。

小沢一郎

人的貢献という観点から、小沢幹事長を中心に、自民党は国連平和協力法を十月の国会に提案した。事実上の自衛隊からなる部隊の派遣を、軍事行動に参加しないことを前提にして、認める法案だった。この法案などに関する電話アンケートを『朝日新聞』が行ったことがある。それによれば、この法案に賛成の自民党議員は一一五、反対二〇、その他・分からない四六（全議員では、一一五―二二三―五九）だった。また、武力行使を前提としない自衛隊の海外派遣については、認める一三〇、認めない三七、その他・分からない一四（全議員で、一四三―二三八―一六）、武力行使を前提とする国連軍が出来た場合、自衛隊の参加を認める五〇、認めない七九、その他・分からない五二（全議員で、五四―二八九―五四）であった（『朝日新聞』一九九〇年十一月一日）。

法案について、自民党内での賛成者は約三分の二であった。これは過半数ではあるが、自民党の常識では、コンセンサスには満たない数字であった。やはり同じころの朝日新聞の電話アンケートで有権者の反応を見ると、賛成二一パーセント、反対五八パーセントで、有権者の多くは反対だったから、政治家はこうした世論に逆らうことを好まなかった。こうした状況で、同法が廃案になったのは、無理もなかった。

なお、以上の政治家アンケートを見ると、竹下派と河本派に賛成が多く、安倍、宮沢、渡辺派に無関心ないし反対が多い。イデオロギー的に賛成が多そうな安倍、渡辺派に少なく、賛成が少なそうな河本派に多いのは、おそらく政権に対する責任感の反映だと思われる。要するに、総裁派閥と幹事長派閥が熱心だったわけで、そうした責任感に触発されない場合は、自民党政治家は積極的な反応を示していなかったのである。

九一年（平成3）一月、湾岸戦争が勃発すると、政府は追加資金の支出と、難民輸送のための自衛隊輸送機の派遣を決定した。そして、増税を行ったうえ、九十億ドル（これまでの分を合わせれば百三十億ドル）という巨額の資金を多国籍軍に対して支出した。一方、輸送機の方は戦争終結が早かったので、実施されなかった。戦争が終わってから話題となったのは、四月の掃海艇の派遣であって、一部に強い反対があったが、政府はこれを実行した。遅すぎた感もあったが、外国からは高く評価された。

湾岸の危機は、日本政治の限界を大きく露呈したものであった。新冷戦の時代、日本は軍備を増強したが、それは日本を守るだけでなく、西側の対ソ圧力を増すという意味で、国際的な意味をもっていた。しかし、冷戦終了後には、日本を守ることは、国際的な貢献ではなくなっていた。中曽根内閣当時、イラン―イラク戦争に関し、ペルシャ湾へ掃海艇を派遣する論議が起こったことがある。積極的だった中曽根首相に比べ、後藤田官房長官は強く反対し、実現されなかった。いわゆる「蟻の一穴」、つまり、一つ道を開くとズルズルと軍国主義の道を歩んでしまうという議論が、そこにはあった（後藤田正晴『内閣官房長官』）。

しかし、実は、優れたリーダーはこうした状況を予測していた。すでに一九六六年（昭和41）の段階で、大平正芳は、「わが国の国連外交上の最大の問題は、（中略）もし国連軍が結成されたならば、日本はその国連軍に兵力を供出するのかしないのか、そのことが中心の問題だと思うのであります」と述べている。そして、国連の休戦監視団（今日で言えばPKO）に日本が参加するのは当然で、憲法違反の恐れはないが、日本は政策的にいままで遠慮してきた。しかし、「国連の平和維持機能を強化し、充実させていこうというなら、……それが海外派兵というべきものでなければ、協力を惜しむべきではない」と述べている（渡辺昭夫「国際政治家としての大平正芳」『大平正芳　政治的遺産』）。この点、吉田ドクトリンを厳格に解釈し、日本の自衛隊海外派遣に反対ないしきわめて消極的な態度を取った宮沢喜一とは、同じ宏池会でも違っていたし、後藤田正晴とも違っていた。

政治改革の挫折と再選断念

以上のいわゆる湾岸貢献策の実施にあたり、自民党は参議院で過半数をもっていなかったため、野党の協力を必要とした。小沢幹事長は、公明党の支持を得ることに腐心し、東京都知事選挙で、共同歩調を取る約束をしたと言われる。現職の鈴木俊一を公認せず、磯村尚徳を立てたのは、それが主たる理由だと言われている。小沢の強引なイニシアティヴで、自民党は磯村を公認したが、東京都連は納得せず、自民党は事実上分裂して都知事選に臨んだ。そして四月の都知事選挙で敗れると、小沢は幹事長の地位を辞している。その後任にはやはり竹下派の小渕恵三元官房長官が就任している。

なお、その直後、自民党では、「国際社会における日本の役割に関する特別調査会」を設けることを決定し、六月、これを発足させた。委員長には小沢前幹事長が就任して、小沢調査会と呼ばれた。そこには、各派の中堅有力者が網羅され、識者の意見を聴取していたが、小沢が狭心症で倒れたため、一時作業は中断された。その後、秋に再開されて、取りまとめに入るが、当然従来より踏み込んだ役割を想定していたため、反対派は党憲法調査会（栗原祐幸会長〈宮沢派〉）を中心として反撃に出る動きがあった。

もう一つ重要なことは、六月二十九日、自民党総務会で、小選挙区比例代表並立制を中心とする政治改革関連三法案が、反対を押し切って、党議決定された。これに反対したのは山崎拓元防衛庁長官（渡辺派）、加藤紘一元防衛庁長官（宮沢派）、小泉純一郎元厚生大臣（三塚派）で、その頭文字をとってＹＫＫと呼ばれた。

湾岸戦争の余波が一段落したころから、海部首相に対する支持率はまた上昇に転じ、六月には支持率五〇・三パーセント、不支持率三四・三パーセント、自民党支持率五四・八パーセントという高率に達していた。しかしその陰で、かなり重要な対立が深まっていた。第一に、野党の中で社会党を重視する国対政治的な従来の路線と、一括処理方式を取り、大きな野党である社会党よりも政策的に近い公明党・民社党を重視する路線との対立だった。第二に、世界の中の日本の役割をいかに定義するかという問題があった。第三が、政治改革において、小選挙区比例代表並立制の導入を中心とする改革を進めるかどうかという対立があった。

これらは、海部首相のもと、竹下派、より正確には小沢が進めた路線と、それに対する反対派との対立であった。派閥リーダーで言えば、渡辺、三塚（五月、安倍晋太郎が死去し、六月、三塚派となった）は、ともに比較的安全保障問題では積極派であり、また三塚は小選挙区論者でもあった。しかし、党内の多数は、これまでの路線から急激に変わることに、不安をもっていた。そうした感情に、ＹＫＫは訴えていったのである。

政治改革関連法案は八月開かれた臨時国会で審議されたが、自民党内の結束が不十分だったため、九月三十日、廃案になってしまった。これに対し海部は、重大な決意をすると述べて、解散を示唆したが、竹下派の賛成を得られなかったため、結局これを断念した。その結果、十月五日、次の総裁選挙に立候補しないことを声明することとなった。

ともあれ、海部内閣末期の自民党は、かなり明白に政策対立の様相を示していた。そして小選挙区制度反対派が一応勝ったと言ってよいだろう。しかし、この問題は、このあとも、重要な課題として、政治の行方を左右することになる。

3　宮沢喜一と自民党政権の崩壊

宮沢政権の成立

一九九一年（平成3）十月五日、海部総裁が再選不出馬を表明したあと、総裁をめざしたのは、宮沢喜一、渡辺美智雄、三塚博の三人であった。ほかに、竹下派会長代行の小沢一郎・前幹事長が出馬要請を受諾すれば、他の一、二の派閥が協力して、小沢総裁が実現するという状況も一時成立していた。しかし、小沢が健康上の理由その他でこれを辞退したため、竹下派がだれを推すかが決定的となった。そして小沢が三候補の政見を聞き、これを竹下派内で討議して決定するというプロセスが取られた。このとき、小沢が候補者を呼びつけたのは非礼であると、大いに批判を浴びた（もっとも、小沢は「呼びつけ」を否定している）。

竹下派の最終決定は、十月十一日、金丸によってなされ、結論は宮沢支持であった。小沢の共感は渡辺にあったとも言われ、また竹下派には宮沢嫌いが多かった。宮沢となった理由はよく分からない。さらに、そもそも、海部が「重大な決意」を示唆したとき、これを見捨てて海部の再選出馬をやめさせた理由も、よく分からない。竹下派プラス河本派で他の三派と争って容易に勝てるとは限らないという見通しがあり、それよりは、他の一派閥に政治改革やPKO法推進を約束させ、これを支持する方が容易だという判断があったのかもしれない。しかし、小沢流儀で行けば、海部支持で強行するか、政策的に近い渡辺派と組むか、いずれかだったのではないだろうか。

ともあれ、総裁選挙は十月十九日告示され、二十七日、投票が行われた。この選挙は、八九年（平成元）の参院選挙の敗北後に導入された新しい制度による最初のものだった。それは、自民党所属国会議員の投票総数と、全国の党員党友の地方における投票を都道府県ごとの持ち点に換算したものとを合計して争うもので、宮沢は、国会議員の投票で二〇七票、地方では東京・大阪など三十七都道府県で勝って七八票を獲得、合計二八五票だった。また渡辺は国会議員の一〇二票に加え、栃木など七県で一位となり、一八票を獲得し、合計一二〇票、三塚は国会議員の八二票と宮城など三県で五票を獲得して八七票だった。宮沢は竹下・河本・宮沢の国会議員総数二一七を一〇下回り、地方でも取りこぼしがあって、予想を下回ったが、とにかく圧勝だった。渡辺は国会議員の基礎票六七を三五も上回り、大健闘だった。三塚も、安倍派からの継承における内紛を抱え、派閥としての結束を確認することを目的とする出馬だったが、派閥の基礎票八一を一上回り、まずまずの成果だった。

十一月五日、首相に指名された宮沢は、その日のうちに組閣を終えた。閣僚の構成は、宮沢派二、竹下派六、三塚派四、渡辺派四、河本派三、安倍派継承問題で三塚と袂《たもと》を分かった加藤（六月）グループが一だった。党三役には、竹下派の綿貫民輔が幹事長、渡辺派でロッキード事件で有罪判決を受けた佐藤孝行が総務会長、そして三塚派の森喜朗が政調会長に起用された。閣僚構成も、竹下派が多いが、とくに党人事は竹下派に委ねる旨の合意が、あらかじめあったと言われている。なお、一時、三塚派外しということが言われ、三塚派の三役入りに竹下派が強く反対したが、三塚派が巻き返して森を政調会長に入れたと言われているが、これも詳しいことは分からない。

宮沢喜一のバックグラウンド

宮沢喜一は長年自民党のホープであった。戦前の政友会の有力者である小川平吉を母方の祖父、政友会の衆院議員を長く務めた宮沢裕を父とし、大蔵省に務め、池田勇人大蔵大臣の秘書官となり、一九五三年（昭和28）、参議院議員に初当選している。若いころからニューライトの旗手と言われ、政界有数の知性であり、海外に友人も多く、国際問題に通じており、自民党第一の英語の達人だった。

一九七〇年（昭和45）、宮沢は佐藤内閣の通産相に起用されたことはすでに述べた。佐藤は知性派の宮沢を好んだが、このときはとくに日米繊維問題の解決が課題であった。時の通産相、大平正芳はこれに積極的ではなく、代わって起用された宮沢も結局、自主規制は行わなかった。結局、その次の通産相となった田中角栄が、自主規制を受け入れ、代わりに繊維業界に手厚い転廃業援助を行うということで、納得させたわけである。この点について、宮沢は次のように述べている。

「多分これは私のよいところであり、同時にいけないところでもあるのだが、権力というものは国益とか公共の福祉にかかわるような、やむをえないとき以外には行使すべきでない、と私は信じている。そのために、私は在任中ついに（繊維製品の米国向け輸出を規制するための）輸出貿易管理令の発動に踏み切ることをしなかったし、また、できなかったのである」

「しかし、このような考え方には限界があることもたしかである。政治家の仕事は、ものごとをすべて合理的に処理すればよいというものではなく、法規に拘泥してはならない場合もある。ときには泥をかぶって憎まれ役になり、直接の関係者には立場上、いいだせないような方法をとってでも、問題の解決にあたらねばならないこともあろう。（中略）潮時をみさだめ、あえて政治的収拾にふみきった田中氏の決断は、その点でひとつの見識を示したものであったと思う」（宮沢喜一『戦後政治の証言』）。

ここでも見られるように、醒《さ》めた目をもつ観察であるが、傍観者的な感は否めない。宏池会以外の有力者で宮沢を愛したのは佐藤、福田、嫌ったのは田中、中曽根だというのも理解できる。

宮沢は宏池会の正統ではあったが、大平よりは前尾と親しかった。大平と安全保障問題でかなりの差異があることは、すでに述べたとおりである。宮沢は鈴木内閣の官房長官を務め、そのときに起こった日米安保条約をめぐるトラブルに巻き込まれたように、いわゆるハト派という点で、鈴木と通じるところがあった。宮沢がいずれ宏池会を継承するのは、当然のことではあったが、一時は田中六助が台頭し、一六戦争などと言われたこともあった。しかし、田中の病気で決着はついていた。

また宮沢は、占領軍の圧力を大蔵官僚として受け止めた経験もあり、中国に関する深い教養もあって、アメリカの無理な圧力には敢然と立ち向かう傾向があり、親米派とは言っても、なかなか複雑なところのある人物であった。

本格政権のつまずきと立ち直り

宮沢の以上のような経歴からして、本格政権という期待が高かったのは当然であろう。『読売新聞』の調査で、政権発足当初の支持率は五五・七パーセントと、かなりの高さであった。

しかし、さっそく成立するかと思われた国連平和維持活動協力法案（PKO法案）は、自民・公明の賛成で衆議院を通過したが、参議院では継続審議となった。

一九九二年（平成4）一月には、阿部文男・元北海道開発庁長官が、鉄骨メーカーの共和から多額の資金を受けていたことから、逮捕されるという事件が起こった。阿部は宮沢派の事務総長であって、宮沢には打撃だった。これに佐川急便のスキャンダルが続き、内閣の人気は急落し、三月には支持率は二六・五パーセントと急落することとなった。このまま、宮沢内閣は倒れるのではないかという観測も出るほどだった。

こうした情勢を乗り切るのに力となったのは竹下派であった。これに先立って、一月八日、宮沢首相の要請によって、金丸元幹事長が自民党副総裁に就任していた。党の安定化のため、党務を竹下派に委ねたということで、かねての約束によるものと思われる。そして金丸の要請により、増岡博之国会対策委員長（宮沢派）を更迭し、十七日、梶山静六が

宮沢内閣支持率の推移

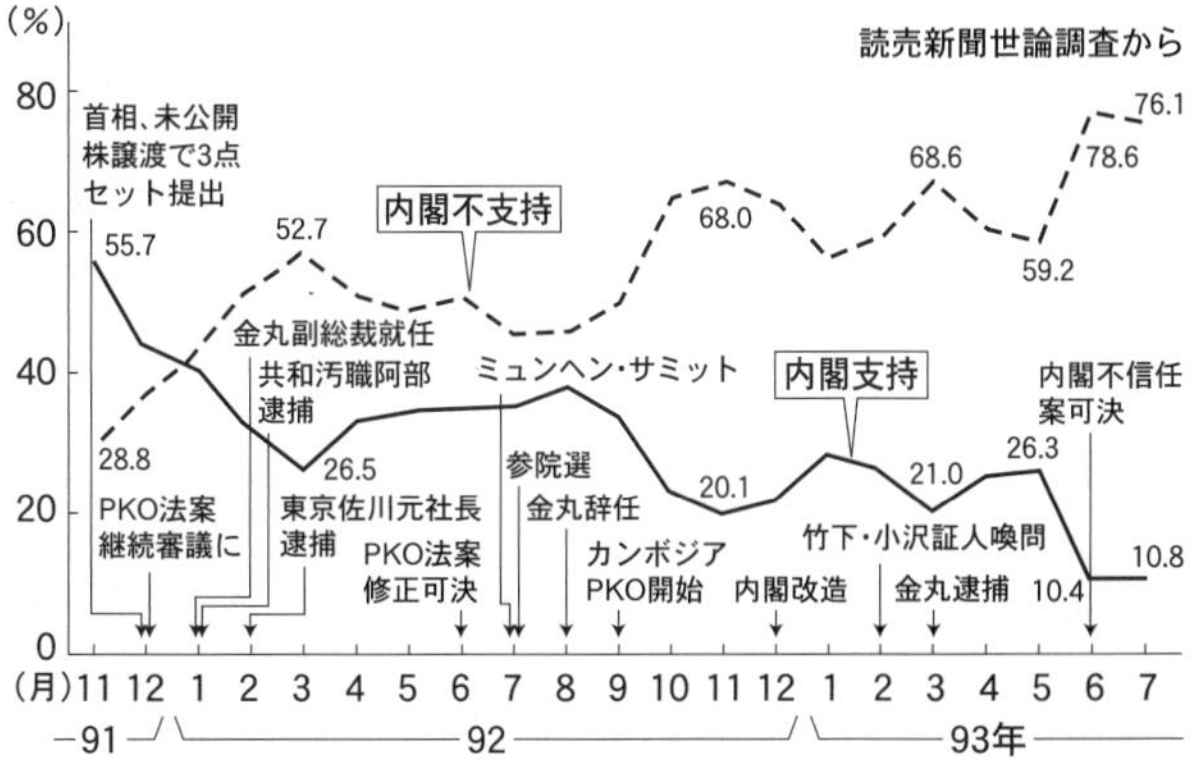

海部時代に続いて就任した。その他、幹事長が綿貫民輔、衆院の予算委員長が山村新治郎、議院運営委員長が中西啓介と、いずれも竹下派が占めた。これは、長年の竹下派の経験によるところが大きい。一九八〇年代からの幹事長をみると、鈴木時代に二階堂、中曽根時代に二階堂と田中六助、竹下時代に安倍晋太郎、宇野内閣が橋本竜太郎、海部時代が小沢一郎と綿貫民輔と、宏池会で幹事長を経験したのは、宮沢とは対照的な存在だった田中六助だけだったのである。

　国会後半は、ＰＫＯ法案審議一色であった。法案には、⑴ＰＫＯが危険となったときには、日本が独自に判断して自主的に撤退する、⑵武器使用は個々人の判断による、という二つの問題が最初からあった。ＰＫＯ派遣部隊の行動は、あくまで国連および関係国の一体の判断であるべきであり、日本が独自の行動をすることはできないはずであったが、日本はいつでも引き揚げられるということを、政府案は示したかったのである。そして、武器使用は正当防衛に限るという観点からの留保が後者であった。

それでもなお、民社党はPKO派遣は国会で事前に決定すること、公明党は国民の間のコンセンサスが熟するまで、当分の間、PKF（停戦監視など、PKO本体業務）は凍結すること、という点を要求し、自民党はこれを受け入れて、六月一日、三党共同の修正案が成立した。

それでも、しかし、社会党はあくまで「非軍事・文民・民生」の原則を主張して、徹底した反対を繰り広げた。社会党の牛歩戦術は消費税反対以来であったが、そのときは一件二〜五時間程度だったのが、今回は議院運営委員長解任決議案の採決に十一時間三十四分、PKO特別委員長問責決議案の採決に十三時間八分をかけるなど、史上例を見ない最も時間をかけた牛歩戦術を取った。そして、最後は所属議員が全員辞表を提出するという議員総辞職戦術まで採用して徹底抗戦した。しかし、法律は六月十五日に成立している。

これほど激しく抵抗したのは、PKO法案が特別な悪法だったからではないだろう。冷戦終焉後の世界で、PKO程度は世界の常識であった。しかし、社会党は非武装中立を党是としてきた。憲法九条を厳格に解釈し、一切の軍事力は違憲であり、自衛のための必要最小限度の軍事力を黙認するにすぎなかった。その立場からすれば、PKOを認めるということは、憲法九条の厳格解釈を放棄するに近かった。それゆえに、抵抗はかくも徹底していたのだと考える。

その後、行われた七月の参議院選挙は、事実上このようなPKO法に対する審判の機会となった。二十六日の投票の結果、自民党は、六八（選挙区四九、比例一九）（追加公認を含めて六九）を当選させ、改選過半数の六四を超えた。改選数の七五には届かなかったが、三年前の大敗よりも大きく上回った。投票率はかなり低く、五〇・七パーセントと、史上最低だった八三年の参院選をまだ六・三ポイント下回った。自民党は勝利したのではあるが、比例区の得票は一四九六万票で、大敗した前回より下がっていた。

この選挙に初めて挑戦したのが、細川護熙《もりひろ》・前熊本県知事が五月に結成した日本新党であった。自民党の基本路線に共感をもちながら、現実の自民党に批判的で、投票する政党をもたない膨大な数の有権者、それを狙って、日本新党は結成され、この参院選で三六一万票を獲得し、四議席を得た。翌年のブームはすでにその兆候を示していたのである。

竹下派の分裂

一九九二年（平成4）八月二十二日、東京佐川急便事件で特別背任罪に問われた佐川の渡辺弘康社長は、八九年七月の参院選の資金として、金丸自民党副総裁に五億円を渡していたことを明らかにした。金丸側は当初これを否定していたが、二十七日、九〇年二月の衆院選直前に渡辺元社長から五億円を受領したことを認め、自民党副総裁を辞任する意向を明らかにした。九月二十五日、金丸は東京地検特捜部に対し、五億円を政治資金として受け取り、その手続き上、政治資金規正法違反があったことを認めた上申書を提出した。竹下派の小沢会長代行は、ここに、金丸を守れなかった責任をとって、辞表を提出した。

またこの間、一九八七年ごろ、右翼の皇民党の竹下攻撃（「金もうけのうまい竹下さん」などというい わゆる「ほめ殺し」）があったこと、そしてそのもみ消しのために暴力団が動く局面があったことなど、竹下総裁誕生に関する未知の事実が明らかになった。

この結果、従来の小沢会長代行の独断専行を批判していたグループは、小沢批判を強めることになった。金丸後の竹下派の会長をめぐって、反小沢グループが小渕恵三元官房長官を、小沢グループが羽田孜《つとむ》大蔵大臣を推すこととなった。十月二十八日、竹下派の総会は小渕会長を決定した。これに反発した羽田・小沢グループは、同日、政策集団「改革フォーラム21」を結成した。小渕派は衆議院二十九名、参議院三十四名、羽田・小沢派は衆議院三十五名、参議院九名、中立が竹下、綿貫ら三名だった。

竹下派の分裂は、一九七二年以来、事実上最大の勢力として君臨してきた田中派の分裂として、画期的な事件であった。のみならず、自民党の大派閥が真っ二つに分裂することは、六〇年代の岸引退後の岸派、大野没後の大野派、河野死後の河野派で起こったが、六五年の河野以来例がなかった。派閥はその団結のメリットを享受するため、何はともあれ団結することが普通だったのである。

とくに竹下派の場合、小沢が少し自重すると言えば、まとまりはついたと言われるし、また羽田が小沢側につかなければ、羽田会長でまとまったかもしれなかった。そうならなかったのは、海部時代の最後のところに書いたように、自民党のあり方の基本線――野党との関係、国際的位置、政治改革――についての大きな考え方の差異が、自民党の中に大きな亀裂を生じさせていたからである。

羽田孜

内閣改造から崩壊まで

こうした情勢を踏まえて、宮沢首相は十二月十一日、党役員人事と内閣改造に着手し、幹事長に小渕派の梶山静六を起用し、総務会長に佐藤孝行の留任、政調会長に三塚博を起用した。閣僚の配分は、宮沢派三、三塚派、渡辺派が四、小渕派三、羽田・小沢派、河本派が二、加藤グループが一、無所属一であった。河野洋平・元科学技術庁長官を官房長官とした。河野、三塚の起用に、かつて小沢が反対していたこともあって、これは反小沢ラインの内閣であったと言ってよいだろう。

一九九三年（平成5）になると、ゼネコン疑惑が噴出した。三月に金丸・前副総裁が所得税法違反の容疑で逮捕され、清水建設、鹿島建設など、大手の建設業者が次々と摘発された。いよいよ政治改革は焦眉《しょうび》の急であると思われた。

予算成立後の国会の最大の懸案は、政治改革関連法案の成立だった。とくに熱心だったのは羽田・小沢派であった。これに比べ、宮沢首相は、PKOと政治改革は必ずやると約束して、竹下派の支持を得て、総理となっていたが、元来あまり政治改革に熱心だったことはない。それはPKOについても同じであった。

国会では、自民党の単純小選挙区案と、社会・公明統一案の小選挙区比例代表併用を骨子とする案とが提案されていた。自民党は元来、小選挙区比例代表並立案であったから、単純小選挙区案から一歩後退して社公案に歩み寄る可能性が十分あった。しかし、それに対しては、総務会などで、強い抵抗があり、自民党の修正案がなかなか出なかった。

首相は政治改革法案を必ず通すと断言したが、結局、党内の合意を得られず、これを断念した。うまい方法もなかったかもしれないが、首相はとくに法案提出について自民党をまとめる強いリーダーシップを発揮したことはなかった。何度か党議決定を経ていても、総務会で最後の了承が得られない、総論賛成・各論反対の態度は、自民党においてよくあることであるが、この問題についてはとくにひどかった。ここに、六月十七日、野党は内閣不信任案を提出し、十八日の投票で、羽田・小沢派はこれに賛成して、不信任案は成立してしまった。その結果、衆議院は解散・総選挙となった。

選挙は七月十八日に行われた。自民党からは、羽田・小沢派が脱党して新生党を作っており、またもう一つ、新しい小政党、新党さきがけが出来ていた。自民党は追加公認を含め二二八議席を獲得して、断然第一党、ほぼ現状維持であったが、過半数にははるかに及ばなかった。他に大きな政党もなかったので、さまざまな連立の可能性が実はあったが、結局、日本新党の細川をリーダーに、社会党・新生党・日本新党・公明党・民社党・社民連・さきがけが加わって、細川内閣が誕生した。八月六日の細川首班指名をもって、三十八年間の自民党単独政権は終わったのである。

小沢一郎の『日本改造計画』は、五月二十日の奥付をもつが、実際に出版されたのは解散のころである。また、この本は、少なくとも数か月、おそらく一年以上の準備を経て作られたものと考えられる。その中で、小沢は大胆な政治改革を主張しているから、場合によっては党を割ることを、かなり前から計画していたと思われる。

実際、海部時代から、小沢グループの目標は割合はっきりしていた。従来の枠を超えて国際的な安全保障のうえで積極的な役割を果たすこと、社会党とのなれあいをやめ、政策に従って近いところと連携する分かりやすい政治、小選挙区を中心とする多数決を基礎とする政治、などである。これは、実は自民党の依拠してきた諸原則を真っ向から変えようとするものであった。中選挙区を基礎とする派閥政治、社会党の非現実的な政策には目をつぶり、なんとか付き合って最小限度の協力を得るやり方、さらに、アメリカに頼って、できるだけ外国の問題にはかかわらないやり方。それが実は自民党政治の主要な特質であって、まさにそれを小沢グループが改革しようとしたわけである。それは、自民党政治の根本にメスを入れることであって、そうしたグループによって、自民党政権が崩壊したことは、決して偶然ではなかったのである。

おわりに――五五年体制以後の自民党

一九五五年（昭和30）に自民党が出来たとき、保守合同の主役であった三木武吉は、十年程度はもつだろうと言ったといわれる。しかし、その政党が、敗北も分裂もせずに三十八年間単独政権を維持すると予測した人は、まずいなかったのではないだろうか。これほど長く政権が続いたのは、自民党が様々な現実に適合的な政党だったからにほかならない。もう少し言い換えれば、日本が直面する諸問題を大過なく処理しつつ、他の政党との得票競争にも勝ち続ける能力を持っていたからであると考える。

自民党の成立を促した条件は、すでに述べたとおり、冷戦と中選挙区であった。冷戦の中で、社会党という強い野党があり、さらに発展しつつあったことが、自民党の成立を促した。もし強い社会主義政党がなければ、二つの保守党が合同する特別の理由はなかっただろう。他方、もし中選挙区制度でなく、小選挙区制度であれば、統一保守党は社会党を圧倒し、巨大化して二つに割れたか、あるいは社会党がもう少し現実的となって自民党と対抗し得る野党となったか、いずれかであろう。

そして、中選挙区制度で多数を取り続けるために、派閥は不可避であった。選挙区では自民党政治家同士が、それぞれ個人後援会を作って激しく争い、中央では派閥の領袖が総裁権力を目指して激しく争った。政治家は領袖から資金その他の保護を得るし、また領袖を通じてポストを配分される。また、領袖はなるべく多数を傘下に収めて競争しなければならない。自民党が成立してわずか数年の間に、派閥というものが、高度に完成されたのである。冷戦、中選挙区制度、派閥政治というのは、ほとんど三位一体だった。

一九六〇年代に入ると、政策面でも、自民党は変容していった。五〇年代後半の自民党は、自主憲法制定を党是に掲げ、戦前に起源を持つ政治家に率いられた政党であった。占領政策の行き過ぎを是正することが、全体の方向であった。しかし、日米安保改定問題の後には、憲法改正を棚上げにし、経済発展に力を注ぐタイプの政党になっていった。

この過程で、六〇年代には、いくつかの興味深い発展が見られた。まず、当選年次を基礎とする人事システムの完成である。当選二回で政務次官、五〜六回で大臣というあたりまでは、ほぼ全員にあてはまるきちんとした慣習が確立されていった。それは、派閥の中の平和を保つのに、大変有効な方法であった。

また同じころ、二世議員が生まれ、増加し始める。政治家の引退が始まると、選挙区の後援会は、引退政治家の後に後継者を擁立することとなる。後援会は、結束することによる利益を十分知っていたから、その利益を維持するため、政治家個人の生命を超えて存続を図った。その際、ベストは政治家の子が継承することであった。政治家の経験、人脈、金脈などのかなりの部分を継承できるし、二世として若く当選できれば、その後の昇進でやはり有利である。こうして二世はますます増えることとなった。

こうして派閥が公然たるものとして定着すると、この派閥を拡大する能力が、権力への近道ということになる。田中角栄は、その点で天才的であり、革命的であった。田中はもちろん政策面でも天才的な才能の持ち主であったが、政治を利用して資金を作り、資金をもとに人間関係を深め、派閥を拡大強化する能力で傑出していた。それなしには、少なくとも七二年（昭和47）の段階で首相になることはなかっただろう。

しかし、高度成長期の日本にまさに台頭し得た田中は、高度成長が終わり、国際環境が激変する中で、日本をリードしなければならなかった。それは、彼の能力を超えていた。

七〇年代の自民党では、厳しい国際環境の中で、田中と福田が激しく対立した。中庸を知らず恐れを知らない田中の合理的な戦略に、福田はほとんど太刀打ちできなかった。しかし、それが行き過ぎて、自民党に対する支持は低下していった。その反省から、派閥対立の行き過ぎをやめようとする動きが出てきた。それが鈴木内閣の誕生であった。

「和の政治」の下では、非主流派はあっても、反主流派はなくなった。総裁争いに敗れてもとくに冷遇はされないこととなった。また、七〇年代の半ばから、総裁と幹事長との分離が普通となり、権力は分有されるようになった。そうなると、総裁になるために必死の戦いをする必要も低下するから、八〇年代を通じて、一九五六年、一九六〇年、一九六四年、一九七二年、一九七八年というような激しい総裁公選はなくなった。派閥の領袖も、鈴木や竹下のように、派閥の結束を維持するために選ばれたリーダーという面が強くなった。かつては、岸や池田や佐藤を総理にしたい者の集まりが岸派、池田派、佐藤派だったのを考えると、主客は逆転したのである。

かつての派閥は、当選回数本位ではない、一種のカリスマ性と、かなり明確なビジョンや政策を持ったリーダーに率いられた集団だった。彼らは勝利すると主要なポストを独占し、自分の政策を実施した。彼らの争いが自民党の活力の源泉だったのが、そうした争いはなくなってしまった。また二世議員の増加で、新しく政界に入ることが著しく難しくなった。自民党は閉ざされた一種のカルテルと化したのである。

こうした政治システムでは、大胆なリーダーシップは発揮しにくい。皮肉なことに、日本が国際社会に占める位置が大きくなり、日本が国際社会で様々な責任を負うことが求められる時代に、自民党は硬直化し、大胆な政策を打ち出せなくなったのである。もちろん、権力闘争はどこにでもあるから、争いは内へ内へとこもるようになった。鈴木派内部における一六戦争（宮沢喜一対田中六助）、竹下派内部における一竜戦争（小沢一郎対橋本竜太郎）、あるいは一六戦争（小沢一郎対梶山静六）、安倍派内部の三塚博対加藤六月、などなどである。それは、概して理念なき闘いに傾斜しやすかった。

元来、派閥が政策に無関係な集団だというのは間違いである。少なくとも正確ではない。岸―福田派というのは、概して憲法・安保問題ではいわゆるタカ派に属し、池田―前尾―大平―宮沢派はハト派に属する。そして佐藤―田中派は、その中間に属する。長い年月が経過し、何度も代替わりして、こうした一貫性があるのは、むしろ驚くべきことである。それは、派閥の領袖として長く君臨する彼らが、重要な問題についでは折にふれて発言し、報道されると、自然にその人物の政策の大筋が出来てくるからである。そして、その派内のメンバーは、基本的にそれを受け入れることが多いのである。

一九六〇年代、かつて与野党関係に主として向けられていたマスコミの関心は、派閥間関係に移った。そこで、最も重大な決定がなされたからである。そして八〇年代には、派閥内関係に関心が移った。やはり重大な決定はそこで起こったからである。しかし、五〇年代、六〇年代、八〇年代と、政策の違いは見えにくくなっていった。

また、広く自民党の背景を考えれば、五五年(昭和30)から七五年(昭和50)ごろまで、自民党の支持率は低下を続けた。その基本的な原因は、第一次産業人口の減少であった。それが七五年ごろに止まり、八〇年代には六〇年(昭和35)ごろと同じような高さに戻った。しかし、それは社会経済構造に支えられた強い支持ではなかった。野党の魅力の欠如、とくに社会主義の衰退に支えられた広くて弱い支持であった。それゆえ、何か問題が起こると劇的に支持は減少した。六〇年ごろには、前の選挙から五〇議席変化するなどということはあり得なかった(小林良彰『現代日本の選挙』)。

しかるに、政治にはますます金がかかるようになってきていた。国民の反発を受けない政治家をトップに置き、下からコントロールするという方法が、しばしば行われるようになった。これでは、大胆なリーダーシップはますます不可能となった。これでは日本を支えきれない、政治システムを作りなおすことが必要だというグループの反乱によって、自民党政権は倒れた。

以後の政治は混乱の中にあると言われているが、ある意味では、まったく予想通りの変化が起こっているにすぎない。一九九四年(平成6)二月に、小選挙区比例代表並立制度の導入が決まったが、これが政治を大きく変えつつある。政治改革とくに選挙制度改革は、きわめて重要であり、かつ難しいものである。何しろ、選挙というゲームの勝者たちに、彼らが勝ち抜いて来たルールを変えろというのであるから。

冷戦と中選挙区と派閥は一体だと先に書いた。果たして、すべてが変わりつつある。派閥はたちまちかつてと違うものになりつつある。やや誇張すれば、親睦《しんぼく》団体的なものに変わりつつある。今回の総裁選挙（一九九五年九月）で派閥の締めつけがほとんど効果を持たなかったことに、それは表れていた。また、小選挙区では、自民党が二つに割れるか、社会党が現実主義化するかと言われたが、まさにそれが両方起こっている。

自社連立の成立もさほど驚くべきことではない。自民党は自主憲法を建前としているが、実際にこれをやるつもりはない。社会党は非武装中立を表に掲げるが、実際はその実現をあきらめている。自民党が政権を独占し、社会党はそのおこぼれにあずかる。こうした五五年体制の構図が表に出ただけのことである。そして、極端な主張では生き残りは難しいから、早くも自衛隊や安保に対する非現実的な批判をやめただけのことである。

さて、それでは、今後自民党は、そして日本の政治は、どう変わるのだろうか。

小選挙区制度の導入に際し、小選挙区においては候補者を選べないという反対論があった。これはなかなか面白い主張であった。たしかに、中選挙区なら、定員五とすれば、自民党から三〜四人、社会、公明、民社、共産とあって、八人くらい候補者があった。自民党の中で、比較的ましな人を選ぶことができた。党で選ぶか人で選ぶか、ということが、しばしば新聞で言われたゆえんである。

しかし、中選挙区では、実は総理大臣を選ぶことはできないのである。投じた一票が権力に直結しないのである。あらためて言うまでもないが、自民党三十八年の政権で、国民の投票で生まれた政権は一つもない。強いて言えば、三木政権と宇野政権は、選挙で負けたために退陣したが、その次の福田政権や海部政権を国民が選んだわけではない。

小選挙区における投票は、実は主として党首に対する投票なのである。一九九三年（平成5）の選挙で、日本新党に投票した人は、地元で知っている候補者に投じたというよりは、細川護熙に投票したのであり、新生党の候補者に投票した人は、羽田孜や小沢一郎に投票したのである。中選挙区では人を選べたという人は、肝心の首相を選べないということに気づいていない人である。

実は、そうした変化に対し、政治家はすでに適応の努力を始めている。有力政治家が次々と本を出すことになったことが、それである。国民の人気、支持なしには、首相になることは難しくなっている。かつて、鈴木善幸や竹下登には、著書は不要だった。

また、同じような批判に、中選挙区において民意を反映しやすいという人がある。たしかに、有権者の意見分布が、より忠実に政治家の分布となるのが中選挙区である。ある争点について、有権者の賛否が六対四なら、政治家も六対四になりやすい。しかし、小選挙区では、政治家の比率は八対二くらいになるかもしれない。

しかし、多様な民意が微妙な形で現れたら、これを処理するのは職業政治家と官僚なのである。それは結局、お上に依頼する政治になりやすい。そうではなくて、圧倒的な民意が示された時に、民意は実現されるのである。それが良かったか悪かったかは別として、青島幸男が東京都知事に当選したのは、小選挙区だったからである。

断っておくが、これはいつも良いことだとは限らない。民意が誤っていることもしばしばある。しかし、それは国民の責任である。したがって、これまでのように、どういう選択をしてもお上の責任だとは言っていられなくなるだろう。国民にとっても、その判断力が問われる時代が来たということなのである。

かつて自民党は、自民党であるということだけで支持を受けていた。他に任せられる政党がないから、というのが、政党支持の最大の理由であった。リーダーと政策を、ことさらに明示する必要はなかったのである。

一九九三年の総選挙において、自民党は、サンフレッチェ（三本の矢）と称して、人気のある政治家と言われていた橋本竜太郎、河野洋平、石原慎太郎の三人を先頭に立てて選挙戦を戦った。しかし、大きく政策の違う三人の誰が本当のリーダーになるのか、分からないまま、そういうことになったのである。

今回の九五年（平成7）九月の総裁選挙においては、次の党の顔となることを明らかに意識して、選挙が行われた。面倒見が悪いと言われた橋本が、選ばれた。面倒見よりもリーダーとしての資質と人気が、当たり前のことながら、問われることになった。大きな変化には違いない。

ただ、自民党は、まだ新たな活力を取り戻したかどうかは疑問である。しかし、変わるべき方向は明らかだろう。このリーダーで、この政策で政治をやるという明確な方針の提示である。それは国民にも責任ある判断を迫っている。自民党が国民の判断を取捨選択して国民の世話をする時代は、終わったのである。

あとがき

自民党が成立した時、私は小学校一年生だった。物心ついたとき、すでに自民党は政権にあった。それ以後、とくに政治学を学び始めてからは、自民党にはずっと興味を持っていた。しかし、本格的に研究したのは、一九八一年にある論文を書いたのが最初である。この時私は、鈴木内閣の下で、いわゆる保革伯仲時代を乗り切ったかに見えた自民党の中に、それとは違った別の危機が進行していると感じていた。今もその直観は正しかったと思っている。

それ以来、いつか自民党についてまとまった本を書かなければならないと感じていた。今回、読売の「20世紀の日本」シリーズの中に機会を得て、宿題を果たした気分である。また、同シリーズのトップバッターとしての責任を何とか果たして、ほっとしている。

自民党についての研究は、ずいぶん進歩した。かつては欧米の政党をモデルとして、その前近代性を批判したり、番記者流に事実の中に埋没する（それもそれなりに重要なのだが）著作が多かったが、現在では、広く世界との比較の中で、多くの実証的・理論的研究が蓄積されている。

しかし、政治史の立場から書かれたものはまだ少ない。政治史研究者は良い資料がなければなかなか腕を振るえない。しかし、前後百年くらいを視野に入れて、内政・外交・経済を含め、物事の変化を総合的に眺める訓練は受けている。そういう形で自民党の発展をたどり、戦後五十年という時点で、自民党を中心として戦後政治を振り返る機会を持てたことは、私にとって大変楽しく、有意義な作業だった。読者が本書によって戦後政治を振り返り、今後の政治を考える素材としてくださるなら、著者としてこれ以上の喜びはない。

小さい本なので、書けなかったことはたくさんある。自民党の組織や政策決定過程など、もう少し書きたかったが、それよりも、付録のデータを充実させる方が重要だと考えた。

もう一つ書かなかったのは、政党がいかにあるべきかという点である。詳しくは述べないが、私は次の点から出発している。第一に、現在の高度に発展し、複雑となった政治の運営は、基本的に職業政治家に委ねざるを得ないということである。第二に、職業政治家は、権力の維持獲得を目指して行動をするもので、これをやめさせることはできない、ということである。第三に、そのためにも、政治家は政党を組織するのであり、政党政治に代わるデモクラシーの方法は、まだ成功したことは一度もないということである。

したがって、国民にとって、自分の主張を託せる優れた政治家を選ぶことが、政治をコントロールする最も有効な方法である。それゆえに、政党のリーダーの質——政党が有能なリーダーを国民に提供できるかどうか——が決定的に重要なのである。要するに、政党とは、国民を主役とする政治における道具 tool であると私は考えている。個々の叙述で、いちいち倫理的な判断をしていないが、こうした観点から政党を見ているということは付け加えておきたい。

終わりになったが、本書の作成、とくに付録の部分に関しては、読売新聞出版局の片矢勝巳氏、川人献一氏に、ひとかたならぬお世話になった。深く感謝したい。

一九九五年十月

北岡伸一

文庫版へのあとがき

本書は、一九五五年の結党から、一九九三年に政権を離れるまで、自民党の三八年を論じたものである。近代日本の政党史の中に自民党を位置づけようとしたので、結党以前についいては明治にまでさかのぼっているが、一九九三年以後については、ほとんど触れていない。

しかし今回文庫に収めるにあたって、現在までをカバーして全面的に書き直すことは考えなかった。現在の自民党は、単独政権時代の自民党とは大きく異なっているのみならず、なお変化の途上にあり、その着地点はまだ見えない。これを政治史的考察の対象として取り上げるのは、まだ難しいのである(注)。

あらためて、かつての自民党と比べ、今日の自民党が大きく異なる点をまとめてみよう。

第一に、二〇〇五年の小泉首相による総選挙を例外として、自民党の集票能力は全般的に低下し、単独で政権を担うことは難しくなり、連立が不可避となっている。

連立の最初は、社会党（のち社民党）および新党さきがけとの連立だった。これは九四年六月の村山富市内閣成立から橋本龍太郎内閣（九六年一月成立）の半ばまで続いた。九六年十一月、社民党とさきがけは閣外協力に転じ、九八年六月には閣外協力も解消したため、自民党政権は少数単独政権となった。しかし、小渕恵三内閣（九八年七月成立）は、九九年一月、自由党と連立を組み、十月にはさらに公明党を加えて、自自公連立を作った。二〇〇〇年四月、連立から自由党が離脱したが、自由党の一部は保守党を結成して連立にとどまった。小渕首相が倒れたあと成立した森喜朗内閣を支えたのは、この自公保連立だった。しかしやがて保守党は自民党に吸収されたため、連立は自公連立となり、今日まで続いている。

このように、九八年六月から九九年一月までの約半年を除き、自民党政権は連立政権だった。その主要なパートナーは、村山・橋本内閣においては社会党（ないし社民党）であり、小渕内閣後半からは公明党であった。二〇〇五年総選挙を別とすれば、自民党は、公明党との選挙協力なしには、政権維持どころか第一党の地位の維持も困難になってきている。

九三年以前と以後との第二の大きな違いは、自民党に対する強力な野党の存在である。すなわち、九四年十二月に成立した新進党は、政権奪取を目指す強力な野党であった。単独政権を目指す政党なら、最低、総選挙において、議席総数の半数を上回る候補者を立てなければならないが、それまで野党第一党であった社会党は、一九五八年の一度を例外として、それほど多数の候補者を擁立したことはなかった。これに比べ、新進党は最初の総選挙において、十分な数の候補者を擁立して自民党に挑戦したのである。

新進党は、その後、小沢党首の強引な運営により結束を失い、九七年十二月には自ら解党することとなった。これに代わって野党第一党となったのは民主党である。民主党は、九六年九月、さきがけを離脱した菅直人、鳩山由紀夫によって結成されたが、新進党から離脱した反小沢勢力などを取り込み、九八年四月、新民主党となった。

民主党は、党運営にさまざまな問題を抱えながらも、二〇〇三年には自由党と合同するなどして勢力を伸ばした。二〇〇五年総選挙では大敗したが、それを除けば概して選挙でも議席を伸ばし、二〇〇七年七月の参議院選挙では、第一党にまでなった。

自民党が政権に復帰した九四年から数年間、一強他弱となるか、二大勢力対峙となるか、注目されたが、二大政党対峙の方向に進んでいるといってよいだろう。

第三の変化は派閥の変容である。

自民党内にまだ派閥は存在しているが、その意味は大きく異なっている。政治家個人の側から見れば、巨大な政党の一員となっても、何らかの下位集団に所属しなければ、議事日程も政治情勢も分からない。したがって派閥は存続するのだが、その派閥は、かつてのように有力政治家が最高権力を追求するための（そして派閥構成員にとっては有力者を権力の座に押し上げるための）組織ではなくなっている。

派閥間の力関係も変化している。村山・橋本・小渕内閣時代は、旧経世会（昔の竹下派、のち小渕派、現在は津島派）が、小沢・羽田グループの脱党にもかかわらず優位だった。しかし、それ以後、清和会（昔の福田〔赳夫〕派、のち森派、現在、町村派）が優位となり、森、小泉、安倍、福田と四代、八年にわたって政権を担っている。しかも小渕派の中の小渕対梶山（静六）、森派の中の安倍対福田など、同じ派閥の中の対立が重要になってきている。かつての合従連衡の時代からは、考えられない事態である。全体として、利益配分重視の時代から、イデオロギー重視の時代への変化ということもできるかもしれない。

さらに付言すれば、首相の資格として、重要閣僚や党三役を経験することも、さほど重要でなくなっている。現在の福田首相は、官房長官以外のポストを経験していないし、安倍前首相も、官房長官と幹事長だけである。その前の小泉首相は、厚生大臣と郵政大臣だけであって、これらは普通、重要閣僚とはいわない。

私は自民党政治を、中選挙区と冷戦を基盤としていたと述べている。これらは二つともなくなってしまったのだから、自民党政治が変容するのは当然だろう。ではその変化は、どういう方向に向かうのだろうか。

二〇〇一年四月、小泉首相が「自民党をぶっ壊す」と叫んで政権を手にしたことは、今から考えても重要なメッセージを含んでいた。

私は小泉政権の初期、小泉政治は次の点で革命的であり、それが成功すれば自民党は旧来の自民党ではなくなるだろうし、成功しなければ、自民党は政権を維持できないだろうと考えた。私が革命的だと指摘していたのは、(1)政治のインサイダーではなく、国民一般に話しかけようとするスタイル、(2)派閥均衡でない人事、すなわち党内力学によらない適材適所の人事、(3)自民党の支持基盤にもメスを入れる姿勢、の三つであった。

小泉政治の実績を判断すれば、一定の進展はあったが、十分ではなかったということだろう。(1)については、国民に訴えかけることに成功したが、慎重で総合的な判断という点を軽視する風潮を作ってしまった。(2)については、派閥均衡を無視したことは確かだったが、田中真紀子外相の例に見られるように、適材適所でないことも多かった。(3)については、一部は取り組んだが、たとえば道路特定財源の問題など、政権早々に後回しにすることとしたため、現在、なお最重要課題として自民党の中に残っている。改革は容易なことではなかったのである。

もう一つ付け加えておきたいのは、橋本内閣のころから、自民党が盛んに行政改革に取り組み、政治主導の確立をめざしていることである。

かつて自民党の政策の多くは、官僚によって準備されたものであった。しかるに、官僚が提示する政策は、彼らの既得権益と矛盾しないように調整されたものである。また彼らが提示する政策は、省庁の枠を超えないものが多かった。しかし、省庁の枠を超えないでなしうる改革は、今日、さほど多くない。こうした矛盾を解消するために、多くの行政改革を行い、諮問会議を設け、審議会を設けて議論が積み重ねられた。しかし、その成果はいまだに乏しい。これも、自民党のあり方自身にメスを入れることだからである。

その意味で小泉革命に象徴される自民党改革は未完であり、自民党の今後がどうなるかもわからない。いや、自民党の今後は、自民党だけを考えてわかるものではない。なぜなら、かつての自民党は、非現実的で無力な野党の存在を前提としていたが、将来の政治は、自民党と野党とをトータルに視野に入れたものでなければならない。おそらく二大政党が対峙して、相互に政権を交代するシステムが安定するまで、自民党の変化は完結しないだろう。そのような時が来れば、改めて一九九三年以後の自民党を全体として論じたいと思う。

二〇〇八年六月十八日　十五年前の衆議院解散を想起しつつ

北岡伸一

（注）その後の自民党に関する素描なら、本書執筆以後も、私は折に触れて書いている。その多くは、『「普通の国」へ』（二〇〇〇年）、『日本の自立』（二〇〇四年、いずれも中央公論新社）に収められているので、参照していただければ幸いである。

文献リスト

スペースの制約もあって、ここに挙げるのは、本書が依拠した著書と論文、それに個々の政治家や時期や問題に関し、さらに読み進めたい人に対して勧めたい著作だけである。全体の時期に関するものは〔一般〕に、特定の時期や政治家に関するものは、それぞれ適当な時期に分けて収めた。

【一般】

朝日新聞社『朝日年鑑』一九四六〜九五
朝日新聞社編『自民党―保守政権の構造』(朝日新聞社、一九七〇)
石井修『冷戦と日米関係―パートナーシップの形成』(ジャパンタイムズ、一九八〇)
石川真澄『戦後政治構造史』(日本評論社、一九七八)
石川真澄『戦後政治史』(岩波新書、一九九五〔『データ戦後政治史』一九八四〕)
石川真澄・広瀬道貞『自民党―長期政権の構造』(岩波書店、一九八九)
井芹浩文『派閥再編成―自民党政治の表と裏』(中公新書、一九八八)
伊藤隆『昭和期の政治』『昭和期の政治・続』(山川出版社、一九八三、一九九三)
猪口孝・岩井奉信『「族議員」の研究』(日本経済新聞社、一九八七)
岩井奉信『「政治資金」の研究―利権誘導の日本的風土』(日本経済新聞社、一九九〇)
岩永健吉郎『戦後日本の政党と外交』(東京大学出版会、一九八五)
内田健三『戦後日本の保守政治』(岩波新書、一九六九)
内田健三・金原左門・古屋哲夫編『日本議会史録』全6巻(第一法規出版、一九九〇〜九一)

ジェラルド・L・カーティス（山岡清二訳）『代議士の誕生―日本式選挙運動の研究』（サイマル出版会、一九七一）
Kato, Junko, *The Problems of Bureaucratic Rationality: Tax Politics in Japan.* Princeton: Princeton University Press, 1994.
ケント・E・カルダー（淑子・カルダー訳）『自民党長期政権の研究―危機と補助金』（文藝春秋、一九八九）
北岡伸一「包括政党の合理化」、北岡『国際化時代の政治指導』（中央公論社、一九九〇）所収
北岡伸一『政党政治の再生―戦後政治の形成と崩壊』（中央公論社、一九九五）
ジョン・キャンベル（小島昭・佐藤和義訳）『予算ぶんどり　日本型予算政治の研究』（サイマル出版会、一九八四）
近代日本研究会編『年報近代日本研究7・日本外交の危機』（山川出版社、一九八五）
近代日本研究会編『年報近代日本研究11・協調政策の限界―日米関係史　1905～1960年』（山川出版社、一九八九）
近代日本研究会編『年報近代日本研究16・戦後外交の形成』（山川出版社、一九九四）
金東祚（林建彦訳）『韓日の和解』（サイマル出版会、一九八六）
後藤基夫・内田健三・石川真澄『戦後保守政治の軌跡』上下（岩波書店、一九九四〔初刊一九八二〕）
小林良彰『現代日本の選挙』（東京大学出版会、一九九一）
佐藤誠三郎・松崎哲久『自民党政権』（中央公論社、一九八六）
柴垣和夫『〈小学館版昭和の歴史9〉講和から高度成長へ』（小学館、一九八九）
衆議院・参議院編『議会制度七十年史』全12巻（大蔵省印刷局、一九六〇～六三）
衆議院・参議院編『議会制度百年史』全12巻（大蔵省印刷局、一九九〇）
ナサニエル・B・セイヤー（小林克巳訳）『自民党』（雪華社、一九六八）
田中明彦『日中関係　1945―1990』（東京大学出版会、一九九一）

田中善一郎『自民党体制の政治指導』（第一法規出版、一九八一）
田中善一郎『自民党のドラマツルギー　総裁選出と派閥』（東京大学出版会、一九八六）
友田錫『入門・現代日本外交　日中国交正常化以後』（中央公論社、一九八八）
中村隆英『昭和史』上下（東洋経済新報社、一九九三）
中村隆英編『〈日本経済史7〉計画化と民主化』（岩波書店、一九八九）
日本経済新聞社『自民党政調会』（日本経済新聞社、一九八三）
ロバート・パットナム、ニコラス・ベイン（山田進一訳）『サミット―先進国首脳会議』（TBSブリタニカ、一九八六）
林茂・辻清明編『日本内閣史録』第5巻、第6巻（第一法規出版、一九八一）
広瀬道貞『補助金と政権党』（朝日新聞社、一九八一）
広瀬道貞『政治とカネ』（岩波新書、一九八九）
樋渡展洋『戦後日本の市場と政治』（東京大学出版会、一九九一）
福井治弘『自由民主党と政策決定』（福村出版、一九六九）
細谷千博編『日米関係通史』（東京大学出版会、一九九五）
毎日新聞社編『政権』（毎日新聞社、一九七〇）
正村公宏『戦後史』上下（筑摩書房、一九八五）
升味準之輔『戦後政治　1945―55』上下（東京大学出版会、一九八三）
升味準之輔『現代政治　1955年以後』上下（東京大学出版会、一九八五）
松尾尊兊『国際国家への出発〈集英社版日本の歴史21〉』（集英社、一九九三）
松崎哲久『日本型デモクラシーの逆説―2世議員はなぜ生まれるのか』（冬樹社、一九九一）
三宅一郎・山口定・村松岐夫・進藤栄一『日本政治の座標　戦後四〇年のあゆみ』（有斐閣、一九八五）
宮本憲一『〈小学館版昭和の歴史10〉経済大国』（小学館、一九八九）

室山義正『日米安保体制』上下（有斐閣、一九九二）
Mochizuki, Mike Masato, "Managing and Influencing the Japanese Legislative Process : The Role of Parties and the National Diet" (Ph. D. Dissertation, Harvard University, 1982)
森田朗『許認可行政と官僚制』（岩波書店、一九八八）
安場保吉・猪木武徳編『〈日本経済史8〉高度成長』（岩波書店、一九八九）
読売新聞社『読売年鑑』一九五一〜一九九五
渡辺昭夫編『戦後日本の対外政策』（有斐閣、一九八五）
渡辺昭夫編『戦後日本の宰相たち』（中央公論社、一九九五）
渡辺恒雄『派閥』（弘文堂、一九五八）
渡辺恒雄『派閥と多党化時代』（雪華社、一九六七。『政治の密室』〔一九六六〕の増補改訂版）

【戦前】

板垣退助監修・遠山茂樹・佐藤誠朗校訂『自由党史』全3巻（岩波文庫、一九五七〜五八）
伊藤正徳『加藤高明』上下（原書房、一九七〇〔初刊一九二九〕）
上山和雄『陣笠代議士の研究』（日本経済評論社、一九八九）
岡義武『近代日本の政治家』（岩波書店、一九九〇〔文藝春秋新社、一九六〇〕）
川人貞史『日本の政党政治　1890―1937年』（東京大学出版会、一九九二）
北岡伸一「立憲同志会・初期憲政会研究―政権構想と政党指導」（『立教法学』一九八一、一九八三）
鶴見祐輔『後藤新平』全4巻（勁草書房、一九六五〜六七）
テツオ・ナジタ（佐藤誠三郎監訳）『原敬―政治技術の巨匠』（読売新聞社、一九七四）
馬場恒吾『現代人物評論』（中央公論社、一九三〇）
馬場恒吾『政界人物風景』（中央公論社、一九三一）

升味準之輔『日本政党史論』全7巻（東京大学出版会、一九六五～八〇）
若槻礼次郎『古風庵回顧録—明治・大正・昭和政界秘史』（読売新聞社、一九七五）

【戦後—自民党成立以前】

伊藤隆「戦後政党の形成過程」、伊藤『昭和期の政治』所収
猪木正道『評伝吉田茂』上中下（読売新聞社、一九七八～八一）
大嶽秀夫『アデナウアーと吉田茂』（中央公論社、一九八六）
大嶽秀夫『再軍備とナショナリズム』（中公新書、一九八八）
岡義武編『現代日本の政治過程』（岩波書店、一九五八）
北岡伸一「吉田茂における戦前と戦後」、前掲『年報近代日本研究16』所収
高坂正堯『宰相吉田茂』（中央公論社、一九七八）
坂元一哉「池田ロバートソン会談再考」、『三重大学社会科学学会法経論叢』9巻1号（一九九一）所収
ジョン・ダワー（大窪愿二訳）『吉田茂とその時代』上下（TBSブリタニカ、一九八一）
御厨貴「昭和20年代における第二保守党の軌跡」、近代日本研究会編『年報近代日本研究9』（山川出版社、一九八七）所収
三谷太一郎『二つの戦後』（筑摩書房、一九八八）
吉田茂『回想十年』全4巻（新潮社、一九五七）
吉田茂『世界と日本』（番町書房、一九六三）
吉田茂記念事業財団編『吉田茂書翰』（中央公論社、一九九四）

【鳩山一郎】

伊藤隆「『自由主義者』鳩山一郎」、伊藤『昭和期の政治・続』所収

坂元一哉「重光訪米と安保改定構想の挫折」、『三重大学社会科学学会法経論叢』10巻2号（一九九二）所収
田中孝彦『日ソ国交回復の史的研究』（有斐閣、一九九三）
鳩山一郎『鳩山一郎回顧録』（文藝春秋新社、一九五七）
The US Department of State, *Foreign Relations of the United States, vol. 23, Part1, 1955-57 Japan*, US Government Printing Office, 1991.

【石橋湛山】

石田博英『石橋政権・七十一日』（行政問題研究所出版局、一九八五）
石橋湛山『湛山回想』（岩波文庫、一九八五〔毎日新聞社、一九五一〕）
香西泰『高度成長の時代』（日本評論社、一九八一）
筒井清忠『石橋湛山　一自由主義政治家の軌跡』（中央公論社、一九八六）
増田弘『石橋湛山　リベラリストの真髄』（中央公論社、一九九五）

【岸信介】

大野伴睦『大野伴睦回想録　義理人情一代記』（弘文堂、一九六四）
大日向一郎『岸政権・一二四一日』（行政問題研究所出版局、一九八五）
岸信介『岸信介回顧録―保守合同と安保改定』（廣済堂出版、一九八一）
岸信介・矢次一夫・伊藤隆『岸信介の回想』（文藝春秋、一九八一）
北岡伸一「岸信介―野心と挫折」、前掲『戦後日本の宰相たち』所収
東郷文彦『日米外交三十年』（中央公論社、一九八九）
波多野澄雄「『東南アジア』開発をめぐる日英米」、前掲『年報近代日本研究16』所収
原彬久『戦後日本と国際政治―安保改定の政治力学』（中央公論社、一九八八）

原彬久『日米関係の構図—安保改定を検証する』（日本放送出版協会、一九九一）
原彬久『岸信介—権勢の政治家』（岩波新書、一九九四）
樋渡由美「岸外交と東南アジア」、前掲『年報近代日本研究11』所収
藤山愛一郎『政治わが道—藤山愛一郎回想録』（朝日新聞社、一九七六）
The US Department of State, *Foreign Relations of the United States, vol. 18, 1958-60, Japan and Korea*, US Government Printing Office, 1994.

【池田勇人】
池田勇人『均衡財政』（実業之日本社、一九五二）
伊藤昌哉『池田勇人とその時代』（朝日新聞社、一九八五。『池田勇人その生と死』〔至誠堂、一九六七〕を改題）
樋渡由美『戦後政治と日米関係』（東京大学出版会、一九九〇）
吉村克己『池田政権・一五七五日』（行政問題研究所出版局、一九八五）
エドウィン・O・ライシャワー（徳岡孝夫訳）『ライシャワー自伝』（文藝春秋、一九八七）

【佐藤栄作】
大嶽秀夫『現代日本の政治権力経済権力』（三一書房、一九七九）
岡本文夫『佐藤政権　八年にわたる長期政権の記録』（白馬出版、一九七四）
楠田實『佐藤政権・二七九七日』上下（行政問題研究所出版局、一九八三）
楠田實『首席秘書官—佐藤総理との十年間』（文藝春秋、一九七五）
千田恒『佐藤内閣回想』（中公新書、一九八七）
I・M・デスラー・福井治弘・佐藤英夫『日米繊維紛争〝密約〟はあったのか』（日本経済新聞社、一九八〇）
宮崎吉政『宰相佐藤栄作』（原書房、一九八〇）

山田栄三『正伝佐藤栄作』上下（新潮社、一九八八）
若泉敬『他策ナカリシヲ信ゼムト欲ス』（文藝春秋、一九九四）
渡辺昭夫「第一次佐藤内閣」「第二次佐藤内閣」「第三次佐藤内閣」、前掲『日本内閣史録』第6巻所収

【田中角栄】
安藤博『責任と限界―赤字財政の軌跡』上下（金融財政事情研究会、一九八七）
ロバート・C・エンゼル（安藤博ほか訳）『円の抗争』（時事通信社、一九九三）
草野厚「二つのニクソンショックと対米外交」、前掲『年報近代日本研究7』所収
佐藤昭子『私の田中角栄日記』（新潮社、一九九四）
マーク・セラルニック「第一次石油危機における日本の対外政策」、前掲『年報近代日本研究7』所収
中野士朗『田中政権・八八六日』（行政問題研究所出版局、一九八二）
早坂茂三『オヤジとわたし』（集英社、一九八七）
早坂茂三『政治家田中角栄』（中央公論社、一九八七）
早坂茂三『早坂茂三の「田中角栄」回想録』（小学館、一九八七）
早野透『田中角栄と「戦後」の精神』（朝日新聞社、一九九五）
御厨貴「田中角栄―開発政治の到達点」、前掲『戦後日本の宰相たち』所収

【三木武夫】
椎名悦三郎追悼録刊行会編刊『記録・椎名悦三郎』上下（一九八二）
竹中佳彦「中道政治の崩壊―三木武夫の外交・防衛路線」、前掲『年報近代日本研究16』所収
中村慶一郎『三木政権・七四七日』（行政問題研究所出版局、一九八一）
藤田義郎『椎名裁定』（サンケイ出版、一九七九）

【福田赳夫】
清宮竜『福田政権・七一四日』（行政問題研究所出版局、一九八四）
福田赳夫『回顧90年』（岩波書店、一九八七）
柳川卓也『福田赳夫語録』（政経社、一九八四）
渡辺昭夫『アジア・太平洋の国際関係と日本』（東京大学出版会、一九九二）

【大平正芳】
新井俊三・森田一『文人宰相大平正芳』（春秋社、一九八二）
公文俊平・香山健一・佐藤誠三郎監修『大平正芳　政治的遺産』（大平正芳記念財団、一九九四）
大平正芳回想録刊行会『大平正芳回想録』全三冊（鹿島出版会、一九八三）
川内一誠『大平政権・五五四日』（行政問題研究所出版局、一九八二）
平野実『外交記者日記—大平外交の二年』上中下（行政通信社、一九七八〜七九）
船橋洋一『サミットクラシー』（朝日新聞社、一九九一、『サミットの思想』〔朝日新聞社、一九八〇〕を改題）

【鈴木善幸】
宇治敏彦『鈴木政権・八六三日』（行政問題研究所出版局、一九八三）
船橋洋一『日米経済摩擦』（岩波書店、一九八七）

【中曽根康弘】
飯尾潤『民営化の政治過程—臨調型改革の成果と限界』（東京大学出版会、一九九三）
内田健三他『税制改革をめぐる政治過程』（中央公論社、一九八八）

大嶽秀夫『自由主義的改革の時代』（中央公論社、一九九五）
神原勝『転換期の政治過程—臨調の軌跡とその機能』（総合労働研究所、一九八六）
草野厚『国鉄改革』（中央公論社、一九八九）
後藤田正晴『内閣官房長官』（講談社、一九八九）
後藤田正晴『政と官』（講談社、一九九四）
船橋洋一『通貨烈々』（朝日新聞社、一九八八）
牧太郎『中曽根政権・一八〇六日』上下（行研出版局、一九八八）

【竹下登】

朝日新聞政治部『竹下政権の崩壊—リクルート事件と政治改革』（朝日新聞社、一九八九）

【海部俊樹】

北岡伸一『日米関係のリアリズム』（中央公論社、一九九二）
手嶋龍一『1991年日本の敗北』（新潮社、一九九三）
グレン・S・フクシマ（渡辺敏訳）『日米経済摩擦の政治学』（朝日新聞社、一九九二）

【宮沢喜一】

朝日新聞政治部『竹下派支配』（朝日新聞社、一九九二）
小沢一郎『日本改造計画』（講談社、一九九三）
宮沢喜一『東京—ワシントンの密談』（実業之日本社、一九五六）
宮沢喜一『戦後政治の証言』（読売新聞社、一九九一）

解　説

飯尾　潤

かつて自民党を語ることが、そのまま日本の政治を論じることを意味した時代があった。自民党は単なる政党ではなく、日本政治の基幹構造そのものであり、その変化はそのまま日本政治の変化につながっていたのである。もちろん選挙における複数政党の競争、国会における与野党の攻防、各省庁における政策形成過程、さまざまな市民運動や住民運動などという要素がなかったわけではない。しかし、「政治」が何よりも政治家同士の権力闘争であったとき、自民党は権力闘争の土俵であり、自民党を掌握することが日本の政治権力を握ることをそのまま意味したのである。

この北岡伸一『自民党』は、そうした時代が終わりつつあるときに、自民党の歩みを振り返った著作であり、一九九六年に第一四回吉野作造賞を受賞した名著である。このたび文庫化され、再び多くの人に読まれる状況となったのは、たいへん幸いである。

副題に「政権党の三八年」とある。三八年という長期にわたって政権の座にあった自民党は、その長期政権ゆえに、単なる一政党というよりは、国家構造の一部と化した面があった。内閣総理大臣の交代は、衆議院の総選挙ではなく、自民党の総裁選挙によって起こっており、自民党の歴史は、日本の歴代内閣の歴史として描くことができた。

ところが、本書が最初に出版された一九九五年には、一九九三年の細川護熙内閣の登場により、自民党はいったん政権を失い、翌年に村山富市内閣で政権復帰したものの、内閣総理大臣の座を他党に譲り渡していた。結党以来、三八年のあいだ政権を掌握していた自民党が、そのあり方を大きく変えた時期に本書は著されている。

本書のアプローチは、いわば「構造化された政治史」アプローチであるということができよう。構造化されたというのは、出来事の叙述に特化するのではなく、その背景となる政治構造の解明にも力が入れられていることを意味している。歴史的な展開のところどころに、派閥政治の確立や、選挙区における個人後援会の発達、役職人事の制度化などに関する解説が差し挟まれている。実は、著者には「自民党——包括政党の合理化」(神島二郎編『現代日本の政治構造』法律文化社、一九八五年、所収)という名論文があり、政治学的な分析によって、自民党政権の構造を明快に解き明かしている。本書は、歴史的な展開を軸に自民党を回顧したものではあるが、その背景に、こうした構造についての鋭い分析があることが、多くの政治史的アプローチによる戦後史の著作とは一線を画しているゆえんである。

そして、そのことは、本書の書き出しにも当てはまる。自民党について書かれているはずであるのに、日本における政党の起源から叙述がスタートしている。そこでは、戦前における政党政治の発展が述べられ、そうした遺産のうえに、戦後の自民党が成立したことが説得的に説明されている。自民党といえば、いきなり一九五五年の結党時からスタートするといった通俗的な書き方にはなっていない。それどころか、結党そのものはむしろ自民党政治の確立過程の一里塚として扱われ、岸信介内閣によって、自民党政治の基礎が確立したという構成となっている。岸政権再評価を背景にして、外交政策ばかりではなく、経済政策など内政についても、その後の自民党政権の基礎をつくった側面が協調される。単なる出来事の叙述ではない構成が取られているのである。

とはいえ、その後の叙述は、歴史的展開を順に追っていく形をとっている。もちろん長期にわたる自民党政権下で起こった政治的な出来事を細大漏らさず記録することなど、分量的にもできるはずがないし、必要もないことである。著者もそのことを意識して、細かなことは巻末の資料を見て欲しいと断っている。しかし、最後まで読めば、政争面においても、政策面においても、自民党政権下で起こった出来事のあらましは、網羅的に触れられていることが分かる。いわばこれぐらい知っていれば、戦後政治は語ることができるという教科書的な側面も持っているのである。そのあたりの目配りの良さも、本書の価値を一層高めている。

政党政治の叙述といえば、どうしても比重が小さくなりがちな外交についての叙述が充実しているのは、著者が外交史の大家でもあることと無関係ではないが、むしろ時の政権を論じることが、そのまま自民党を論じることであり、自民党内の情勢を論じることで政権の構造が明らかになるという時代の背景も無視できない。総理大臣となるべき自民党総裁の選択が、そのまま外交路線の選択につながるからこそ、自民党政治の枠組みで日本外交の軌跡をたどることができるのである。

そのうえで、本書を手に取る読者が、心底楽しめるのは、首相を中心とする政治指導者の造形ではないか。岸総理の政権運営における意図について推測している部分や、池田勇人総理の人柄と政権における売り出し、それに色を添える浅沼追悼演説の紹介など、政権の構造が冷たいものではなく、生身の人間によってつくられていることが明らかになる。また自民党政治の絶頂とされる佐藤栄作内閣の構造もさることながら、「自分も栄ちゃんと呼ばれたい」などというのは佐藤総理の本心でもないとさらりと触れられるところに人間観察の鋭さがある。その後、田中角栄の評価における揺れや、三木武夫内閣の二面性の分析なども興味深いが、それ以上に理想と現実をめぐる福田赳夫総理と大平正芳総理の対比などは、現代の政権を考えるうえでも滋味豊かな示唆を与えてくれる。高い評価が与えられない鈴木善幸内閣の後で、中曽根康弘内閣の評価が高くなるのは当然としても、その政権構造については意外にさめた見方が示されている。自民党政権の凋落を扱う、竹下登内閣から、宇野宗佑内閣・海部俊樹内閣を経て、宮沢喜一内閣にいたる時期は、既に首相の個性よりも、自民党型政治の行き詰まりが目につくようになるが、それでも、与えられた条件で呻吟する各首相の指導スタイルについての目配りはなされている。

このような内閣総理大臣の個性についての記述は、人物を中心として組み立てる政治史の伝統というだけではなく、優れた指導者を選ぶことが、現代における民主政治の鍵であり、それを可能とする条件を整えることが政党に求められる重要な機能であるという著者の主張に裏付けられている。生き生きとした人物描写が、自民党の長期的な構造変動の説明と渾然一体となって、大河小説のように戦後史が示されるのを読むのは、政治好きにとっては大きな楽しみであろう。

そうした叙述を支えているのは、著者のやや乾いた文体である。ジャーナリストによって書かれた同時代史には、書き手の思い入れによって情緒的な傾きを持ち、それがかえって説得力を失わせる例に事欠かない。実際にはどろどろとした権力闘争を扱っているのに、それが嫌みにならないのは、この文体のゆえである。始めから終わりまで格調を失わず、それでいて著者の好みが垣間見えるのも、また好ましい。

二〇〇七年夏の参議院選挙によって、衆議院と参議院の多数派が異なる「ねじれ国会」状況となって、思うがままに立法活動を行うことが難しい状況にぶつかった。弱りながらも政権を維持し、日本の政治を動かしてきた自民党が大きな壁にぶつかっているのである。そして、世論調査で「望ましい政権」を聞けば、「自民党中心の政権」に対する期待が、「民主党中心の政権」への期待よりも下回る現象が時々起こるような状況になった。その意味で、自民党の政権との分離、あるいは自民党が普通の政党となる傾向は、次の段階に入ったともいえる。つまり、自民党だけ見ていても日本政治を論じることにはならなくなったのである。自民党と民主党の競争を視野に入れなければ、政権のあり方を議論することはできないし、公明党との選挙協力などを考えずに自民党の選挙を論じることもできない。また、小泉純一郎内閣における、内閣総理大臣と多くの自民党議員との対立は、自民党と政権との同一視を不可能にした。そして、官僚制にほころびが見えるようになると、自民党と官僚制との共存関係も崩れてきた。

そうしたときに、長期政権期の自民党について回顧しておくことは、これからの自民党のゆくえだけではなく、日本における政権のあり方を考えるために、重要な意味を持つ。なぜなら、過去と現在の違いに気づくことによって、変化を実感できるからである。人々の政治についての見方は、自民党長期政権時代の仕組みに知らず知らずに規定されている。

しかし、振り返って当時の政治を眺めれば、現在との違いも自ずと見えてくる。そのうえ、本書には、自民党政治の「功罪」についての鋭い分析も含まれているのである。時を得た文庫化を喜びたい。

（いいお　じゅん／政策研究大学院大学教授）

付録7　自民党派閥の系譜と消長

□＝総裁派閥、□＝主流派。総選挙後の派閥別内訳（衆議院議員）は読売新聞社調べ。A＝公認当選者　B＝派閥重複者を含む　C＝追加公認を含む　D＝Cのほか無所属自民系を含む

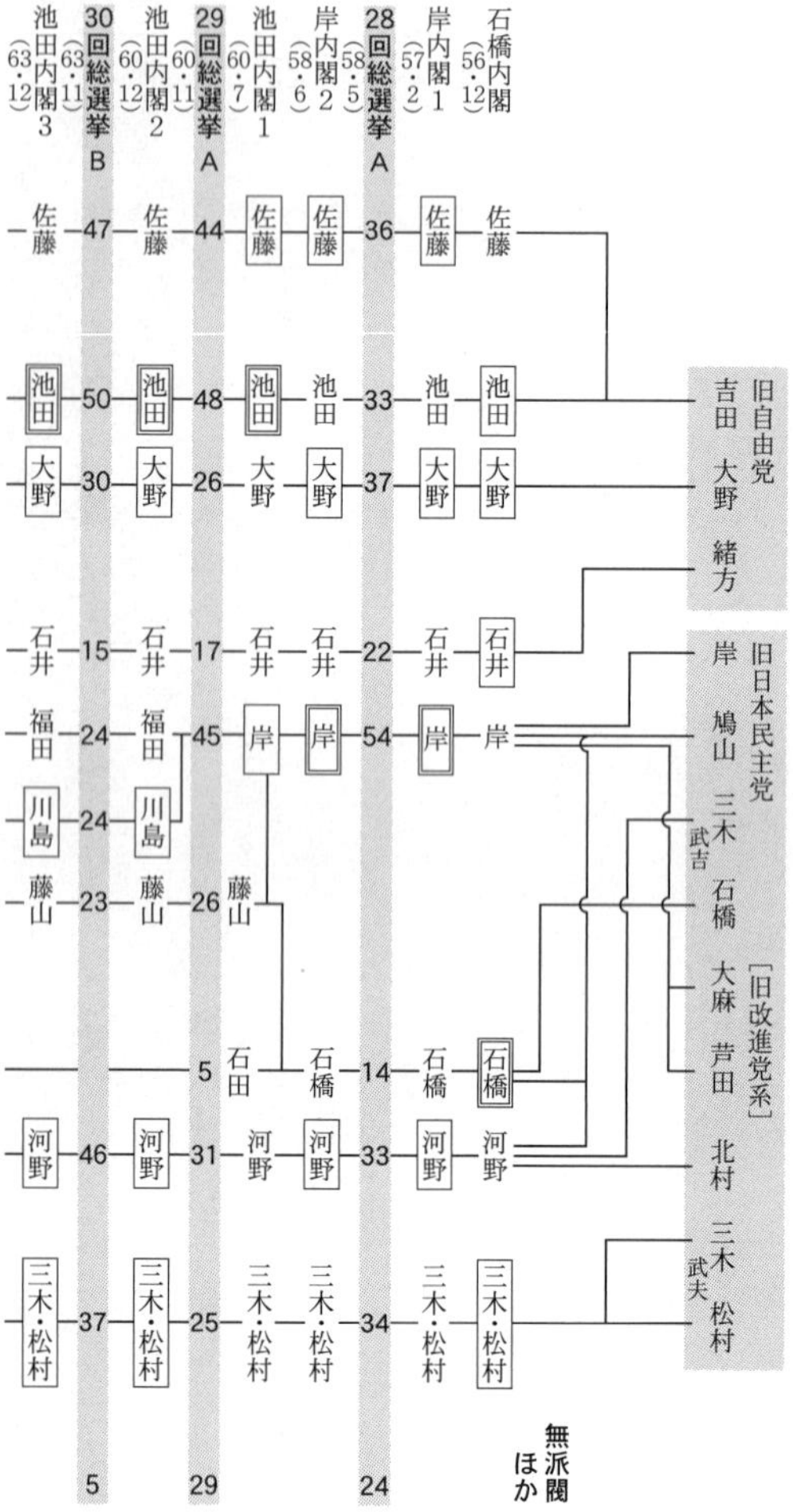

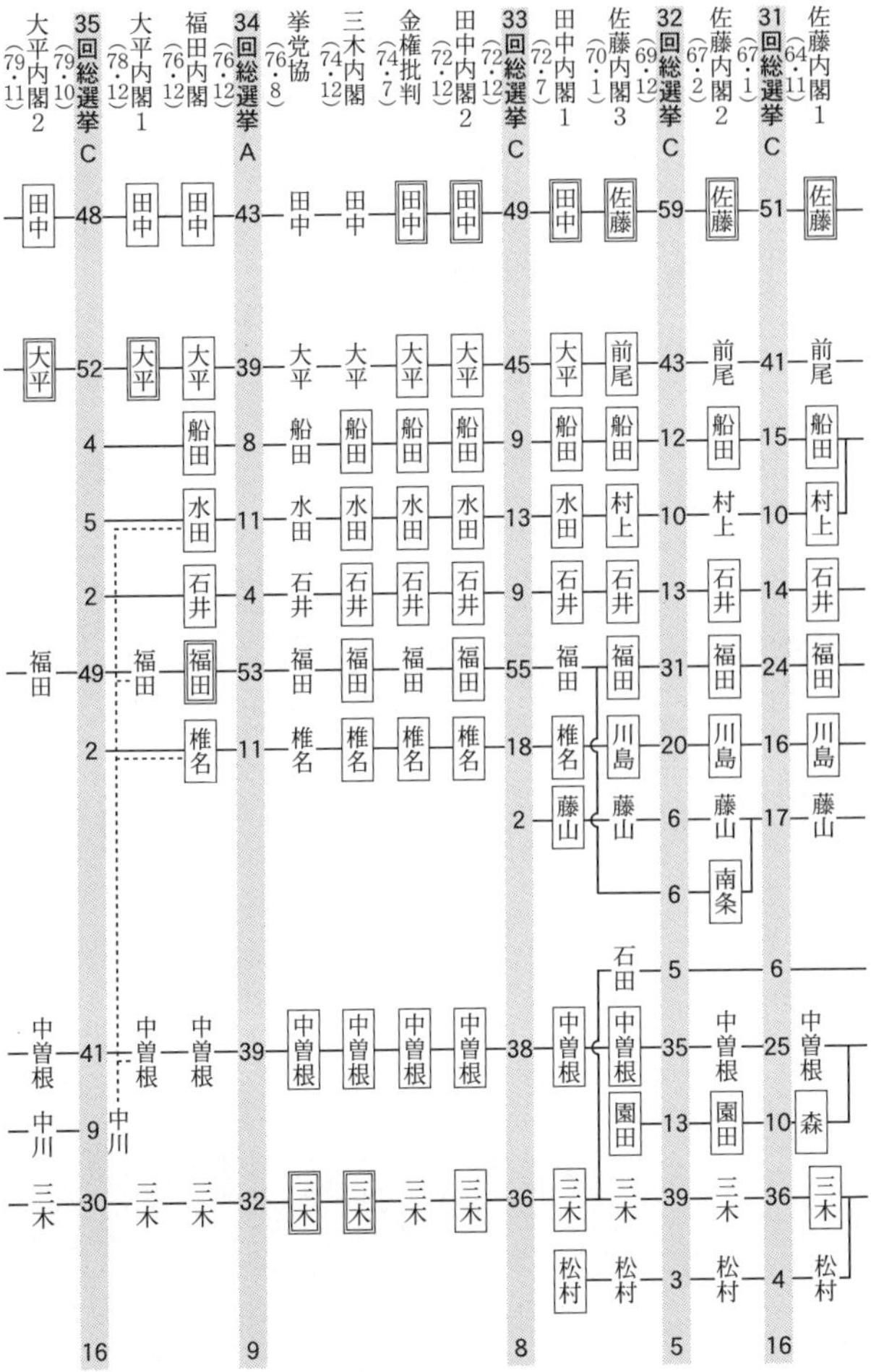
佐藤内閣1 (64・11)
31回総選挙 (67・1) C
佐藤内閣2 (67・2)
32回総選挙 (69・12) C
佐藤内閣3 (70・1)
田中内閣1 (72・7)
33回総選挙 (72・12) C
田中内閣2 (72・12)
金権批判 (74・7)
三木内閣 (74・12)
挙党協 (76・8)
34回総選挙 (76・12) A
福田内閣 (76・12)
大平内閣1 (78・12)
35回総選挙 (79・10) C
大平内閣2 (79・11)
佐藤 51 佐藤 59 佐藤 田中 49 田中 田中 田中 田中 43 田中 田中 48 田中
前尾 41 前尾 43 前尾 大平 45 大平 大平 大平 大平 39 大平 大平 52 大平
船田 15 船田 12 船田 船田 9 船田 船田 船田 船田 8 船田 4
村上 10 村上 10 村上 水田 13 水田 水田 水田 水田 11 水田 5
石井 14 石井 13 石井 石井 9 石井 石井 石井 石井 4 石井 2
福田 24 福田 31 福田 福田 55 福田 福田 福田 福田 53 福田 福田 49 福田
川島 16 川島 20 川島 椎名 18 椎名 椎名 椎名 椎名 11 椎名 2
藤山 17 藤山 6 藤山 藤山 2
南条 6
6 5 石田
中曽根 25 中曽根 35 中曽根 中曽根 38 中曽根 中曽根 中曽根 中曽根 39 中曽根 中曽根 41 中曽根
森 10 園田 13 園田
中川 9 中川
三木 36 三木 39 三木 三木 36 三木 三木 三木 三木 32 三木 三木 30 三木
松村 4 松村 3 松村 松村
16 5 8 9 16

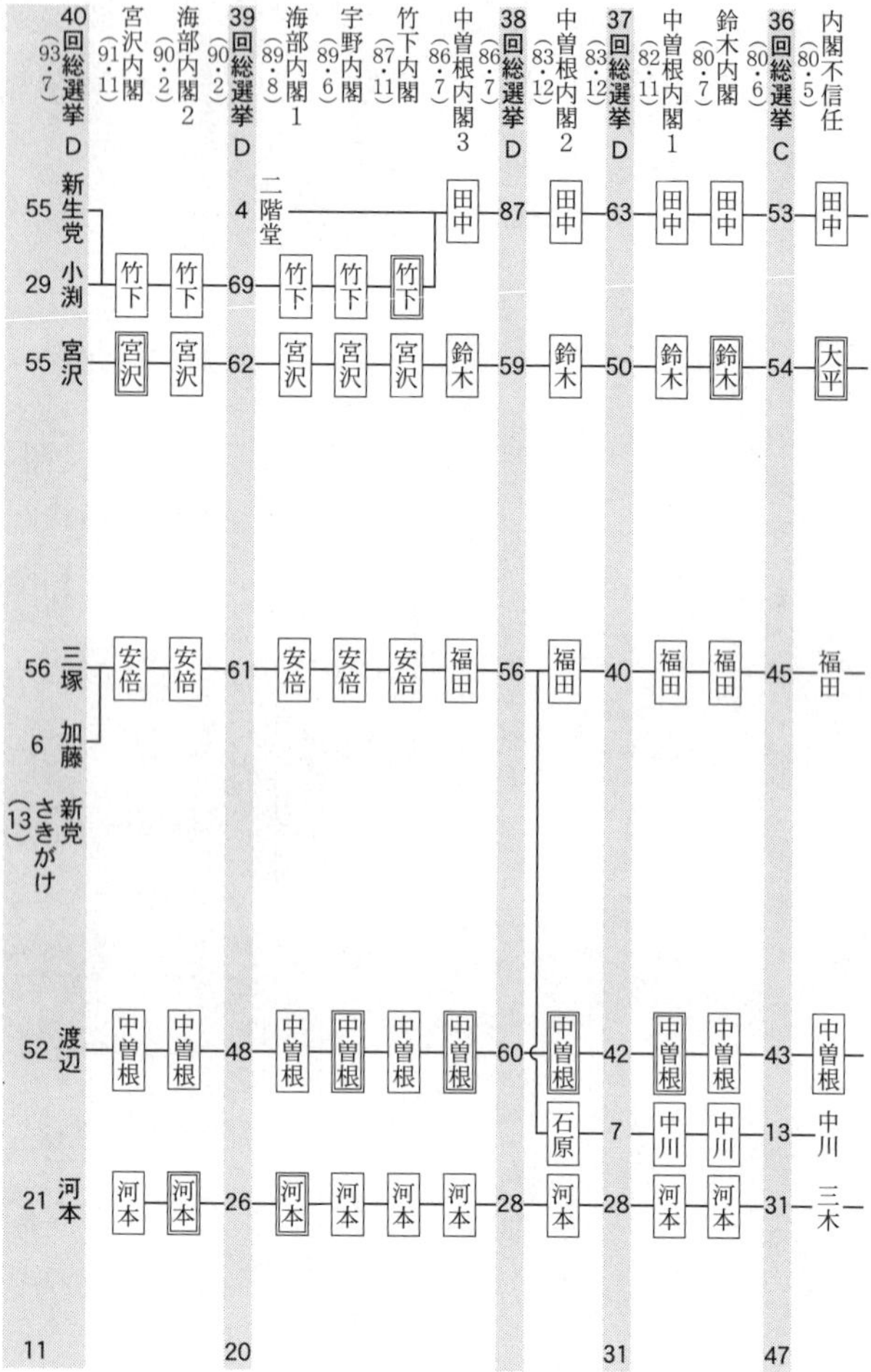
内閣不信任（80・5）
田中
大平
福田
中曽根
中川
三木
36回総選挙（80・6）C
53
54
45
43
13
31
47
鈴木内閣（80・7）
田中
鈴木
福田
中曽根
中川
河本
中曽根内閣1（82・11）
田中
鈴木
福田
中曽根
中川
河本
37回総選挙（83・12）D
63
50
40
42
7
28
31
中曽根内閣2（83・12）
田中
鈴木
福田
中曽根
石原
河本
38回総選挙（86・7）D
87
59
56
60
28
中曽根内閣3（86・7）
田中
鈴木
福田
中曽根
河本
竹下内閣（87・11）
竹下
宮沢
安倍
中曽根
河本
宇野内閣（89・6）
竹下
宮沢
安倍
中曽根
河本
海部内閣1（89・8）
二階堂
竹下
宮沢
安倍
中曽根
河本
39回総選挙（90・2）D
4
69
62
61
48
26
20
海部内閣2（90・2）
竹下
宮沢
安倍
中曽根
河本
宮沢内閣（91・11）
竹下
宮沢
安倍
中曽根
河本
40回総選挙（93・7）D
55 新生党
29 小渕
55 宮沢
56 三塚
6 加藤
新党さきがけ（13）
52 渡辺
21 河本
11

内　閣	第2次海部 1990.2.28	改　造 1990.12.29	宮　沢 1991.11.5	改　造 1992.12.11
副総裁			92.1 金丸信(竹)	
幹事長	→小沢(竹)	→小沢 91.4 小渕恵三(竹)	綿貫民輔(竹)	梶山静六(小)
総務会長	西岡武夫(宮)	→西岡	佐藤孝行(渡)	→佐藤
政調会長	加藤六月(安)	→加藤	森　喜朗(三)	三塚　博(三)
副総理			渡辺美智雄(渡)	→渡辺
法務大臣	長谷川信(竹) 90.9 梶山静六	左藤　恵(竹)	田原　隆(竹)	後藤田正晴(無)
外務大臣	→中山(安)	→中山	＊渡辺美智雄	→＊渡辺
大蔵大臣	→橋本(竹)	→橋本	羽田　孜(竹)	林　義郎(宮)
文部大臣	保利耕輔(竹)	井上　裕(安)	鳩山邦夫(竹)	森山真弓(河)
厚生大臣	津島雄二(宮)	下条進一郎(宮)	山下徳夫(河)	丹羽雄哉(宮)
農水大臣	山本富雄(安)	近藤元次(宮)	田名部匡省(加)	→田名部
通産大臣	武藤嘉文(渡)	中尾栄一(渡)	渡部恒三(竹)	森　喜朗(三)
運輸大臣	大野　明(安)	村岡兼造(竹)	奥田敬和(竹)	越智伊平(渡)
郵政大臣	深谷隆司(渡)	関谷勝嗣(渡)	渡辺秀央(渡)	小泉純一郎(三)
労働大臣	塚原俊平(安)	小里貞利(宮)	近藤鉄雄(河)	村上正邦(渡)
建設大臣	綿貫民輔(竹)	大塚雄司(安)	山崎　拓(渡)	中村喜四郎(小)
自治・公安	奥田敬和(竹)	吹田　愰(安)	塩川正十郎(三)	村田敬次郎(三)
官房長官	坂本三十次(河)	→坂本	加藤紘一(宮)	河野洋平(宮)
総務庁長官	塩崎　潤(宮)	佐々木満(渡)	岩崎純三(河)	鹿野道彦(三)
北海・沖縄	砂田重民(渡) 90.9 木部佳昭	谷　洋一(渡)	伊江朝雄(竹)	北　修二(河)
防衛庁長官	石川要三(宮)	池田行彦(宮)	宮下創平(三)	中山利生(小)
経企庁長官	相沢英之(宮)	越智通雄(安)	野田　毅(渡)	船田　元(羽)
科技庁長官	大島友治(渡)	山東昭子(竹)	谷川寛三(三)	中島　衛(羽)
環境庁長官	北川石松(河)	愛知和男(竹)	中村正三郎(三)	林　大幹(渡)
国土庁長官	佐藤守良(竹)	西田　司(竹)	東家嘉幸(宮)	井上　孝(小)
閣僚の派閥別内訳	竹下6、安倍、宮沢、渡辺各4、河本2	竹下6、安倍5、宮沢、渡辺各4、河本1	竹下6、渡辺、三塚各4、河本3、宮沢2、加藤1	渡辺、三塚各4、宮沢、小渕各3、河本、羽田各2、加藤1、その他1

内　閣	竹　下 1987.11.6	改　造 1988.12.27	宇　野 1989.6.3	第1次海部 1989.8.10
副総裁				
幹事長	安倍晋太郎(安)	→安倍	橋本竜太郎(竹)	小沢一郎（竹)
総務会長	伊東正義(無)	→伊東	水野　清(宮)	唐沢俊二郎(中)
政調会長	渡辺美智雄(中)	→渡辺	村田敬次郎(安)	三塚　博(安)
副総理	宮沢喜一(宮)～87.12			
法務大臣	林田悠紀夫(宮)	長谷川峻(安)	谷川和穂(河)	後藤正夫(宮)
外務大臣	宇野宗佑(中)	→宇野	三塚　博(安)	中山太郎(安)
大蔵大臣	→＊宮沢 87.12 村山達雄	→村山(宮)	→村山	橋本竜太郎(竹)
文部大臣	中島源太郎(安)	西岡武夫(宮)	→西岡	石橋一弥(安)
厚生大臣	藤本孝雄(河)	小泉純一郎(安)	→小泉	戸井田三郎(竹)
農水大臣	佐藤　隆(安)	羽田　孜(竹)	堀之内久男(中)	鹿野道彦(安)
通産大臣	→田村	三塚　博(安)	梶山静六(竹)	松永　光(中)
運輸大臣	石原慎太郎(安)	佐藤信二(竹)	山村新治郎(竹)	江藤隆美(中)
郵政大臣	中山正暉(中)	片岡清一(中)	村岡兼造(竹)	大石千八(中)
労働大臣	中村太郎(竹)	丹羽兵助(河)	堀内光雄(宮)	福島譲二(竹)
建設大臣	越智伊平(中)	小此木彦三郎(中)	野田　毅(中)	原田昇左右(宮)
自治・公安	梶山静六(竹)	坂野重信(竹)	→坂野	渡部恒三(竹)
官房長官	小渕恵三(竹)	→小渕	塩川正十郎(安)	山下徳夫(河) 89.8.25 森山真弓
総務庁長官	高鳥　修(竹)	金丸三郎(安)	池田行彦(宮)	水野　清(宮)
北海・沖縄	粕谷　茂(宮)	坂元親男(河)	井上吉夫(二)	阿部文男(宮)
防衛庁長官	瓦　力(宮) 88.8 田沢吉郎	→田沢(宮)	山崎　拓(中)	松本十郎(安)
経企庁長官	中尾栄一(中)	原田　憲(竹) 89.1 愛野興一郎	越智通雄(安)	高原須美子
科技庁長官	伊藤宗一郎(河)	宮崎茂一(宮)	中村喜四郎(竹)	斎藤栄三郎(中)
環境庁長官	堀内俊夫(安)	青木正久(中)	山崎竜男(宮)	森山真弓(河) 89.8.25 志賀　節
国土庁長官	奥野誠亮(無) 88.5 内海英男	→内海(竹)	野中英二(竹)	石井　一(竹)
閣僚の派閥別内訳	竹下5、安倍、宮沢、中曽根各4、河本2、その他1	竹下6、中曽根、安倍、宮沢各4、河本2	竹下6、宮沢5、安倍4、中曽根3、河本1、二階堂1	竹下5、中曽根、宮沢、安倍各4、河本2、その他1

内　閣	第２次中曽根 1983.12.27	改　造 1984.11.1	２次改造 1985.12.28	第３次中曽根 1986.7.22
副総裁	84.4 二階堂進(田)	→二階堂	→二階堂	
幹事長	田中六助(宮)	金丸　信(田)	→金丸	竹下　登(田)
総務会長	金丸　信(田)	宮沢喜一(鈴)	→宮沢	安倍晋太郎(安)
政調会長	藤尾正行(福)	→藤尾	→藤尾	伊東正義(無)
副総理				金丸　信(田)
法務大臣	住　栄作(鈴)	嶋崎　均(鈴)	鈴木省吾(福)	遠藤　要(田)
外務大臣	→安倍	→安倍	→安倍	倉成　正(中)
大蔵大臣	→竹下	→竹下	→竹下	宮沢喜一(鈴)
文部大臣	森　喜朗(福)	松永　光(中)	海部俊樹(河)	藤尾正行(安) 86.9 塩川正十郎
厚生大臣	渡部恒三(田)	増岡博之(鈴)	今井　勇(鈴)	斎藤十朗(田)
農水大臣	山村新治郎(田)	佐藤守良(田)	羽田　孜(田)	加藤六月(安)
通産大臣	小此木彦三郎(中)	村田敬次郎(福)	渡辺美智雄(中)	田村　元(田)
運輸大臣	細田吉蔵(福)	山下徳夫(河)	三塚　博(福)	橋本竜太郎(田)
郵政大臣	奥田敬和(田)	左藤　恵(田)	佐藤文生(中)	唐沢俊二郎(中)
労働大臣	坂本三十次(河)	山口敏夫(新自ク)	林　迶(鈴)	平井卓志(中)
建設大臣	水野　清(鈴)	木部佳昭(中)	江藤隆美(中)	天野光晴(中)
自治・公安	田川誠一(新自ク)	古屋　亨(福)	小沢一郎(田)	葉梨信行(鈴)
官房長官	藤波孝生(中)	→藤波	後藤田正晴(田)	→後藤田
総務長官	中西一郎(福)	→後藤田	江崎真澄(田)	玉置和郎(無)
行管庁長官	後藤田正晴(田)			87.1 山下徳夫
	84.7 総務庁長官 後藤田			
北海道長官	稲村佐近四郎(中)	河本嘉久蔵(田)	古賀雷四郎(田)	綿貫民輔(田)
防衛庁長官	栗原祐幸(鈴)	加藤紘一(鈴)	→加藤	栗原祐幸(鈴)
経企庁長官	河本敏夫(河)	金子一平(鈴)	平泉　渉(鈴)	近藤鉄雄(河)
科技庁長官	岩動道行(鈴)	竹内黎一(田)	河野洋平(新自ク)	三ツ林弥太郎(安)
環境庁長官	上田　稔(田)	石本　茂(福)	森　美秀(河)	稲村利幸(田)
国土庁長官	＊稲村	＊河本嘉	山崎平八郎(福)	＊綿貫
沖縄長官	＊中西	河本敏夫(河) 85.8 藤本孝雄	＊古賀	＊綿貫
閣僚の派閥別内訳	田中6、鈴木、福田各4、中曽根3、河本2、新自ク1	田中6、鈴木、福田各4、中曽根3、河本2、新自ク1	田中6、福田、鈴木各4、中曽根3、河本2、新自ク1	田中8、中曽根4、鈴木、安倍各3、河本1、その他1

内閣	第2次大平 1979.11.9	鈴木 1980.7.17	改造 1981.11.30	第1次中曽根 1982.11.27
副総裁	→西村	→西村		
幹事長	桜内義雄(中)	→桜内	二階堂進(田)	→二階堂
総務会長	鈴木善幸(大)	二階堂進(田)	田中竜夫(福)	細田吉蔵(福)
政調会長	安倍晋太郎(福)	→安倍	田中六助(鈴)	→田中
副総理	80.6 ＊伊東正義			
法務大臣	倉石忠雄(福)	奥野誠亮(無)	坂田道太(無)	秦野　章(無)
外務大臣	大来佐武郎	伊東正義(鈴)	桜内義雄(中)	安倍晋太郎(福)
		81.5 園田直		
大蔵大臣	竹下　登(田)	渡辺美智雄(無)	→渡辺	竹下　登(田)
文部大臣	谷垣専一(大)	田中竜夫(福)	小川平二(鈴)	瀬戸山三男(福)
厚生大臣	野呂恭一(三)	斎藤邦吉(鈴)	森下元晴(中)	林　義郎(田)
		80.9 園田直 81.5 村山達雄		
農水大臣	武藤嘉文(中)	亀岡高夫(田)	田沢吉郎(鈴)	金子岩三(鈴)
通産大臣	佐々木義武(大)	田中六助(鈴)	安倍晋太郎(福)	山中貞則(中)
				83.6 宇野宗佑
運輸大臣	地崎宇三郎(無)	塩川正十郎(福)	小坂徳三郎(田)	長谷川峻(中川)
郵政大臣	大西正男(三)	山内一郎(鈴)	箕輪　登(田)	檜垣徳太郎(中)
労働大臣	藤波孝生(中)	藤尾正行(福)	初村滝一郎(河)	大野　明(無)
建設大臣	渡辺栄一(船)	斉藤滋与史(田)	始関伊平(福)	内海英男(田)
自治・公安	後藤田正晴(田)	石破二朗(田)	世耕政隆(田)	山本幸雄(田)
		80.12 我孫子藤吉		
官房長官	伊東正義(大)	宮沢喜一(鈴)	→宮沢(鈴)	後藤田正晴(田)
総務・沖縄	小渕恵三(田)	中山太郎(福)	田辺国男(福)	丹羽兵助(河)
行管庁長官	宇野宗佑(中)	中曽根康弘(中)	→中曽根	斎藤邦吉(鈴)
北海道長官	＊後藤田	原健三郎(中)	松野幸泰(田)	加藤六月(福)
防衛庁長官	久保田円次(福)	大村襄治(田)	伊藤宗一郎(河)	谷川和穂(河)
	80.2 細田吉蔵			
経企庁長官	正示啓次郎(福)	河本敏夫(河)	→河本(河)	塩崎　潤(鈴)
科技庁長官	長田裕二(田)	中川一郎(中川)	→中川	安田隆明(鈴)
環境庁長官	土屋義彦(福)	鯨岡兵輔(河)	原文兵衛(福)	梶木又三(田)
国土庁長官	園田清充(大)	＊原	＊松野	＊加藤
閣僚の派閥別内訳	大平、田中、福田各4、中曽根3、三木2、旧船田1、その他2	鈴木5、田中、福田各4、中曽根、河本各2、中川1、その他2	田中、福田各4、鈴木、河本、中曽根各3、中川1、その他2	田中6、鈴木4、福田3、中曽根、河本各2、中川1、その他2

内　閣	三木改造 1976.9.15	福　田 1976.12.24	福田改造 1977.11.28	第1次大平 1978.12.7
副総裁	→椎名(椎)		船田　中(船)	79.1 西村英一(田)
幹事長	内田常雄(大)	大平正芳(大)	→大平	斎藤邦吉(大)
総務会長	松野頼三(福)	江崎真澄(田)	中曽根康弘(中)	倉石忠雄(福)
政調会長	桜内義雄(中)	河本敏夫(三)	江崎真澄(田)	河本敏夫(三)
副総理	→福田(福) ~76.11		〔国務〕牛場信彦	
法務大臣	→稲葉(中)	福田一(船) 77.10 瀬戸山三男	→瀬戸山(福)	古井喜実(無)
外務大臣	小坂善太郎(無)	鳩山威一郎(無)	園田　直(福)	→園田
大蔵大臣	→大平(大)	坊　秀男(福)	村山達雄(大)	金子一平(大)
文部大臣	→永井	海部俊樹(三)	砂田重民(中)	内藤誉三郎(中)
厚生大臣	早川　崇(福)	渡辺美智雄(中)	小沢辰男(田)	橋本竜太郎(田)
農林大臣 (78.7農林水産大臣)	大石武一(中)	鈴木善幸(大)	中川一郎(無)	渡辺美智雄(中)
通産大臣	→河本(三)	田中竜夫(福)	河本敏夫(三)	江崎真澄(田)
運輸大臣	石田博英(三)	田村　元(田)	福永健司(大)	森山欽司(三)
郵政大臣	福田篤泰(水)	小宮山重四郎(田)	服部安司(大)	白浜仁吉(福)
労働大臣	浦野幸男(大)	石田博英(三)	藤井勝志(三)	栗原祐幸(大)
建設大臣	中馬辰猪(福)	長谷川四郎(椎)	桜内義雄(中)	渡海元三郎(福)
自治大臣 (兼国家公安委員長兼北海道開発庁長官)	天野公義(大)	小川平二(大)	加藤武徳(福)	渋谷直蔵(三)
官房長官	→井出(三)	園田　直(福)	安倍晋太郎(福)	田中六助(大)
総務・沖縄	西村尚治(田)	藤田正明(大)	稲村佐近四郎(水)	三原朝雄(水)
行管庁長官	荒船清十郎(椎)	西村英一(田)	荒船清十郎(椎)	金井元彦(田)
防衛庁長官	→坂田(石)	三原朝雄(水)	金丸　信(田)	山下元利(田)
経企庁長官	→*福田 76.11 野田卯一	倉成　正(中)	宮沢喜一(大)	小坂徳三郎(無)
科技庁長官	前田正男(田)	宇野宗佑(中)	熊谷太三郎(福)	金子岩三(大)
環境庁長官	丸茂重貞(福)	石原慎太郎(無)	山田久就(田)	上村千一郎(中)
国土庁長官	天野光晴(中)	田沢吉郎(大)	*桜内	中野四郎(福)
閣僚の派閥別内訳	福田4、三木、中曽根、大平各3、田中2、水田、椎名、石井各1、その他2	大平4、福田、田中、中曽根各3、三木2、船田、水田、椎名各1、その他5	福田5、大平4、田中3、中曽根、三木各2、水田、椎名各1、その他2	大平、田中、福田各4、中曽根3、三木2、旧水田1、その他2

内　閣	第２次田中 1972.12.22	改　造 1973.11.25	２次改造 1974.11.11	三　木 1974.12.9
副総裁	→椎名	→椎名	→椎名	→椎名
幹事長	→橋本	→橋本	二階堂進(田)	中曽根康弘(中)
総務会長	→鈴木	→鈴木	→鈴木	灘尾弘吉(無)
政調会長	倉石忠雄(福)	水田三喜男(水)	山中貞則(中)	松野頼三(福)
副総理	→三木	→三木～74.7		福田赳夫(福)
法務大臣	田中伊三次(石)	中村梅吉(中)	浜野清吾(椎)	稲葉　修(中)
外務大臣	→大平	→大平 74.7 木村俊夫	→木村(田)	宮沢喜一(大)
大蔵大臣	愛知揆一(田)	福田赳夫(福) 74.7 大平正芳	→大平(大)	→大平
文部大臣	奥野誠亮(無)	→奥野	三原朝雄(水)	永井道雄
厚生大臣	斎藤邦吉(大)	→斎藤	福永健司(大)	田中正巳(福)
農林大臣	桜内義雄(中)	倉石忠雄(福)	→倉石	安倍晋太郎(福)
通産大臣	→中曽根	→中曽根	→中曽根	河本敏夫(三)
運輸大臣	新谷寅三郎(石)	徳永正利(田)	江藤　智(田)	木村睦男(田)
郵政大臣	久野忠治(田)	原田　憲(水)	鹿島俊雄(水)	村上　勇(水)
労働大臣	加藤常太郎(三)	長谷川峻(石)	大久保武雄(大)	長谷川峻(石)
建設大臣	金丸　信(田)	亀岡高夫(田)	小沢辰男(田)	仮谷忠男(田) 76.1 竹下　登
自治大臣 (兼国家公安委員長兼北海道開発庁長官)	江崎真澄(水)	町村金五(福)	福田　一(船)	→福田　一
官房長官	→二階堂	→二階堂	竹下　登(田)	井出一太郎(三)
総務・沖縄	坪川信三(福)	小坂徳三郎(無)	→小坂	植木光教(大)
行管庁長官	福田赳夫(福)	保利　茂(福) 74.7 細田吉蔵	→細田(福)	松沢雄蔵(椎)
防衛庁長官	→増原 73.5 山中貞則	→山中(中)	宇野宗佑(中)	坂田道太(石)
経企庁長官	小坂善太郎(大)	内田常雄(大)	倉成　正(中)	＊福田赳夫
科技庁長官	前田佳都男(田)	森山欽司(三)	足立篤郎(田)	佐々木義武(大)
環境庁長官	＊三木	→＊三木 74.7 毛利松平	→毛利(三)	小沢辰男(田)
国土庁長官	(74.6新設)	74.6 西村英一(田)	丹羽兵助(三)	金丸　信(田)
閣僚の派閥別内訳	田中5、大平3、中曽根、福田、三木、石井各2、水田1、その他2	福田4、田中、大平、中曽根各3、三木2、水田、石井各1、その他2	田中5、大平、中曽根各3、福田、水田、三木各2、椎名、船田各1、その他1	大平、田中各4、福田3、三木、石井各2、中曽根、水田、船田、椎名各1、その他1

内　閣	第2次佐藤2次改造 1968.11.30	第3次佐藤 1970.1.14	改　造 1971.7.5	第1次田中 1972.7.7
副総裁	→川島（川）	→川島～70.11		椎名悦三郎（椎）
幹事長	田中角栄（佐）	→田中	保利　茂（佐）	橋本登美三郎（田）
総務会長	鈴木善幸（前）	→鈴木	中曽根康弘（中）	鈴木善幸（大）
政調会長	根本竜太郎（園）	水田三喜男（村上）	小坂善太郎（大）	桜内義雄（中）
副総理				三木武夫（三）
法務大臣	西郷吉之助（佐）	小林武治（佐） 71.2 植木庚子郎	前尾繁三郎（大）	郡　祐一（田）
外務大臣	愛知揆一（佐）	→愛知	福田赳夫（福）	大平正芳（大）
大蔵大臣	福田赳夫（福）	→福田	水田三喜男（無）	植木庚子郎（田）
文部大臣	坂田道太（石）	→坂田	高見三郎（大）	稲葉　修（中）
厚生大臣	斎藤　昇（佐）	内田常雄（前）	斎藤　昇（佐）	塩見俊二（大）
農林大臣	長谷川四郎（川）	倉石忠雄（福）	赤城宗徳（椎）	足立篤郎（田）
通産大臣	大平正芳（前）	宮沢喜一（前）	田中角栄（佐）	中曽根康弘（中）
運輸大臣	原田　憲（村上）	橋本登美三郎（佐）	丹羽喬四郎（大）	佐々木秀世（大）
郵政大臣	河本敏夫（三）	井出一太郎（三）	広瀬正雄（石）	三池　信（福）
労働大臣	原健三郎（船）	野原正勝（三）	原健三郎（船） 72.1 塚原俊郎	田村　元（水）
建設大臣	坪川信三（佐）	根本竜太郎（園）	西村英一（佐）	木村武雄（田）
自治大臣	野田武夫（中）	秋田大助（川）	渡海元三郎（福）	福田　一（船）
官房長官	保利　茂（佐）	→保利	竹下　登（佐）	二階堂進（田）
総務長官	床次徳二（南条）	山中貞則（中）	→山中	本名　武（三）
公安委員長	荒木万寿夫（前）	→荒木	中村寅太（三）	＊木村
行管庁長官	＊荒木	→＊荒木	＊中村	浜野清吾（椎）
北海道長官	＊野田	西田信一（前）	＊渡海	＊福田
防衛庁長官	有田喜一（福）	中曽根康弘（中）	増原恵吉（佐） 71.8西村直己 71.12江崎真澄	増原恵吉△
経企庁長官	菅野和太郎（三）	佐藤一郎（佐）	木村俊夫（佐）	有田喜一（福）
科技庁長官	木内四郎△	＊西田	平泉渉（佐） 71.11 木内四郎	＊中曽根
環境庁長官（71.7新設）		71.7 ＊山中	大石武一（中）	小山長規（大）
沖縄長官（72.5新設）			72.5 ＊山中	＊本名
閣僚の派閥別内訳	佐藤5、福田、前尾、三木各2、川島、石井、村上、船田、中曽根各1、その他2	佐藤5、前尾4、福田、中曽根、三木各2、石井、川島、園田各1	佐藤7、大平3、福田、中曽根各2、椎名、石井、船田、三木各1、その他1	田中5、大平4、中曽根、福田、三木各2、水田、船田、椎名各1、その他1

内　閣	２次改造 1966.8.1	３次改造 1966.12.3	第２次佐藤 1967.2.17	改　造 1967.11.25
副総裁	→川島			川島正次郎(川)
幹事長	→田中	福田赳夫(福)	→	→福田
総務会長	福永健司(前)	椎名悦三郎(椎)	→	橋本登美三郎(佐)
政調会長	水田三喜男(船)	西村直己(佐)	→	大平正芳(前)
法務大臣	→石井	田中伊三次(石)	→	赤間文三(佐)
外務大臣	→椎名	三木武夫(三)	→	→三木
大蔵大臣	→福田	水田三喜男(船)	→	→水田
文部大臣	有田喜一(福)	剱木亨弘(森)	→	灘尾弘吉(石)
厚生大臣	→鈴木(前)	坊　秀男(福)	→	園田　直(森)
農林大臣	松野頼三(佐)	倉石忠雄(福)	→	→倉石 68.2 西村直己
通産大臣	→三木	菅野和太郎(三)	→	椎名悦三郎(川)
運輸大臣	荒船清十郎(川) 66.10 藤枝泉介	大橋武夫(佐)	→	中曽根康弘(中)
郵政大臣	新谷寅三郎(石)	小林武治(佐)	→	→小林
労働大臣	山手満男(三)	早川　崇(三)	→	小川平二(前)
建設大臣	橋本登美三郎(佐)	西村英一(佐)	→	保利　茂(佐)
自治・公安	塩見俊二(前)	藤枝泉介(川)	→	赤沢正道(三)
官房長官	愛知揆一(佐)	福永健司(前)	→ 67.6 木村俊夫	→木村俊夫(佐)
総務長官	森　清(森)	塚原俊郎(佐)	→	田中竜夫(福)
行管庁長官	田中茂穂(佐)	松平勇雄(石)	→	木村武雄(佐)
北海道長官	前尾繁三郎(前)	二階堂進(佐)	→	＊木村武雄
防衛庁長官	上林山栄吉(佐)	増田甲子七(佐)	→	→増田
経企庁長官	→藤山 66.11 ＊佐藤	宮沢喜一(前)	→	→宮沢
科技庁長官	＊有田	＊二階堂	→	鍋島直紹(三)
閣僚の派閥別内訳	佐藤5、前尾3、福田、石井、川島、三木各2、藤山、森各1	佐藤6、三木3、福田、前尾、石井各2、川島、船田、森各1		佐藤6、三木3、前尾、福田各2、中曽根、船田、石井、川島、森各1

内　閣	第3次池田 1963.12.9	改　造 1964.7.18	第1次佐藤 1964.11.9	改　造 1965.6.3
副総裁	→大野(大) ～64.5	川島正次郎(川)	→	→川島
幹事長	→前尾(池)	三木武夫(三)	→	田中角栄(佐)
総務会長	→藤山(藤)	中村梅吉(河)	→	前尾繁三郎(前)
政調会長	→三木(三)	周東英雄(池)	→	赤城宗徳(川)
		〔国務〕河野一郎(河)	→	
法務大臣	→賀屋(無)	高橋　等(池)	→	石井光次郎(石)
外務大臣	→大平(池)	椎名悦三郎(川)	→	→椎名
大蔵大臣	→田中(佐)	→田中	→	福田赳夫(福)
文部大臣	→灘尾(石)	愛知揆一(佐)	→	中村梅吉(河)
厚生大臣	→小林(佐)	神田　博(大)	→	鈴木善幸(池)
農林大臣	→赤城(川)	→赤城	→	坂田英一(佐)
通産大臣	→福田一(大)	桜内義雄(河)	→	三木武夫(三)
運輸大臣	→綾部(藤)	松浦周太郎(三)	→	中村寅太(三)
郵政大臣	→古池(大)	徳安実蔵(大)	→	郡　祐一(佐)
労働大臣	→大橋(池)	石田博英(石田)	→	小平久雄(池)
建設大臣	→河野(河)	小山長規(池)	→	瀬戸山三男(佐)
自治・公安	→早川(三) 64.3 赤沢正道	吉武恵市(佐)	→	永山忠則(福)
行管庁長官	→山村(川)	増原恵吉(藤)	→	福田篤泰(船)
北海道長官	→佐藤(佐) 64.6 ＊池田	＊増原	→	＊福田篤泰
防衛庁長官	→福田篤(大)	小泉純也(藤)	→	松野頼三(佐)
経企庁長官	→宮沢(池)	高橋　衛(池)	→	藤山愛一郎(藤)
科技庁長官	→＊佐藤 64.6 ＊池田	＊愛知	→	上原正吉(佐)
官房長官	→黒金(池)	鈴木善幸(池)	橋本登美三郎(佐)	→橋本
総務長官	→野田(河)	臼井荘一(三)	→	安井　謙(池)
閣僚の派閥別内訳(総務長官は65.5、官房長官は66.6から国務大臣)	池田4、佐藤、大野各3、川島、河野各2、藤山、石井、三木各1、その他1	池田4、佐藤3、河野、大野、藤山、川島、三木各2、石田1	佐藤4、池田3、河野、大野、藤山、川島、三木各2、石田1	佐藤6、池田3、福田、三木各2、河野、船田、藤山、石井、川島各1

内　閣	第２次池田 1960.12.8	改　造 1961.7.18	２次改造 1962.7.18	３次改造 1963.7.18
副総裁		大野伴睦(大)	→大野	→大野
幹事長	→益谷	前尾繁三郎(池)	→前尾	→前尾
総務会長	→保利	赤城宗徳(岸)	→赤城	藤山愛一郎(藤)
政調会長	福田赳夫(岸)	田中角栄(佐)	賀屋興宣△	三木武夫(三)
法務大臣	植木庚子郎(佐)	→植木	中垣国男(石)	賀屋興宣(無)
外務大臣	→小坂	→小坂	大平正芳(池)	→大平
大蔵大臣	→水田	→水田	田中角栄(佐)	→田中
文部大臣	→荒木	→荒木	→荒木	灘尾弘吉(石)
厚生大臣	古井喜実(三)	灘尾弘吉(石)	西村英一(佐)	小林武治(佐)
農林大臣	周東英雄(池)	河野一郎(河)	重政誠之(河)	赤城宗徳(川)
通産大臣	椎名悦三郎(岸)	佐藤栄作(佐)	福田　一(大)	→福田　一
運輸大臣	小暮武太夫(岸)	斎藤　昇(佐)	綾部健太郎(藤)	→綾部
郵政大臣	小金義照(池)	迫水久常(佐)	手島　栄△ 63.1 小沢久太郎	古池信三(大)
労働大臣	→石田	福永健司(池)	大橋武夫(池)	→大橋
建設大臣	中村梅吉(河)	→中村	河野一郎(河)	→河野
自治大臣 兼公安委員長	安井　謙(石)	→安井	篠田弘作(岸)	早川　崇(三)
行管庁長官	小沢佐重喜(藤)	川島正次郎(岸)	→川島	山村新治郎(川)
北海道長官	*小沢	*川島	→*川島	佐藤栄作(佐)
防衛庁長官	西村直己(佐)	藤枝泉介(岸)	志賀健次郎(三)	福田篤泰(大)
経企庁長官	→迫水	藤山愛一郎(藤)	宮沢喜一(池)	→宮沢
科技庁長官	池田正之輔(岸)	三木武夫(三)	近藤鶴代(大)	*佐藤
官房長官	→大平	→大平	黒金泰美(池)	→黒金
総務長官	→藤枝	小平久雄(池)	徳安実蔵(大)	野田武夫(河)
閣僚の派閥別内訳	池田、岸各4、佐藤3、大野、河野、石井、藤山、三木・松村、石田各1、その他1	池田、佐藤各4、岸、河野、石井各2、大野、藤山、三木各1、その他1	池田4、大野3、佐藤、岸、河野各2、藤山、石井、三木各1、その他2	池田4、佐藤、大野各3、川島、河野各2、藤山、石井、三木各1、その他1

内　閣	第2次　岸 1958.6.12	人事手直し 1959.1.12	改　造 1959.6.18	第1次池田 1960.7.19
副総裁	→大野(大)	→大野	→大野	
幹事長	→川島(岸)	福田赳夫(岸)	川島正次郎(岸)	益谷秀次(池)
総務会長	河野一郎(河)	益谷秀次(池)	石井光次郎(石)	保利　茂(佐)
政調会長	福田赳夫(岸)	中村梅吉(河)	船田　中(大)	椎名悦三郎(岸)
副総理			益谷秀次(池)	
法務大臣	愛知揆一(佐)	→愛知	井野碩哉(岸)	小島徹三(岸)
外務大臣	→藤山(岸)	→藤山	→藤山	小坂善太郎(池)
大蔵大臣	佐藤栄作(佐)	→佐藤	→佐藤	水田三喜男(大)
文部大臣	灘尾弘吉(石井)	橋本竜伍(佐)	松田竹千代(河)	荒木万寿夫△
厚生大臣	橋本竜伍(佐)	坂田道太(石井)	渡辺良夫(佐)	中山マサ(大)
農林大臣	三浦一雄(岸)	→三浦	福田赳夫(岸)	南条徳男(岸)
通産大臣	高碕達之助(河)	→高碕	池田勇人(池)	石井光次郎(石)
運輸大臣	永野　護(岸)	→永野 59.4 重宗雄三	楢橋　渡(岸)	南　好雄(佐)
郵政大臣	寺尾　豊△	→寺尾	植竹春彦△	鈴木善幸(池)
労働大臣	倉石忠雄(大)	→倉石	松野頼三(佐)	石田博英(石田)
建設大臣	遠藤三郎(岸)	→遠藤	村上　勇(大)	橋本登美三郎(佐)
国務(無任所)	池田勇人(池)			
公安委員長	青木　正(大)	→青木	石原幹市郎(大)	山崎　巌(池) 60.10 周東英雄
行管庁長官	山口喜久一郎(河)	→山口	＊益谷	高橋進太郎(石)
北海道長官	＊山口	→＊山口	＊村上	西川甚五郎(池)
自治庁長官 (60.7 自治大臣)	＊青木 58.10 ＊愛知	＊青木	＊石原	＊山崎 60.10 ＊周東
防衛庁長官	左藤義詮(石井)	伊能繁次郎(佐)	赤城宗徳(岸)	江崎真澄(藤)
経企庁長官	三木武夫(三)	世耕弘一(石橋)	菅野和太郎(三)	迫水久常(佐)
科技庁長官	＊三木	＊高碕	中曽根康弘(河)	＊荒木
官房長官	赤城宗徳(岸)	→赤城	椎名悦三郎(岸)	大平正芳(池)
総務長官	松野頼三(佐)	→松野	福田篤泰(大)	藤枝泉介(岸)
閣僚の派閥別内訳	岸5、佐藤4、河野、大野、石井各2、三木、池田各1、その他1	岸、佐藤各5、河野、大野各2、石井、石橋各1、その他1	岸6、佐藤、大野各3、河野、池田各2、三木1、その他1	池田5、佐藤、岸各3、大野、石井各2、藤山、石田各1、その他1

付録6　自民党四役・閣僚一覧（→は留任、＊は兼務。臨時代理、事務代理、短期間の事務取扱は省略。氏名に続くカッコ内は派閥。無は無派閥、△は中間派、無印は非議員）
※『自由民主党党史』『内閣制度百年史』から作成。派閥は読売新聞社調べ

内　閣	第３次鳩山 1955.11.22	石　橋 1956.12.23	第１次　岸 1957.2.25	改　造 1957.7.10
副総裁				大野伴睦（大）
幹事長	岸　信介（岸）	三木武夫（改）	→三木	川島正次郎（岸）
総務会長	石井光次郎（緒）	→石井 57.2 砂田重政（河）	→砂田	→砂田 57.12 佐藤栄作（佐）
政調会長	水田三喜男（大）	塚田十一郎（石井）	→塚田	三木武夫（三）
副総理	重光　葵（改）		石井光次郎（石井）	→石井
法務大臣	牧野良三（鳩）	中村梅吉（河）	→	唐沢俊樹（岸）
外務大臣	＊重光	岸　信介（岸）	→＊岸	藤山愛一郎
大蔵大臣	一万田尚登△	池田勇人（池）	→	一万田尚登△
文部大臣	清瀬一郎（改）	灘尾弘吉（石井）	→	松永　東（河）
厚生大臣	小林英三△	神田博（大）	→	堀木鎌三（岸）
農林大臣	河野一郎（日）	井出一太郎（改）	→	赤城宗徳（岸）
通産大臣	石橋湛山（石橋）	水田三喜男（大）	→	前尾繁三郎（池）
運輸大臣	吉野信次（岸）	宮沢胤勇（岸）	→	中村三之丞（三）
郵政大臣	村上　勇（大）	平井太郎（無）	→	田中角栄（佐）
労働大臣	倉石忠雄（大）	松浦周太郎（改）	→	石田博英（石橋）
建設大臣	馬場元治（緒）	南条徳男（岸）	→	根本竜太郎（河）
公安委員長	大麻唯男（改）	大久保留次郎（石橋）	→	正力松太郎△
行管庁長官	＊河野	＊大久保	→	＊石井
北海道長官	正力松太郎△	川村松助△	→ 57.4 鹿島守之助	＊石井
自治庁長官	太田正孝（大）	田中伊三次（石井）	→	郡　祐一△
防衛庁長官	船田　中（大）	＊石橋＊岸57.2小滝彬	→小滝△	津島寿一（石井）
経企庁長官	高碕達之助（日）	宇田耕一（改）	→	河野一郎（河）
科技庁長官	＊正力	＊宇田	→	＊正力
官房長官	根本竜太郎（日）	石田博英（石橋）	→	愛知揆一（佐）
総理府総務長官（57.8新設）				57.8 今松治郎（岸）
閣僚の派閥別内訳	大野系4、旧改新3、旧日本自由党系3、鳩山系、石橋系、岸系、緒方系各1、その他3	岸、旧改新各3、石橋、大野、石井各2、池田、河野各1、その他2	岸、旧改新、石井各3、石橋、大野各2、池田、河野各1、その他3	岸、河野各3、佐藤、石井各2、池田、三木、石橋各1、その他4

└－総理大臣は含まず官房長官（66.6から国務大臣）、総務長官（65.5から同）を含む

第16回 1992. 7.26	自民 比	自民 選	自民 計	日本新	社民連	社会 比	社会 選	社会 計	連合	民社	スポ平	公明	共産	二院ク	諸派	無	計（欠員）
当選	19	49	68	4		10	12	22		4	1	14	6	1	2	5	126+1
非改選	16	23	39		1	19	30	49	12	3	1	10	5	1	1	3	125(1)
異動			-1 #		-1			+3-1 #	-1	+3				+3	-3	-4+2#	
124臨 8. 7			106	4				73	11	12		24	11	5		6	252

第17回 1995. 7.23	自民 比	自民 選	自民 計	新進	公明	さきがけ	社会 比	社会 選	社会 計	民改連	新緑風会	平和市民	共産	二院ク	諸派	無	計
当選	15	31	46	40		3	9	7	16	2		1	8	1		9	126
非改選	17	44	61	16	11		10	12	22			1	6	1	3	5	126
				平成会（新進・公明）						（→新緑風会）						-11	
異動			+5-1 #	+2-1#					+1		+3			+2	-3	+1+2#	
133臨 8. 4			111	68※2		3			39		5	2	14	4		6	252

※1：参院ク非改選3のうち2は社民連
※2：新進の当選内訳は比例区18、選挙区22

第11回 1977. 7.10	自民 全	自民 地	自民 計	新自ク	社市連	社会 全	社会 地	社会 計	民社	公明	共産	二院ク	革自連	諸派	無	計（欠員）
当選	18	46	64	3	1	10	17	27	6	14	5		1	1	4	126
非改選	16	45	61			11	18	29	5	14	11	4			1	125(1)
異動			+2-2＊	+2	-1							+1	-1	-1	-2	-2＊
81臨　7.27			125	5				56	11	28	16	5			3	249(3)

第12回 1980. 6.22	自民 全	自民 地	自民 計		参院ク	社民連	社会 全	社会 地	社会 計	民社	公明	共産	二院ク	革自連	諸派	無	計（欠員）
当選	21	48	69				9	13	22	6	12	7		1	1	8	126
非改選	19	47	66	2	3		9	16	25	6	14	5	1			3	125(1)
異動			+1		+1	+1＊				-1＊+1	+1		+3	-1	-1	-5	
92特　7.17			136	新政ク※1 7					47	12	27	12	4			6	251(1)

第13回 1983. 6.26	自民 比例区	自民 選挙区	自民 計	自ク連	社会 比例区	社会 選挙区	社会 計	民社	公明	共産	サラ新	福祉	二院ク	無党派ク	諸派	無	計
当選	19	49	68	2	9	13	22	6	14	7	2	1	1		2	1	126
非改選	19	50	69	1	9	13	22	6	13	7			1	4			123(3)
異動			-1＃	+1			-1＃	+1					+1		-2		
											参議院の会					-1+2＃	
99臨　7.18			136	4			43	13	27	14	10					2	249(3)

第14回 1986. 7. 6	自民 比	自民 選	自民 計	自ク	新政ク	税金	社会 比	社会 選	社会 計	民社	公明	共産	サラ新	二院ク	諸派	無	計
当選	22	50	72	1		1	9	11	20	5	10	9	1	1		6	126
非改選	20	49	69		2		9	12	21	7	14	7	2	2		1	125(1)
異動			+3-1＃						-1＃		+1					-4+2＃	
106特 7.22			143		4				40	12	25	16	3	3		5	251(1)

第15回 1989. 7.23	自民 比	自民 選	自民 計	新政ク	税金	社会 比	社会 選	社会 計	連合	民社	スポ平	公明	共産	サラ新	二院ク	諸派	無	計
当選	15	21	36		2	20	26	46	11	3	1	10	5		1	1	10	126
非改選	22	51	73	2		9	12	21		5		11	9	1	1		3	126
														参院ク				
異動			+1-1＃					+6-1＃	+1	+1				+1			-10+2＃	
115臨 8. 7			109		4			72	12	10		21	14	5			5	252

第5回 1959. 6. 2	自民			社会				共産	緑風会	諸派	17控室	無ク	無所属	計（欠員）
	全	地	計	全	地	計								
当選	22	49	71	17	21	38		1	6	1			10	125+2
非改選	17	44	61	20	27	47		2	5			8		123(2)
異動			+3			−1				−1	+2	+6	−10	−1＊
32臨 6.22			135			84		3	11		2	14		249(1)
第6回 1962. 7. 1							民社	公明	共産	同志会			公明除く	
当選	21	48	69	15	22	37	4	9	3	2			−3	125+2
非改選	24	49	73	13	16	29	7	6	1	5		2		123(2)
異動			+1							+4		−2	−3	
41臨 8. 4			143			66	11	15	4	11	(二院ク)			250
第7回 1965. 7. 4										二院		諸派		
当選	25	46	71	12	24	36	3	11	3				3	125+2
非改選	20	49	69	15	22	37	4	9	1	1			1	122(3)
異動		+1（補選）								+3			−3	+1
49臨 7.22			141			73	7	20	4	4			1	250
第8回 1968. 7. 7														
当選	21	48	69	12	16	28	7	13	4				5	125+1
非改選	24	44	68	11	26	37	3	11	3	2				124(1)
異動										+2			−2	
59臨 8. 1			137			65	10	24	7	4			3	250
第9回 1971. 6.27														+2沖縄
当選	21	42	63	11	28	39	6	10	6				2	126
非改選	21	51	72	11	16	27	7	13	4	3				126
異動			+1+1＊			−1 ＊							−1	
66臨 7.14			137			65	13	23	10	3			1	252
第10回 1974. 7. 7														
当選	19	44	63	10	18	28	5	14	13			1	6	126+4
非改選	22	42	64	7	27	34	5	10	7	1			1	122(4)
異動										+3		−1	−2	
73臨 7.24			127			62	10	24	20	4			5	252

付録5　**参議院議席**（選挙結果と選挙後初の国会）

『議会制度百年史』院内会派編、『内閣制度百年史』、読売新聞から作成。

保守合同以後の自民党・社会党のみ、当選・非改選それぞれ全国区・地方区（比例区・選挙区）別を示した。異動の＊は死去・繰上、＃は議長・副議長。

第1回参院選 1947. 4.20	日本自由党	新政倶楽部	民主党	国民協同党		緑風会	日本社会党	日本共産党	諸派	無所属懇談会	無所属	計（欠員）
当選	39		29	10			47	4	13		108	250
選挙後異動		+5	+13	-10		+92			-13	+20	-107	
1特（5.20）		44	42			92	47	4		20	1	250

第2回参院選 1950. 6. 4	自由	国民民主	農民協同	第一ク	緑風会	社会	労農	共産		無	
当選	52	9	3		9	36	2	2		19	125+7
非改選	24	20			41	25	3	2		3	118(7)
選挙後異動	+1	+1	-3	+14	+7	+1				-21	
8臨（7.12）	77	30		14	57	62	5	4		1	250

第3回参院選 1953. 4.24	自由	鳩山自	民主ク	改進	第一ク	緑風会	右社	左社	労農	共産	諸派	無倶	純無倶	無	
当選	46			8		16	10	18			1			29	125+3
非改選	47	2	4	7	3	18	16	22	2	1					122(3)
選挙後異動	+2	-2	-4	+1	-3	+14		+3	-2	-1	-1	+10	+7	-24	
16臨（5.18）	95			16		48	26	43				10	7	5	250

保守合同時 23臨	自由民主党	日本社会党		共産	緑風会	諸派	17控室	無ク	無所属	計（欠員）
1955.11.22	118	68			47		4	9		246(4)

第4回 1956. 7. 8	全国区	地方区	計	全国区	地方区	計		共産	緑風会	諸派	17控室	無ク	無所属	計
当選	19	42	61	21	28	49		2	5	1			9	125+2
非改選	23	38	64	10	21	31			26		3	2		123(2)
異動			+4-2＊			+1			-2	-1	+1	+6	-9	-2 ＊
25臨 11.12			124			81		2	29		4	8		248(2)

付録4　自民党の衆院選得票率と議席率

※選挙結果は自治省選挙部の数字をもとにした。選挙後、国会開会までの変化を含めた得票率は、石川真澄『戦後政治史』（岩波新書）による（小数点以下２ケタを四捨五入）。

総選挙回数			〔選挙結果〕			〔直後の国会〕		
（年月）	投票率	定数	当選数	議席率	得票率	議席数	議席率	得票率
第28回（1958. 5）	76.99	467	287	61.5	57.8	298	63.8	59.1
第29回（1960.11）	73.51	467	296	63.4	57.6	300	64.2	58.1
第30回（1963.11）	71.14	467	283	60.6	54.7	294	63.0	56.0
第31回（1967. 1）	73.99	486	277	57.0	48.8	280	57.6	49.2
第32回（1969.12）	68.51	486	288	59.2	47.6	300	61.7	49.1
第33回（1972.12）	71.76	491	271	55.2	46.9	284	57.8	48.4
第34回（1976.12）	73.45	511	249	48.7	41.8	260	50.9	43.2
＋新自ク			266	52.0	46.0	278	54.4	47.5
第35回（1979.10）	68.01	511	248	48.5	44.6	258	50.5	45.8
＋新自ク			252	49.3	47.6	262	51.3	48.9
第36回（1980. 6）	74.57	511	284	55.6	47.9	287	56.2	48.4
＋新自ク			296	57.9	50.9	299	58.5	51.3
第37回（1983.12）	67.94	511	250	48.9	45.8	259	50.7	47.0
＋新自ク			258	50.5	48.1	267	52.3	49.3
第38回（1986. 7）	71.40	512	300	58.6	49.4	304	59.3	50.0
＋新自ク			306	59.8	51.3	310	60.5	51.9
第39回（1990. 2）	73.31	512	275	53.7	46.1	286	55.9	47.2
第40回（1993. 7）	67.26	511	223	43.6	36.6	228	44.6	37.4

	自民		新自ク		社会	民社	公明	共産	社民連		無	
第35回　79.10. 7	248		4		107	35	57	39	2		19	511
89特別　10.30	258		4		107	36	58	41	2		5	511
第36回　80. 6.22	284		12		107	32	33	29	3		11	511
92特別　7.17	287		12		107	33	34	29	3		6	511
第37回　83.12.18	250		8		112	38	58	26	3		16	511
101特別　12.26	267				113	39	59	27	3		3	511
												8増7減
第38回　86. 7. 6	300		6		85	26	56	26	4		9	512
106特別　7.22	310				88	28	57	27			2	512
	自民									進歩		
第39回　90. 2.18	275				136	14	45	16	4	1	21	512
118特別　2.27	286				140	14	46	16	進民連	5	5	512
	自民	新生	日本新党	新党さきがけ	社会	公明	民社	共産	社民連		無	9増10減
第40回　93. 7.18	223	55	35	13	70	51	15	15	4		30	511
			さきがけ・日新									
127特別　8. 5	228	60	52		77	52	19	15			8	511

付録3　戦後衆議院議席（総選挙結果と直後の国会）

『議会制度百年史』院内会派編（衆議院・参議院編）から作成

第22回総選挙	自由		進歩	協同	社会		共産		諸派				無所属	定数(欠員)
1946. 4.10	140		94	14	93		5		38				80	466(2)
				協同民				民主党	新光倶		無倶			
90帝国議会5.16	143		97	主倶33	95		5	準備会33	28		29		1	466(2)
			民主	国協					日農			諸派	無	
第23回　47. 4.25	131		126	31	143		4		4			14	13	466
1特別国会 5.20	129		132	31	144		4		7			無倶19		466
	民自	新自						労農	農新	日農	社革	諸派		
第24回　49. 1.23	264	2	69	14	48		35	7		1	5	9	12	466
5特別　2.11	269		70	14	48		35	7	10		5		8	466
	自由		改進	協同	右社	左社			無倶			諸派		
第25回　52.10. 1	240		85	2	57	54		4				5	19	466
15特別　10.24	242		89		60	56		4	12				3	466
	自由	鳩自										諸派		
第26回　53. 4.19	199	35	76		66	72	1	5				1	11	466
16特別　5.18	202	35	77		66	72	小会派クラブ14							466
	自由		民主		右社	左社	共産	労農				諸派	無	+1奄美
第27回　55. 2.27	112		185		67	89	2	4				2	6	467
22特別　3.18	114		185		67	89	小会派ク 11						1	467

第23臨時55.11.22	自由民主党		日本社会党			共産	小ク	諸	無	
(保守合同時)	299		154				8	派	3	467(3)
第28回　58. 5.22	287		166			1		1	12	467
29特別　6.10	298		167				2			467
			社会	民社						
第29回　60.11.20	296		145	17		3		1	5	467
37特別　12. 5	300		145	17		3			2	467
第30回　63.11.21	283		144	23		5			12	467
45特別　12. 4	294		144	23		5			1	467
					公明					19増員
第31回　67. 1.29	277		140	30	25	5			9	486
55特別　2.15	280		141	30	25	5			5	486
第32回　69.12.27	288		90	31	47	14			16	486
63特別70. 1.14	300		90	32	47	14			3	486
										+5沖縄
第33回　72.12.10	271		118	19	29	38		2	14	491
71特別　12.22	284		118	20	29	39			1	491
	自民	新自ク	社会	民社	公明	共産			無	20増員
第34回　76.12. 5	249	17	123	29	55	17			21	511
79臨時　12.24	260	18	123	29	56	19			5	511(1)

付録2　自民党総裁選一覧

1956. 4. 5	鳩山 394、その他 19
56.12.14	岸　223、石橋 151、石井 137　(決選)石橋 258、岸　251
57. 3.21	岸　471、その他 4
59. 1.24	岸　320、松村 166、その他 5
60. 7.14	池田 246、石井 196、藤山 49、その他 7 (決選)池田 302、石井 194
62. 7.14	池田 391、佐藤 17、その他 20
64. 7.10	池田 242、佐藤 160、藤山 72、その他 1
66.12. 1	佐藤 289、藤山 89、前尾 47、灘尾 11、野田卯一 9、その他 5
68.11.27	佐藤 249、三木 107、前尾 95、その他 1
70.10.29	佐藤 353、三木 111、その他 3
72. 7. 5	田中 156、福田 150、大平 101、三木 69 (決選)田中 282、福田 190
78.11.27	予備選　大平 748、福田 638、中曽根 93、河本 46 (福田が本選辞退)
82.11.24	予備選　中曽根 55万9673、河本 26万5078、安倍 8万443、中川 6万6041 (上位3名のうち、河本、安倍が本選辞退)
89. 8. 8	海部 279、林　120、石原 48
91.10.27	宮沢 285、渡辺 120、三塚 87
93. 7.30	河野 208、渡辺 159
95. 9.22	橋本 304、小泉 87

主な政治の動き	世界の動き
7.20 村山首相、「自衛隊合憲」の答弁	
7.23 村山首相訪韓（日韓連携確認）	8.31 ＩＲＡが無条件停戦宣言
8.23-30 村山首相、ＡＳＥＡＮ４国訪問	10.18 核問題で米・北朝鮮合意
11.16 新生党解党(12.5 公明党、12.9 民社党、日本新党解党)	10.26 イスラエル・ヨルダン平和条約調印
11.21 衆院小選挙区区割り法成立	
11.25 消費税引き上げ税制改正可決	
12.10 新進党結成（海部俊樹党首）	12.11 ロシア軍チェチェン侵攻
１９９５年（平成７）	
1.10-13 村山首相訪米	
1.17 阪神大震災	
3.10-12 村山首相デンマーク訪問（国連社会開発サミット）	
3.20 東京・地下鉄サリン事件（22 オウム真理教強制捜査、5.16 教祖逮捕）	
4. 9 都知事に青島幸男、大阪府知事に横山ノック	5. 7 仏大統領にシラク当選
5. 2- 6 村山首相訪中	5.11 核拡散防止条約（ＮＰＴ）無期限延長決定
6. 9 衆院本会議で戦後 50 年決議採択	6.13 仏、核実験再開宣言
7.23 第 17 回参院選	
9.12-19 村山首相、中東歴訪	
9.22 自民党第 17 代橋本総裁選出	

主な政治の動き	世界の動き
(7.23 竹内茨城県知事、9.27 本間宮城県知事)	
7. 7- 9 東京サミット(G7・エリツィン会談)	
7.18 第40回総選挙	
7.22 宮沢首相退陣表明	
7.27 非自民・非共産7党連立に合意	
7.28 経済白書「バブル発生・崩壊に政府の責任」	
7.30 自民党第16代河野総裁選出	
8. 6 衆院議長に土井たか子(社)選出	
8. 9 細川護熙内閣(非自民8党派連立)	8.30 イスラエルがパレスチナ暫定自治を承認(9.13調印)
9.27-28 細川首相訪米	
10.11 エリツィン大統領来日	
11. 6- 7 細川首相訪韓	11. 1 欧州連合条約発効
11.19-21 細川首相訪米(APEC会議)	
12.14 コメ市場開放の受け入れ決定	
12.16 田中角栄元首相死去	

1994年(平成6)

主な政治の動き	世界の動き
1.29 政治改革法案、与野党修正で可決	1. 5 北朝鮮がIAEA核査察受け入れ
2.10-14 細川首相訪米	
3. 6 ゼネコン汚職で中村喜四郎前建設相を逮捕	
3.19-21 細川首相訪中	
4. 8 細川首相が政治資金疑惑で辞意	4.10 NATOがセルビア人勢力を空爆
4.25 羽田首相指名(直後に新生など5党派が統一会派「改新」届け出、社党は政権離脱)	
4.28 羽田孜内閣	
5. 2- 7 羽田首相、西欧4国・EU訪問	5. 4 パレスチナ暫定自治調印
6.23 自民党が内閣不信任案提出	
6.25 羽田内閣総辞職	
6.30 村山富市内閣(自民・社会・さきがけ3党連立)	
7. 6-11 村山首相訪伊(サミット)	7. 8 金日成・北朝鮮主席死去

主な政治の動き	世界の動き
１９９２年（平成４）	
1. 7 ブッシュ米大統領来日	
1.13 共和汚職で阿部元北開庁長官逮捕	
1.16-18 宮沢首相訪韓（従軍慰安婦で謝罪）	
1.30- 2. 2 宮沢首相訪米（安保理サミット）	1.31 国連初の安保理首脳会談 2. 1 米ロ首脳会談
2.25 共和問題で衆院予算委証人喚問	
4.28- 5. 2 宮沢首相、仏・独訪問	
5.22 日本新党発足（細川護熙代表）	
6.15 衆院社会・社民連全議員が辞職願提出、自公民でＰＫＯ協力法可決	6. 3-14 ブラジルで地球環境サミット
6.30- 7.10 宮沢首相訪独（サミット）	7. 6- 8 ミュンヘン・サミット
7.26 第16回参院選	
8.28 金丸副総裁が東京佐川からの違法献金を認め辞任（10.21 議員辞職）	8.24 中国・韓国国交樹立
9.29 金丸前副総裁に罰金20万円の略式命令	
10.28 竹下派小沢グループが改革フォーラム21旗揚げ	10.12 中国、社会主義市場経済移行宣言
11.26 衆院予算委で竹下元首相証人喚問	11. 3 米大統領にクリントン当選
12.12 内閣改造	12.18 韓国大統領に金泳三当選
12.22 金丸5億円配分先の竹下派不起訴	
１９９３年（平成５）	
1.11-18 宮沢首相、ＡＳＥＡＮ４国訪問	1. 1 ＥＣ統合市場スタート
3. 6 金丸副総裁を脱税容疑で逮捕	
4.15-18 宮沢首相訪米	4.12 ＮＡＴＯ、ボスニア上陸作戦開始
4.29- 5. 2 宮沢首相、豪・ニュージーランド訪問	5.13 米、ＳＤＩ計画中止を発表
6.18 内閣不信任案、自民一部賛成で可決、衆院解散	
6.21 新党さきがけ結成（武村正義代表）	
6.22 羽田・小沢派離党（23新生党結成）	
6.29 ゼネコン汚職で石井仙台市長逮捕	

主な政治の動き	世界の動き
法案可決(14 衆院で審議未了・廃案)	統一容認)
1990年（平成2）	
1. 8-18 海部首相、欧州8国訪問	
1.24 衆院解散（「体制選択」解散）	
2.18 第39回総選挙	2. 7 ソ連共産党、一党独裁放棄
2.27 第2次海部内閣	
3. 2- 4 海部首相訪米	3.15 ソ連初代大統領にゴルバチョフ選出
3.26 参院で補正予算案否決（27衆院優位で成立）	7. 9-11 ヒューストン・サミット
4.28- 5. 6 海部首相、南西ア4国とインドネシア訪問	8. 2 イラク軍、クウェート侵攻(8併合宣言)
7. 6-15 海部首相訪米（サミット）	8. 7 米部隊サウジ派遣
8.29 中東多国籍軍支援10億ドル決定	10. 3 東西ドイツ統一
9.24 金丸副総理ら自社両党代表団北朝鮮訪問	10.19 ソ連、市場経済移行計画採択
	11.19 全欧安保会議、パリ憲章採択
9.28-10. 9 海部首相、米と中東5国訪問	11.29 国連安保理、対イラク武力容認決議
10.16 国連平和協力法案提出	
1991年（平成3）	
1.9-10 海部首相訪韓（指紋押捺廃止へ覚書）	1.17 多国籍軍がイラク爆撃（湾岸戦争）
1.24 多国籍軍追加支援90億ドルと自衛隊機派遣決定	2.27 米勝利宣言（28イラク停戦発表）
4. 3 - 6 海部首相訪米	6.12 ソ連邦ロシア大統領にエリツィン当選
4.26 自衛隊掃海部隊ペルシャ湾派遣	
4.27- 5. 6 海部首相ＡＳＥＡＮ5国訪問	7.15-17 ロンドン・サミット（ゴルバチョフ参加）
5.15 安倍晋太郎元幹事長・外相死去	
7.10-21 海部首相、米英蘭訪問	7.17 米ソ戦略兵器削減交渉（ＳＴＡＲＴ）最終合意（30調印）
7.29 証券4社の損失補てん先公表	
8.10-14 海部首相、中国・モンゴル訪問	9. 6 バルト3国が独立
10.27 自民党総裁選で15代宮沢当選	9.17 国連総会、韓国・北朝鮮加盟承認
11. 5 宮沢喜一内閣	
12. 6 宮沢首相が未公開株譲渡で3点セット提出	10.23 カンボジア和平調印
	12.10 ＥＣ、欧州同盟条約調印
12.21 ＰＫＯ法案継続審議に	12.21 ＣＩＳ創設調印、ソ連邦消滅

主な政治の動き	世界の動き
4.29- 5. 9 竹下首相、西欧4国訪問	意
5.30- 6. 9 竹下首相、西欧3国訪問	4.14 アフガニスタン和平合意文書調印
7. 1- 4 竹下首相、豪訪問	
7.29 税制改革6法案国会提出	5. 8 仏ミッテラン大統領再選
8.25-30 竹下首相訪中	5.29- 6. 1 レーガン・ゴルバチョフ、モスクワ会談（1 ＩＮＦ全廃条約発効）
9.16-17 竹下首相訪韓（五輪開会式）	
11.14 三木武夫元首相死去	
11.15 衆院リクルート問題特別委設置	6.19-21 トロント・サミット
12. 9 宮沢蔵相、リ疑惑説明訂正で辞任	8.20 イラン・イラク停戦
12.28 長谷川法相、リ政治献金で辞任	11. 8 米大統領にブッシュ当選
	12. 6 ゴルバチョフ訪米
１９８９年（昭和64、平成元）	
1. 7 昭和天皇崩御（8改元「平成」）	1. 9 シュルツ米国務長官「冷戦は終わった」
1.24 原田経企庁長官、リ社献金で辞任	
1.31- 2. 7 竹下首相訪米	2.15 ソ連、アフガン撤退完了
4.17 竹下首相、リ社資金提供を公表	
4.25 竹下首相、予算成立後の総辞職表明	
4.29- 5. 7 竹下首相、ＡＳＥＡＮ5国訪問	
5.11 伊東元外相、竹下首相の後継要請を固辞	5.18 ゴルバチョフ訪中
	5.20 天安門事件
5.27 竹下・安倍会談、後継宇野で合意	5.26- 6. 2 ブッシュ西欧歴訪（31ベルリンの壁撤去の演説）
6. 2 両院議員総会で13代宇野総裁選出	
6. 2 宇野宗佑内閣	
6. 7 米紙が宇野首相の女性問題紹介	
7.12-18 宇野首相訪仏（サミット）	7.14-16 アルシュ・サミット
7.23 第15回参院選	
7.24 宇野首相、参院選大敗で退陣表明	
8. 8 両院議員総会で14代海部総裁選出	
8. 9 海部俊樹内閣	
8.25 山下徳夫官房長官が女性問題で辞任	
8.30- 9.10 海部首相、米・メキシコ・加訪問（日米構造協議）	10. 8 東独、ホネッカー議長退陣
11.14 田中元首相、政界引退表明	10.10 ベルリンの壁取り壊し
12. 1 自民党、消費税見直し決定	12. 2 米ソ首脳マルタ会談
12.11 参院で野党4会派提出の消費税廃止	12. 9 ＥＣストラスブール宣言（独

主な政治の動き	世界の動き
5.22 定数是正の公選法改正成立	
6. 2 臨時国会冒頭解散	
6.10 行革審最終答申	
7. 6 衆参同日選＝第38回総選挙・第14回参院選	7.28 ゴルバチョフ、アフガン部分撤退表明
7.22 第３次中曽根内閣	10.11 レーガン・ゴルバチョフ、レイキャビク会談（ＳＤＩで決裂）
8.15 新自由クラブ解党、自民へ復党	
9.11 自民党則改正、中曽根任期延長	
9.20 中曽根首相訪韓（アジア大会）	11.13 レーガン、対イラン武器秘密供与認める
11.28 国鉄改革関連８法案成立	
１９８７年（昭和６２）	
1.10-17 中曽根首相、北欧・東欧４国訪問	1. 4 レーガン入院（結腸ポリープ手術）
2. 3 売上税法案・マル優廃止法案を閣議決定	1.27 ゴルバチョフ「ペレストロイカ」路線を表明
3. 8 参院岩手補選で自民大敗	
4. 統一地方選で自民得票大幅減	2.21-22 パリでＧ５（ルーブル合意）
4.29- 5. 5 中曽根首相訪米	2.26 米イラン・コントラ疑惑報告書
6. 6-14 中曽根首相訪欧（サミット）	
7. 4 自民竹下派が経世会結成	6. 8-10 ベネチア・サミット
8. 7 岸信介元首相死去	
9.19-23 中曽根首相訪米（国連総会演説）	
9.25-27 中曽根首相タイ訪問	
10.20 首相が次期総裁に竹下登を指名	10.19 ニューヨーク株大暴落（ブラックマンデー）
10.31 自民党大会で12代竹下総裁選出	
11. 6 竹下登内閣	
11.20「連合」発足	
12.15-16 竹下首相訪比（ＡＳＥＡＮ首脳会議）	12. 7-10 ゴルバチョフ訪米（8米ソＩＮＦ全廃条約調印）
１９８８年（昭和６３）	
1.12-20 竹下首相、米加訪問	1.15 ビルマ沖大韓機不明事件で韓国が北朝鮮の爆破と断定
2.24-25 竹下首相訪韓（盧大統領就任式）	1.20 米が北朝鮮をテロリスト国家と認定
4.28 自民税調、間接税導入公表（政府税調も答申）	2. 6 宇宙基地建設計画で米欧日合

主な政治の動き	世界の動き
力排除」の自民党総裁談話	
12.26 自民・新自クが衆院で統一会派	
12.27 第二次中曽根内閣	
1984年（昭和59）	
3.23-26 中曽根首相訪中	2.23 レバノン全面停戦合意
4.30- 5. 6 中曽根首相印・パ訪問	
6. 6-13 中曽根首相訪英	6. 7- 9 ロンドン・サミット
9. 5 臨時教育審議会初会合	
9.19 自民党本部に中核派が放火	
10.27 自民総裁選で二階堂擁立工作失敗	10.31 インディラ・ガンジー首相暗殺
10.31 自民両院議員総会で中曽根再選	
11. 1 内閣改造	11. 6 米大統領にレーガン再選
11. 2- 5 中曽根首相訪印（ガンジー国葬）	12.19 英・中国が香港返還合意文書に調印
12.20 電電公社民営化法成立	
1985年（昭和60）	
1. 1- 5 中曽根首相訪米（米ＳＤＩ研究に理解）	
1.13-20 中曽根首相、大洋州４国訪問	
2. 7 田中派竹下グループ、創政会結成	
2.27 田中元首相、脳卒中で入院	3.10 ソ連・チェルネンコ書記長死去（後任ゴルバチョフ）
3.12-15 中曽根首相訪ソ（書記長葬儀）	
3.16 つくば科学万博開催（-9.16）	5. 2- 4 ボン・サミット
4. 1 ＮＴＴ、日本たばこ発足	9.22 Ｇ５､ドル高是正協調介入合意（プラザ合意）
4.29- 5. 7 中曽根首相訪独（サミット）	
7.12-21 中曽根首相、欧州４国訪問	9.30 ＳＡＬＴⅢスタート（ジュネーブ）
8.14 河本国務相、三光汽船倒産で辞任	
10.19-26 中曽根首相訪米（国連演説、緊急サミット）	10.24 ニューヨークで緊急サミット（通貨調整）
12.28 内閣２次改造	11.19 米ソ首脳ジュネーブ会談
1986年（昭和61）	
1.12-15 中曽根首相、カナダ訪問	2.26 比アキノ大統領就任､マルコス亡命
4.12-15 中曽根首相訪米	
5. 4- 6 東京で第12回サミット	4.26 チェルノブイリ原発事故

主な政治の動き	世界の動き
11.30 内閣改造	
1982年（昭和57）	
2.10 第2臨調2次答申（許認可整理）	
4.14 ミッテラン仏大統領来日	4. 2 フォークランド紛争（7.12終結）
6. 3-18 鈴木首相、仏・米・ペルー・ブラジル訪問（サミット、国連軍縮総会）	6. 4- 6 ベルサイユ・サミット
7.30 第2臨調3次答申（3公社民営化）	
9.24 行政改革大綱を閣議決定	9. 1 レーガン新中東和平提案
9.26-10. 1 鈴木首相訪中	
10.12 鈴木首相退陣表明（11.26総辞職）	
11.14-16 鈴木首相訪ソ（ブレジネフ国葬）	11.10 ブレジネフ書記長死去
11.24 自民党総裁予備選で中曽根圧勝（25党大会で11代総裁に選任）	
11.27 第1次中曽根康弘内閣	
1983年（昭和58）	
1. 9 中川一郎前科技庁長官自殺	
1.11-12 中曽根首相訪韓（経済協力合意）	
1.17-21 中曽根首相訪米（17「日米運命共同体」を表明、19米誌に「日本列島不沈空母」論）	
3.14 第2臨調第5次（最終）答申	3.23 レーガン大統領、SDI（戦略防衛構想）研究表明
4.30- 5.10 中曽根首相、東南ア6国訪問	
5.26- 6. 2 中曽根首相訪米（サミット）	5.28-30 ウィリアムズバーグ・サミット
6.10 国鉄再建監理委発足	
6.26 第13回参院選（比例代表制導入）	
7. 4 臨時行政改革推進審議会初会合	8.21 マニラ空港でアキノ射殺事件
10.12 ロ事件で田中元首相に実刑判決	10. 9 ラングーンで韓国・全大統領を狙う爆弾テロ
11. 7 最高裁、55年総選挙の1票の格差を違憲状態とする判決	10.25 米軍グレナダ上陸
11. 9 レーガン大統領来日（11日の出山荘会談）	
11.28 衆院解散	
12.18 第37回総選挙	
12.23 選挙敗北で「いわゆる田中氏の影響	

主な政治の動き	世界の動き
協定）	
1980年（昭和55）	
1.15-20 大平首相、大洋州3国訪問	1.20 米、モスクワ五輪ボイコット声明
3. 8 衆予算委で予算案否決、本会議で逆転可決	1.25 イスラエル、シナイ半島の3分の2返還
3. 8 浜田幸一自民国民運動本部長、カジノとばく表面化で辞任（4.10離党、11議員辞職）	4. 7 米、対イラン禁輸など制裁措置
4.30- 5.11 大平首相、米・ユーゴなど5国訪問（5.8チトー葬儀）	
5.16 内閣不信任案可決（自民反主流派69人欠席、5.19解散）	
5.31 大平首相入院◇6.12死去（代理・伊東正義）	
6.22 衆参同日選挙＝第36回総選挙・第12回参院選	6.22-23 ベネチア・サミット
7.15 自民党両院議員総会で10代鈴木総裁選任	8.27 韓国大統領に全斗煥選出
	9. 4 イラン・イラク紛争拡大（23全面戦争に突入）
7.17 鈴木善幸内閣	
11. 6 民社、防衛法案に初の賛成	11. 4 米大統領にレーガン当選
12. 5 第2次臨時行政調査会設置	
1981年（昭和56）	
1. 8-20 鈴木首相、ASEAN5国訪問	1.20 イラン、米人質解放
3.17 福田元首相訪米（自動車・防衛問題）	
5. 4-10 鈴木首相米加訪問(8日米同盟、シーレーン防衛の共同声明)	5.10 仏大統領に社会党ミッテラン当選
5.15 日米声明作成経過に首相不満（16伊東外相辞任）	
6. 9-21 鈴木首相、欧州8国訪問	
7.10 第2臨調が行革1次答申（増税なき財政再建）	
7.18-25 鈴木首相、米加訪問（サミット）	7.20-21 オタワ・サミット
10.20-26 鈴木首相、メキシコ訪問（南北サミット）	10. 6 サダト大統領銃撃され死亡
	10.22 メキシコで初の南北サミット

主な政治の動き	世界の動き
11.28 内閣改造	歴訪
1978年（昭和53）	
1.21 旧田中派が政治同友会結成（派閥復活）	3.5 中国新憲法採択（4つの近代化）
3.26 社会民主連合結成（田英夫代表）	4.21 大韓機がソ連領空侵犯、強制着陸
4.30-5.7 福田首相訪米	
5.30 片山哲元首相死去	5.23 初の国連軍縮総会開会
7.13-20 福田首相、ベルギー・西独訪問（サミット）	7.16-17 ボン・サミット
9.5-14 福田首相、中東産油4国訪問	9.17 米・イスラエル・アラブ連合、中東和平キャンプデービッド合意
10.14 大平幹事長、政治休戦の終了宣言	
10.22 鄧小平中国副首相来日	12.16 米中国交正常化共同声明
11.27 自民党初の総裁予備選で大平圧勝、福田決選辞退	12.26 テヘラン反政府暴動、石油輸出停止（第2次オイルショック）
12.7 第1次大平正芳内閣	
1979年（昭和54）	
1.1 大平首相、一般消費税導入示唆（3.18 提出断念）	1.1 米中国交回復、米台断交
	1.16 イラン革命
2.14-15 ダグラス・グラマン問題で衆院証人喚問	
4.30-5.7 大平首相訪米（賢人会議設置共同声明）	3.26 イスラエル・エジプト平和条約
5.9-11 大平首相訪比（国連貿易開発会議）	5.4 英首相にサッチャー
6.24 カーター大統領来日	5.18 米ソＳＡＬＴⅡ調印
6.28-29 東京サミット	
9.7 内閣不信任案提出、衆院解散	
10.7 第35回総選挙	
10.15-25 退陣要求巡り首相と実力者会談（40日抗争）	10.26 ＫＣＩＡ部長が朴正熙大統領射殺
11.6 首相指名で自民分裂、衆院指名決選で大平が福田を破る	11.4 テヘラン米大使館占拠事件
11.9 第2次大平内閣	
11.27 公明党、日米安保存続是認	
12.5-9 大平首相訪中（6日中文化交流	12.27 アフガニスタンでクーデター

主な政治の動き	世界の動き
	ン」
1976年（昭和51）	
2. 6 衆院予算委でロッキード事件追及開始	1. 8 周恩来首相死去
2.24 三木首相、米大統領にロ事件資料提供要請の親書（4.7資料引き渡し）	2. 4 米上院公聴会でロッキード社の工作資金証言（13日本関係新資料）
5. 7-10 椎名—福田・大平・田中会談、三木退陣で一致	
6.24- 7. 3 三木首相訪米（サミット）	6.27-28 プエルトリコ・サミット
6.25 新自由クラブ結成（河野洋平代表）	7. 2 ベトナム社会主義共和国成立（南北統一）
7.27 ロッキード事件で田中角栄前首相逮捕	
8.19 自民党反三木勢力、挙党体制確立協議会結成	9. 9 毛沢東中国主席死去
9.15 内閣改造	10. 7 中国党主席に華国鋒、4人組追放
11. 5 福田副総理兼経企庁長官が辞任	11. 3 米大統領にカーター当選
12. 5 第34回総選挙、戦後初の任期満了	
12.17 三木首相、選挙惨敗で退陣表明	
12.23 自民両院議員総会で8代福田総裁選任	
12.24 福田赳夫内閣	
1977年（昭和52）	
3. 9 自民福田派が解散（31各派閥解散完了）	1. 1 カナダ、EC・ノルウェー200カイリ漁業専管水域を実施（3.1米ソも実施）
3.19-25 福田首相訪米	
4.25 自民党臨時大会、総裁予備選導入決定	5. 7- 8 ロンドン・サミット
5. 4-10 福田首相、スイス・英訪問	
7. 1 領海12カイリ、漁業水域200カイリ施行	
7.10 第11回参院選	
8. 6-18 福田首相、ASEAN6国訪問（福田ドクトリン）	8. 6- 8 ASEAN拡大首脳会議
	8.12 中国文化大革命終結宣言
11.25 国鉄など重要5法案時間切れ廃案	12.29- 1. 6 カーター、欧州・中東

主な政治の動き	世界の動き
11.25 内閣改造 12.10 石油危機打開へ三木副総理を中東へ派遣	次オイルショック）

1974年（昭和49）

主な政治の動き	世界の動き
1. 7-17 田中首相、東南ア5国訪問（反日暴動） 4. 5- 8 田中首相、ソ仏訪問 7. 7 第10回参院選 7.12-16 金権選挙批判で3閣僚辞任（三木・福田・保利） 8.19 田中首相訪韓（大統領夫人国民葬） 9.12-27 田中首相、メキシコ・ブラジル・米・加訪問 10.10「田中角栄研究」掲載の『文藝春秋』発売 10.28-11. 8 田中首相、NZ・豪・ビルマ訪問 11.11 内閣2次改造 11.18-22 フォード米大統領来日（22訪韓・訪ソ） 11.26 田中首相辞意表明（12.9総辞職） 12. 1 椎名副総裁裁定で7代三木総裁決定 12. 9 三木武夫内閣	6.25 ニクソン訪ソ（地下核実験制限条約） 8. 9 ニクソン大統領、ウォーターゲート事件で辞任、フォード就任

1975年（昭和50）

主な政治の動き	世界の動き
6. 3 佐藤栄作元首相死去（16国民葬） 7. 4 公選法（衆院定数20増）・政治資金規正法改正案、参院で可否同数、河野議長決裁権で成立 8. 2-11 三木首相訪米（6韓国の安全保障で共同声明） 8. 4 日本赤軍、クアラルンプールの米大使館占拠（5超法規的措置で過激派釈放） 11.13-18 三木首相訪仏（サミット）	4.30 ベトナム解放軍、サイゴン無血入城 7. 2 国際婦人年世界会議メキシコ宣言 7.17 米ソ宇宙船ドッキング 8. 1 欧州安保協力会議ヘルシンキ宣言 11.15 仏ランブイエで初の先進国首脳会議 12. 7 フォード「新太平洋ドクトリ

主な政治の動き	世界の動き
11.17 衆院委で沖縄返還協定強行採決	12.18 10か国蔵相スミソニアン合意

1972年（昭和47）

主な政治の動き	世界の動き
1. 5-10 佐藤首相訪米（沖縄復帰日確定） 2. 3 札幌冬季オリンピック開催（-13） 5.15 沖縄施政権返還 5.30 日本赤軍テルアビブ空港事件 6. 9 佐藤首相辞意（17正式表明、7.6総辞職） 6.11 田中角栄通産相「日本列島改造論」発表 7. 2 自民総裁選、三角大3候補が反福田連合 7. 5 自民党大会で6代田中総裁選出 7. 7 第1次田中角栄内閣 8.31- 9. 3 田中首相訪米(31ハワイ会談) 9.25-30 田中首相訪中(29国交正常化共同声明) 11.13 衆院解散 12.10 第33回総選挙 12.22 第2次田中内閣	2.21 ニクソン訪中（27上海コミュニケ） 3.13 英中国交 5.22 ニクソン訪ソ（26ＳＡＬＴＩ調印） 9. 5 ミュンヘン五輪選手村にパレスチナゲリラ侵入、銃撃戦 11. 7 米大統領にニクソン再選 12.21 東西ドイツ関係正常化基本条約調印

1973年（昭和48）

主な政治の動き	世界の動き
4.10 田中首相、小選挙区制採用を表明（5.16断念） 4.25 石橋湛山元首相死去 7.17 自民党若手タカ派が青嵐会結成 7.17 参院本会議で国鉄・防衛・筑波法案強行採決 7.29- 8. 6 田中首相訪米(天皇訪米合意) 8. 8 金大中拉致事件 9.26-10.11 田中首相、西欧3国・ソ連訪問（10.10領土を含む日ソ平和条約交渉の継続確認） 11.22 中東政策の親アラブ転換で政府談話 11.23 愛知揆一蔵相急死	1.27 ベトナム和平パリ協定調印 2.13 米、ドル10%切り下げ(スミソニアン体制崩壊) 6.16 ブレジネフ訪米（核戦争防止協定） 9.18 国連総会、東西両独の加盟可決 10. 6 第4次中東戦争（11.11停戦） 10.17 湾岸6か国原油値上げ・アラブ10か国石油減産発表（第1

主な政治の動き	世界の動き
還は困難と表明	3. 2 ダマンスキー島中ソ軍衝突
3.10 佐藤首相、沖縄「核抜き本土並み」交渉の答弁	
3.25 衆院運輸委で国鉄値上げ強行採決	6.10 南ベトナム臨時革命政府樹立
7.23 参院本会議で防衛２法強行採決	7.20 米宇宙船アポロ11号月面着陸
8. 3 参院本会議で大学立法抜き打ち採決	7.25 ニクソン・ドクトリン（アジアの自助努力と米負担軽減方針）
11.17-26 佐藤首相訪米(21 沖縄を72年に核抜き本土並み返還の日米共同声明)	
12. 2 衆院解散	10.21 西独社民党連立政権
12.27 第32回総選挙	
１９７０年（昭和４５）	
1.14 第３次佐藤内閣	4.16 米ソ戦略兵器削減交渉（ＳＡＬＴ）開始
3.14 大阪万国博覧会開幕（-9.13）	
3.31 赤軍派、日航よど号ハイジャック	5. 1 米軍カンボジア進撃（6.29撤退）
10.18-27 佐藤首相訪米（21 国連演説、24 繊維交渉再開で合意）	10.13 中国・カナダ国交（11.6伊）
10.20 初の防衛白書（専守防衛）	
10.29 自民党大会で佐藤総裁４選	
11. 9 日米繊維交渉再開	
11.15 初の沖縄国政参加選挙	
12.25 公害対策14法公布	
１９７１年（昭和４６）	
2. 9 小林武治法相、国会軽視発言で辞任	
2.22 成田空港用地の強制代執行開始	4. 9 米卓球チーム訪中（ピンポン外交）
6.17 沖縄返還協定調印	
6.27 第９回参院選	6.23 英のＥＣ加盟決定
7. 1 佐藤首相訪韓(朴正熙大統領就任式)	7.15 第１次ニクソン・ショック（訪中発表）
7. 5 内閣改造	
7.17 参院議長に野党支持で河野謙三選出	8.15 第２次ニクソン・ショック（ドル防衛策）
8. 2 増原恵吉防衛庁長官、雫石事故で引責辞任	9. 8 林彪クーデター失敗、逃亡中墜落死
8.28 変動為替相場制への移行を政府決定	
9.27 天皇・皇后ヨーロッパ訪問（-10.14）	10.25 国連総会で中国加盟・国府追放可決
10.15 日米繊維交渉合意（72.1.3調印）	

主な政治の動き	世界の動き
任 11. 4 藤山経企庁長官、総裁選出馬で辞任 12. 1 自民党総裁公選で佐藤再選 12. 3 内閣３次改造 12.24 ４党首解散合意（27「黒い霧」解散）	集会
1967年（昭和42）	
1.29 第31回総選挙(自民得票率50%割る) 2. 1 外務省高官(下田次官)、沖縄返還は核付き基地自由使用が前提と発言 2.17 第２次佐藤内閣 3.23 佐藤首相、沖縄核抜き返還の答弁 4.15 東京都知事に革新・美濃部亮吉当選 6.30- 7. 2 佐藤首相訪韓（朴就任式） 9. 7- 9 佐藤首相台湾訪問 9.20-30 佐藤首相、東南ア５国訪問 10. 8-21 佐藤首相､東南ア･大洋州５国訪問 10.20 吉田茂元首相死去（31国葬） 11.12-20 佐藤首相訪米（15沖縄・小笠原返還で声明） 11.25 内閣改造	5.15 関税下げケネディ・ラウンド妥結 6. 5 第３次中東戦争（イスラエル軍、シナイ半島・エルサレム占領） 7. 1 欧州共同体（ＥＣ）発足 8. 8 東南アジア５か国ＡＳＥＡＮ結成
1968年（昭和43）	
1.27 佐藤首相「沖縄返還は両３年内にメド」の答弁 2.23 憲法「メカケ」発言で倉石農相辞任 3.28 東大卒業式中止（7.2安田講堂封鎖） 4. 5 小笠原返還協定に調印（6.26復帰） 7. 7 第８回参院選 10.21 国際反戦デー・新宿騒乱事件 10.29 三木外相、総裁選出馬へ辞任 11.27 自民党総裁公選で佐藤３選 11.30 内閣２次改造	3.31 ジョンソン、北爆停止と不出馬表明 5.13 ベトナム和平パリ会談開始 7. 1 核拡散防止条約に63国調印 8.20 ソ連･東欧５か国軍､チェコに侵入 11. 6 米大統領にニクソン当選
1969年（昭和44）	
1. 6 下田駐米大使、沖縄「本土並み」返	

主な政治の動き	世界の動き
5.29 大野伴睦副総裁死去	5.27 ネルー・インド首相死去
7.10 自民党総裁公選で池田3選	
7.18 内閣改造	
10. 1 東海道新幹線開業	8. 2 トンキン湾事件（米ベトナム介入）
10.10-24 東京オリンピック開催	
10.25 池田首相、病気で辞意表明（11.9総辞職）	10.15 フルシチョフ解任、コスイギン首相・ブレジネフ第一書記
11. 9 自民党両院議員総会で後継に佐藤栄作指名（12.1臨時党大会で5代総裁に追認）	11. 3 米大統領にジョンソン当選
11. 9 第1次佐藤栄作内閣	
11.17 公明党結成大会（原島宏治委員長）	
1965年（昭和40）	
1.10-17 佐藤首相訪米（13共同声明）	1.24 英チャーチル元首相死去
2.17 椎名外相訪韓（6.22日韓基本条約調印）	2. 7 米、ベトナムの北爆開始
3.15 東京都議会議長選汚職（6.14解散）	
4.15 ＩＬＯ条約関連法案、衆院委で強行採決	
4.21 ＩＬＯ、自社民共同修正で衆院通過（5.17参院）	
6. 3 内閣改造	
7. 4 第7回参院選	
7. 8 河野一郎元農相死去	
8.13 池田勇人前首相死去	
8.19 佐藤首相、戦後首相で初の沖縄訪問	
12.18 日韓条約批准書交換、国交正常化	
1966年（昭和41）	
1.15 椎名外相訪ソ(21日ソ航空協定調印)	
8. 1 内閣2次改造	7. 1 フランスがＮＡＴＯ軍脱退
7. 4 成田新空港建設地を閣議決定	7. 5 インドネシア、スカルノ失脚
9.27 共和製糖問題など「黒い霧」追及開始	8. 8 中国、プロレタリア文化大革命決定
10.14 深谷駅急行停車問題で荒船運輸相辞	8.18 天安門広場で紅衛兵100万人

主な政治の動き	世界の動き
1961年（昭和36）	
1.27 自民党大会、党近代化方針採択	4.12 ソ連、初の人間衛星「ボストーク1号」打ち上げ
6. 3 政治的暴力行為防止法案、衆院で強行採決（10.30継続審議に）	5.16 韓国軍事クーデター（7.3朴正熙最高会議議長）
6.19-30 池田首相、米加訪問（22日米共同声明）	6. 3 ケネディ＝フルシチョフ、ウィーン会談
7.18 内閣改造	8.13 東独、ベルリンの壁構築
11.16-30 池田首相、東南アジア4国訪問	9.30 経済協力開発機構（ＯＥＣＤ）発足
1962年（昭和37）	
4.13 藤山経企庁長官、池田経済政策批判（7.6辞任）	3.18 仏・アルジェリア停戦協定（7.3独立）
7. 1 第6回参院選	
7.14 自民党総裁公選で池田再選	
7.18 内閣2次改造	10.22 キューバ危機（28ソ連ミサイル撤去表明）
11. 9 日中総合貿易覚書調印（ＬＴ貿易）	
11. 4-25 池田首相、欧州7国訪問（14日英通商航海条約調印）	
1963年（昭和38）	
7.18 内閣3次改造	
9.23-10. 6 池田首相、アジア・大洋州4国訪問	11. 1 南ベトナム軍事クーデター（2ゴ大統領兄弟殺害）
10.17 自民党組織調査会、党近代化の答申	
10.23 衆院解散	11.22 ケネディ大統領暗殺（24容疑者オズワルド、護送中射殺）
11.21 第30回総選挙	
11.24-28 池田首相訪米（25ケネディ葬儀）	
12. 9 第3次池田内閣	12.17 朴正熙・韓国大統領就任
1964年（昭和39）	
1.17 自民党大会で党近代化決議採択	1.27 仏・中国国交樹立
4. 1 日本、ＩＭＦ8条国に移行	
4.28 日本、ＯＥＣＤに加盟	

主な政治の動き	世界の動き
10. 8 警職法改正案提出（11.22 自社会議で審議未了に）	10.31 核実験停止ジュネーブ米英ソ会議
12.27 池田・三木・灘尾3閣僚辞表	
1959年（昭和34）	
1.24 自民党大会で岸総裁再選	1. 1 欧州共同体発足
3. 7 鳩山元首相死去	1. 1 キューバ革命
3.28 安保改定阻止国民会議結成	
4.10 皇太子結婚の儀	
6. 2 第5回参院選	
6.18 内閣改造	
6.20 芦田均元首相死去	
7.11- 8.11 岸首相､欧州･中南米11国訪問	9.15 フルシチョフ訪米（25キャンプ・デービッド会談）
9. 7 石橋前首相訪中(20共同コミュニケ)	
9.26 伊勢湾台風	
10.25 社会党西尾派が離党(11.25河上派も)	
1960年（昭和35）	
1.19 日米新安保条約・新行政協定調印（1.16-24 岸首相、米加訪問）	
1.24 民主社会党結成（西尾末広委員長）	4.19 韓国学生デモ暴動化（27李承晩大統領辞任）
1.25 三井三池鉱無期限スト	
5.19 衆院に警官導入、会期延長、20未明新安保強行採決	5. 1 ソ連、米U2偵察機を撃墜
6.15 全学連デモ国会突入、女子学生死亡	
6.16 アイゼンハワーに訪日中止要請決定	
6.23 新安保批准書交換、岸退陣表明（7.15 総辞職）	
7.14 自民党大会で4代池田総裁選出	7.11 コンゴ紛争（カタンガ独立宣言）
7.19 第1次池田勇人内閣	
9. 5 自民、高度成長・所得倍増政策発表	
10.12 浅沼社会党委員長刺殺	
10.24 衆院解散	11. 8 米大統領にケネディ当選
11.20 第29回総選挙	
12. 8 第2次池田内閣	

主な政治の動き	世界の動き
7.31 日ソ交渉再開（全権・重光外相） 10. 7-11. 1 鳩山首相訪ソ（19日ソ共同宣言調印） 10.12 立川基地闘争で流血（砂川事件） 12.14 自民党大会で2代石橋総裁選出 12.18 国連総会で日本の加盟可決 12.23 石橋内閣発足	10.23 ハンガリー事件(24ソ連介入) 10.29 イスラエル軍エジプト侵入（スエズ動乱＝第2次中東戦争）
1957年（昭和32）	
1.26 重光葵前外相死去 2.22 石橋首相、病気で辞意表明（23総辞職） 2.25 第1次岸信介内閣 3.21 自民党大会で3代岸総裁選任 5.20 国防の基本方針閣議決定 5.20- 6. 4 岸首相、東南アジア6国訪問 6.14 第1次防衛力整備3か年計画決定 6.16- 7. 1 岸首相訪米（21日米新時代共同声明） 7.10 内閣改造 8.16 日米安保委員会第1回会合 10. 1 日本、国連非常任理事国に初当選 11.18-12. 8 岸首相、東南ア・大洋州9国訪問	1. 5 米新中東政策（アイゼンハワー・ドクトリン） 3.25 欧州経済共同市場（ＥＥＣ）条約調印 4. 9 スエズ運河再開 10. 4 ソ連、世界初の人工衛星「スプートニク1号」打ち上げ 11.18 毛沢東モスクワ演説「米帝国主義は張り子の虎」
1958年（昭和33）	
1.20 インドネシアと平和条約・賠償協定調印 4.18 自社党首会談で解散に合意（25話し合い解散） 5. 2 長崎で中国国旗引き下ろし事件 5.22 第28回総選挙 6.12 第2次岸内閣 9.11 藤山・ダレス会談(安保改定交渉開始合意) 10. 4 日米安保改定交渉開始	1.31 米人工衛星「エクスプローラー1号」打ち上げ 6. 1 仏ドゴール内閣成立（10.5第五共和制） 8.24 中国、金門島砲撃

主な政治の動き	世界の動き
3.18 分党派自由党結成（鳩山総裁） 4.19 第26回総選挙 4.24 第3回参院選 5.21 第5次吉田内閣 11.29 鳩山派自由党復帰、三木武吉ら日本自由党結成	7.27 朝鮮休戦協定調印 8. 8 ソ連水爆保有声明 9.12 ソ連第一書記にフルシチョフ選出 12. 4 米英仏バミューダ会談
1954年（昭和29）	
3. 8 日米相互防衛援助協定（ＭＳＡ）調印 3.12 自由党憲法調査会発足（岸会長） 4.21 造船疑獄で指揮権発動 7. 1 防衛庁・自衛隊発足 11. 1 保守新党準備会（15新党創立委） 11.24 日本民主党結成（鳩山一郎総裁） 12. 6 内閣不信任案提出（7総辞職） 12.10 第1次鳩山一郎内閣	3. 1 米ビキニ水爆実験 6.28 周・ネルー会談、平和五原則声明 7.21 インドシナ休戦協定 10.23 パリ協定調印（西独主権回復・ＮＡＴＯ加盟＝55.5.5発効）
1955年（昭和30）	
1.24 衆院解散 2.27 第27回総選挙 3.19 第2次鳩山内閣 6. 1 ロンドンで日ソ交渉開始 10.13 日本社会党統一大会（鈴木茂三郎委員長） 11.15 自由民主党結成（総裁代行委員4人） 11.22 第3次鳩山内閣	4.18 アジア・アフリカ諸国バンドン会議 5.14 ソ連・東欧ワルシャワ条約調印 7.18 ジュネーブ4巨頭会談 9.13 ソ連・西独国交
1956年（昭和31）	
1.28 緒方竹虎総裁代行委員死去 3. 8 鳩山首相「自衛隊は憲法上疑義あり」答弁 4. 5 自民党大会で初代鳩山総裁選出 5. 1 小選挙区法案で衆院混乱、益谷議長あっせん（廃案） 7. 4 三木武吉前総裁代行委員死去 7.17 経済白書「もはや戦後ではない」	2.14 ソ連共産党大会、平和共存路線採択 2.24 フルシチョフのスターリン批判 7.26 ナセル、スエズ運河国有化宣言

主な政治の動き	世界の動き
1949年（昭和24）	
1.23 第24回総選挙 2.16 第3次吉田内閣（入閣問題で民主党分裂） 3. 7 ドッジ公使、経済安定政策提示 8.26 シャウプ使節団、税制改革勧告	4. 4 北大西洋条約（NATO）調印 5. 6 ドイツ連邦共和国成立 10. 1 中華人民共和国成立 10. 7 ドイツ民主共和国成立
1950年（昭和25）	
3. 1 自由党発足（吉田茂総裁） 4.15 公職選挙法公布 4.28 国民民主党結成 6. 4 第2回参院選 8.10 警察予備隊発足	2.14 中ソ友好同盟相互援助条約 3.15 世界平和ストックホルムアピール 6.25 朝鮮戦争始まる
1951年（昭和26）	
4.16 マッカーサー離日、国会感謝決議 6.20 第1次追放解除発表（8.6 第2次） 9. 8 対日平和条約・日米安保条約調印 10.24 社会党臨時大会、講和・安保で左右分裂	7.10 朝鮮休戦会談開始 9. 4 サンフランシスコ対日講和会議 10.10 米相互安全保障法（MSA）
1952年（昭和27）	
2. 8 改進党結成 2.28 日米行政協定調印 4.17 破防法国会提出 4.28 講和条約発効 8.28 抜き打ち解散 10. 1 第25回総選挙 10.30 第4次吉田内閣 11.28 池田通産相失言で不信任案可決（29辞任）	1.18 韓国、李承晩ライン宣言 5.27 欧州防衛共同体条約調印 7.23 エジプト自由将校団クーデター 11. 4 米大統領にアイゼンハワー当選
1953年（昭和28）	
2.28 吉田首相「バカヤロー」発言 3.14 内閣不信任案可決、衆院解散	3. 5 スターリン首相死去

付録1　年表

主な政治の動き	世界の動き
1945年（昭和20）	
8.17 東久邇稔彦内閣 10. 9 幣原喜重郎内閣 11. 2 日本社会党結成 11. 9 日本自由党結成 11.16 日本進歩党結成 12. 1 日本共産党再建 12.18 日本協同党結成	10.24 国際連合成立 11.20 ニュルンベルク裁判開始
1946年（昭和21）	
1. 4 軍国主義者等の公職追放指令 4.10 第22回衆院総選挙（婦人参政権） 5. 3 極東国際軍事裁判開廷 5.22 第1次吉田茂内閣 11. 3 日本国憲法公布	3. 5 チャーチル「鉄のカーテン」演説 7. 中国・国共全面内戦開始
1947年（昭和22）	
1.31 二・一ゼネスト中止指令 3.31 衆院解散、帝国議会終幕 民主党結成 4.20 第1回参議院選挙 4.25 第23回総選挙 5. 3 日本国憲法施行 5.20 第1特別国会召集 5.24 片山哲内閣 11.20 炭鉱国管法案で衆院混乱	2.10 パリ平和条約調印 3.12 トルーマン・ドクトリン 6. 5 欧州復興マーシャルプラン発表 11.29 国連総会、パレスチナ分割可決
1948年（昭和23）	
2.10 片山内閣総辞職 3.10 芦田均内閣 3.15 民主自由党結成（吉田茂総裁） 10. 7 芦田内閣、昭和電工事件で総辞職 10.15 第2次吉田内閣 12.23 内閣不信任案可決、衆院解散	4. 1 ベルリン封鎖開始 5.16 第1次中東戦争 8.13 大韓民国樹立 9. 9 朝鮮民主主義人民共和国樹立 12.10 世界人権宣言採択

む

め

も

や

ゆ

よ

ら

な

に

そ

た

さ

索　引

写真提供　読売新聞社（特記ないもの）
国立国会図書館（19、22、29、30ページ）
AP Images（98、153、239ページ）

『自民党――政権党の38年』〈20世紀の日本1〉一九九五年十一月　読売新聞社刊

中公文庫

自民党《じみんとう》
――政権党《せいけんとう》の38年《ねん》

2008年7月25日　初版発行
2021年8月30日　4刷発行

著　者　北《きた》岡《おか》 伸《しん》一《いち》

発行者　松 田 陽 三

発行所　中央公論新社
〒100-8152　東京都千代田区大手町1-7-1
電話　販売 03-5299-1730　編集 03-5299-1890
URL http://www.chuko.co.jp/

DTP　石田香織
印　刷　三晃印刷
製　本　小泉製本

Published by CHUOKORON-SHINSHA, INC.
Printed in Japan　ISBN978-4-12-205036-5 C1121

中公文庫既刊より

各書目の下段の数字はISBNコードです。978-4-12が省略してあります。

S-24-5
日本の近代5 政党から軍部へ 1924～1941
北岡伸一
政治の腐敗、軍部の擡頭。時代は非常時から戦時へと移っていく。しかし、社会が育んだ自由な精神文化は戦後復興の礎となった。昭和戦前史の決定版。
205807-1

S-22-30
世界の歴史30 新世紀の世界と日本
下斗米伸夫
北岡伸一
グローバリズムの潮流と紛争の続く地域問題の間で、新世紀はどこへ向かうのか？ 核削減や軍縮・環境問題・情報化などの課題も踏まえ、現代の新たな指標を探る。
205334-2

お-66-1
自民党幹事長室の30年
奥島貞雄
自民党幹事長室に三十余年。直に見聞した、田中角栄から加藤紘一まで歴代二十二人の幹事長の素顔。資料を駆使し政治の現場を忠実に再現。政治家を検証する。
204593-4

お-96-1
大野伴睦回想録
大野伴睦
官僚出身エリート政治家と対決、保守合同や日韓国交正常化に尽力した破天荒な政治家（衆議院議長・自民党副総裁）の抱腹絶倒の一代記。〈解説〉御厨貴
207042-4

は-69-1
岸信介証言録
原彬久編
戦後日本最大の政治ドラマ、安保改定。岸首相は何を考え、どう決断したのか。改定準備から内閣退陣に至る政治過程を岸の肉声で濃密に再現した第一級の文献。
206041-8

よ-24-7
日本を決定した百年 附・思出す侭
吉田茂
偉大なるわがままと楽天性に満ちた元首相の個性が描き出した近代史。世界各国に反響をまき起した名篇が文庫にて甦る。単行本初収録の回想記を付す。
203554-6

い-65-2
軍国日本の興亡 日清戦争から日中戦争へ
猪木正道
日清・日露戦争に勝利した日本は軍国主義化し、国際的に孤立した。軍部の独走を許し国家の自爆に至った経緯を詳説する。著者の回想「軍国日本に生きる」を併録。
207013-4

各書目の下段の数字はISBNコードです。978－4－12が省略してあります。

し-6-61
司馬遼太郎
歴史のなかの邂逅1
空海～斎藤道三
司馬遼太郎
その人の生の輝きが時代の扉を押しあけた——。歴史上の人物の魅力を発掘したエッセイを古代から時代順に集大成。第一巻には司馬文学の奥行きを堪能させる二十七篇を収録。
205368-7

し-6-62
司馬遼太郎
歴史のなかの邂逅2
織田信長～豊臣秀吉
司馬遼太郎
人間の魅力とは何か——。織田信長、豊臣秀吉、古田織部など、室町末期から戦国時代を生きた男女の横顔を描き出す人物エッセイ二十三篇。
205376-2

し-6-63
司馬遼太郎
歴史のなかの邂逅3
徳川家康～高田屋嘉兵衛
司馬遼太郎
徳川家康、石田三成ら関ヶ原前後の諸大名の生き様や、徳川時代に爆発的な繁栄をみせた江戸の人間模様など、歴史のなかの群像を論じた人物エッセイ。
205395-3

し-6-64
司馬遼太郎
歴史のなかの邂逅4
勝海舟～新選組
司馬遼太郎
第四巻は動乱の幕末を舞台に、新選組や河井継之助、緒方洪庵、勝海舟など、白熱する歴史のなかの群像を論じた人物エッセイ二十六篇を収録。
205412-7

し-6-65
司馬遼太郎
歴史のなかの邂逅5
坂本竜馬～吉田松陰
司馬遼太郎
吉田松陰、坂本竜馬、西郷隆盛ら変革期を生きた人々の様々な運命。『竜馬がゆく』など幕末維新をテーマに数々の傑作長編が生まれた背景を伝える二十二篇。
205429-5

し-6-66
司馬遼太郎
歴史のなかの邂逅6
村田蔵六～西郷隆盛
司馬遼太郎
西郷隆盛、岩倉具視、大久保利通、江藤新平など、明治維新という日本史上最大のドラマをつくりあげた立役者たち。時代を駆け抜けた彼らの横顔を伝える二十一篇を収録。
205438-7

し-6-67
司馬遼太郎
歴史のなかの邂逅7
正岡子規～秋山好古・真之
司馬遼太郎
傑作『坂の上の雲』に描かれた正岡子規、秋山兄弟をはじめ、日本の前途を信じた明治期の若者たちの、底ぬけの明るさと痛々しさと——。人物エッセイ二十二篇。
205455-4

し-6-68
司馬遼太郎
歴史のなかの邂逅8
ある明治の庶民
司馬遼太郎
歴史上の人物の魅力を発掘したエッセイの集大成、全八巻ここに完結。最終巻には明治期の日本人から祖父・福田惣八、ゴッホや八大山人まで十七篇を収録。
205464-6